# Cartoon Girls
## So werden sie gezeichnet!

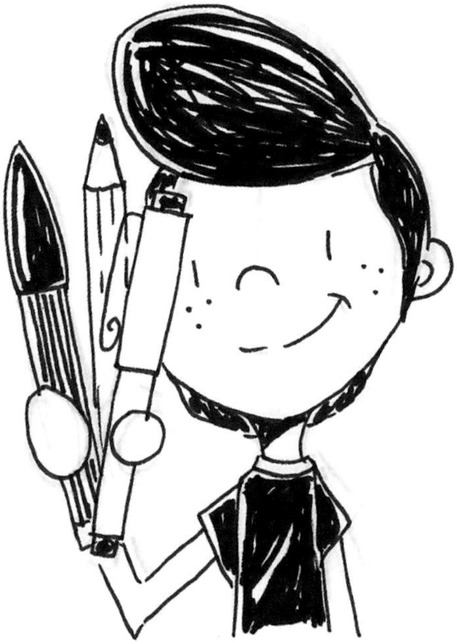

**Titel der Originalausgabe:**
*Cartoonmeisjes teken je zo!*



**Produktmanagement:** Hannelore Irmer-Romeo
**Übersetzung:** Katrin Lischke-Przygode
**Lektorat:** Betz Lektorat + Redaktion, Tübingen
**Umschlaggestaltung:** Karin Luttenberg, Heike Köhl
**Gesamtherstellung:** Heike Köhl
**Druck Und Bindung:** Livonia Print SIA, Lettland



1. Auflage 2022
© 2022 frechverlag GmbH, Dieselstraße 5, 70839 Gerlingen, einem Unternehmen der Penguin Random House Verlagsgruppe GmbH, München
**ISBN** 978-3-7358-8015-4
**Best.**-Nr. 28015

MIX
Papier aus verantwortungsvollen Quellen
FSC® C002795

Penguin Random House Verlagsgruppe FSC® N001967

# Cartoon GIRLS

## SO WERDEN SIE GEZEICHNET!

KARIN LUTTENBERG

WWW.PAPERFUEL.NL

# Inhalt



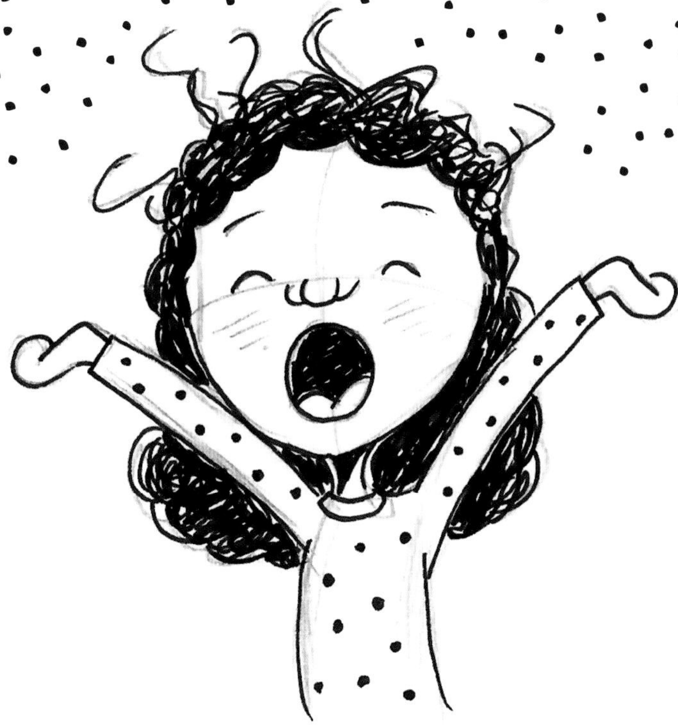

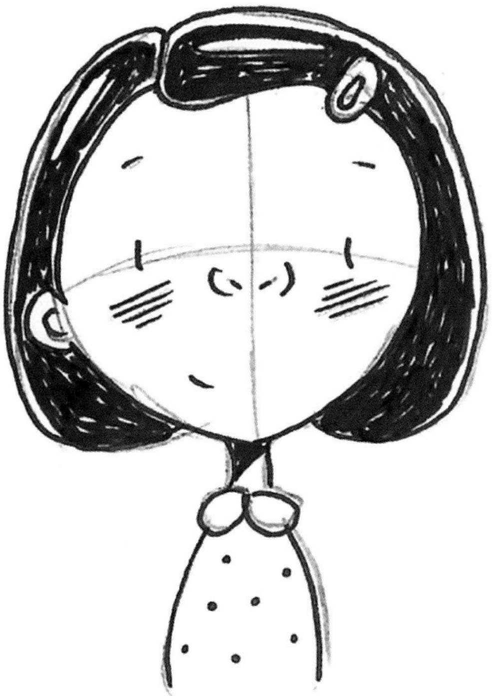

# Grundlagen

# Gesichter zeichnen



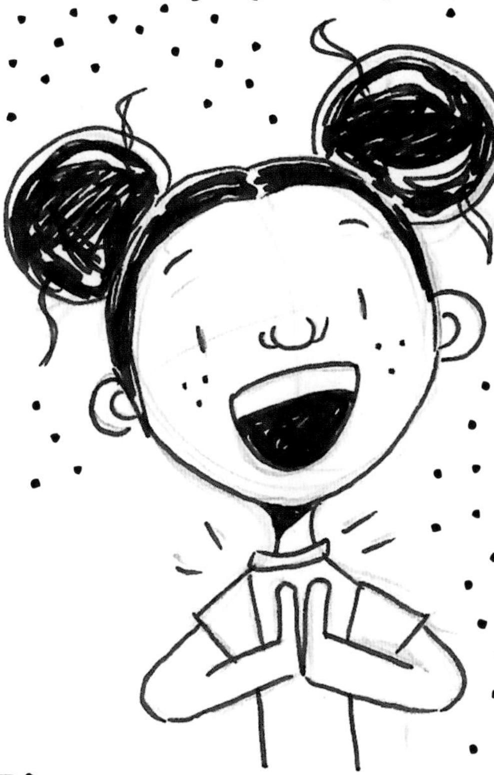

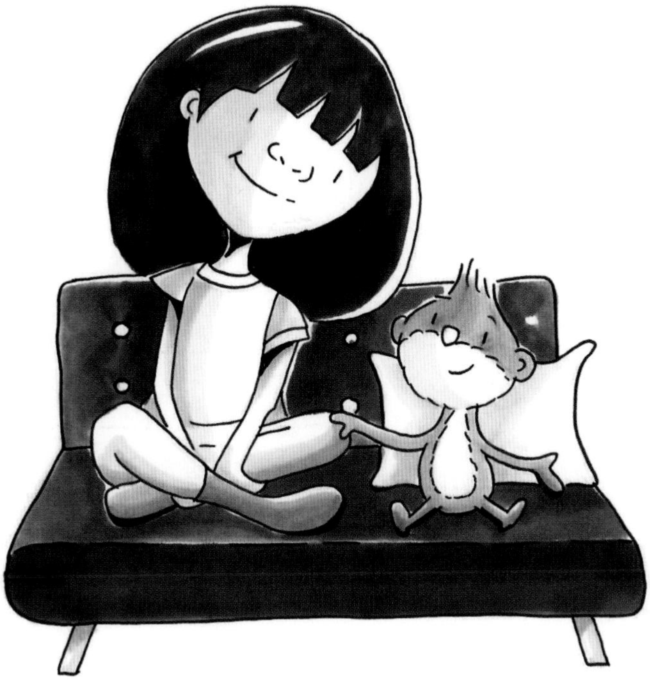

# Figuren zeichnen

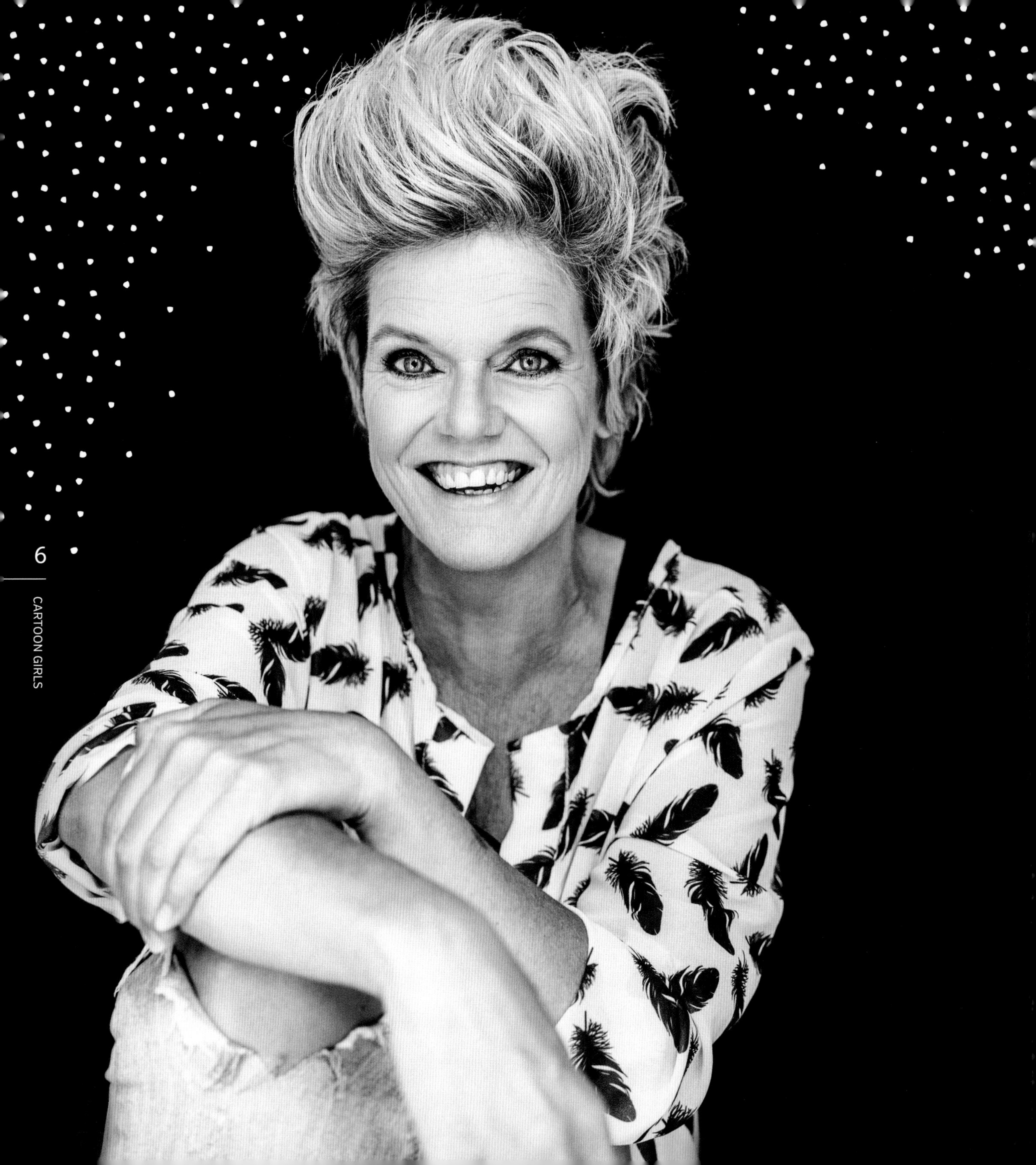

# ÜBER PAPERFUEL

Im Alter von zehn Jahren bekam ich ein tolles Geschenk: ein rotes Comic-Zeichenbuch von Autor Jack Hamm. Ich kannte fast jede Seite auswendig, aber so zeichnen zu können, wow! Davon konnte ich nur träumen. Wer hätte damals gedacht, dass ich selbst ein Buch über das Zeichnen von Cartoon-Mädchen machen würde? Natürlich in meinem eigenen Style, denn Jack Hamm ist eine Klasse für sich.

Ich zeichne schon, seit ich klein bin. Wie einige von euch wissen, hatte ich entweder einen Bleistift oder einen Volleyball in der Hand. Den Volleyball habe ich mittlerweile gegen Tennisbälle eingetauscht, aber der Bleistift blieb! Ich hätte nie gedacht, dass ich meine Kreativität einmal beruflich nutzen würde. Das Internet gab es noch nicht, daher wusste ich nicht viel darüber, was im kreativen Bereich der Welt los war. Vor allem fand ich das Zeichnen eine sehr schöne Tätigkeit, in der ich mich verlieren konnte.

Als ich im Abschlussjahr mit der weiterführenden Schule aufhörte, arbeitete ich ein Jahr lang an einer Grundschule. Das war eine super tolle Zeit, und ich erfuhr, dass es auch kreative Ausbildungsplätze gab. Hätte ich meinen Schulabschluss gemacht, hätte ich anschließend in Zwolle ein Lehramtsstudium begonnen, stattdessen wurde es eine kreative Ausbildung an der Designschule Cibap in Zwolle. Manche Dinge müssen einfach so sein!

Nach meiner Ausbildung arbeitete ich bei verschiedenen Werbeagenturen und eröffnete 2006 mein eigenes Werbestudio. 2015 hob ich Paperfuel aus der Taufe und damit begann mein Abenteuer rund um Handlettering und Illustrationen. Ich hätte nie zu träumen gewagt, dass ich mit meiner Liebe zum Zeichnen jemals so weit kommen würde. Immer wieder melden sich Menschen bei mir, die sich von mir inspiriert fühlen, sich auf ihr altes Hobby besinnen oder mir erzählen, dass die Kinder auf der Schule wieder zeichnen. Ich fühle mich sehr geehrt, dass ich dazu einen kleinen Beitrag leisten kann. Meine Ideen sprudeln nach wie vor, deshalb hoffe ich, euch alle noch lange inspirieren zu können!

x

KARIN

# Über Karin

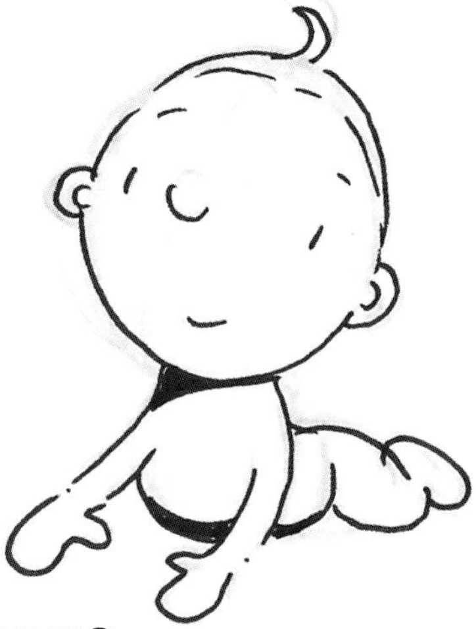

**1972**

Am 20. August erblickte ich in Nijverdal das Licht der Welt – weder mit Bleistift noch Volleyball in der Hand.

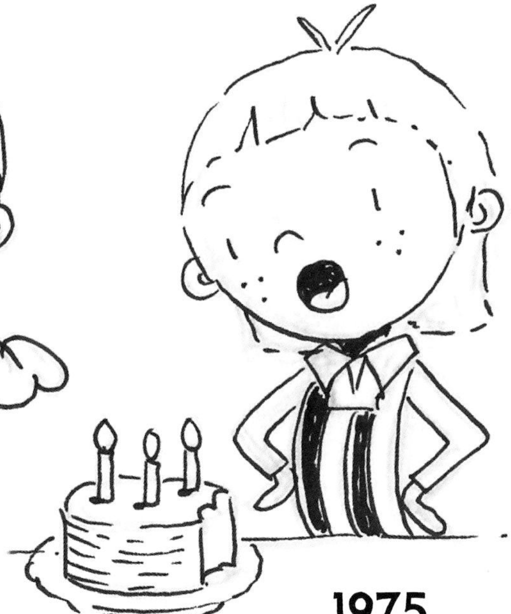

**1975**

Mich interessierte vor allem, wer von der Geburtstagstorte genascht hatte.

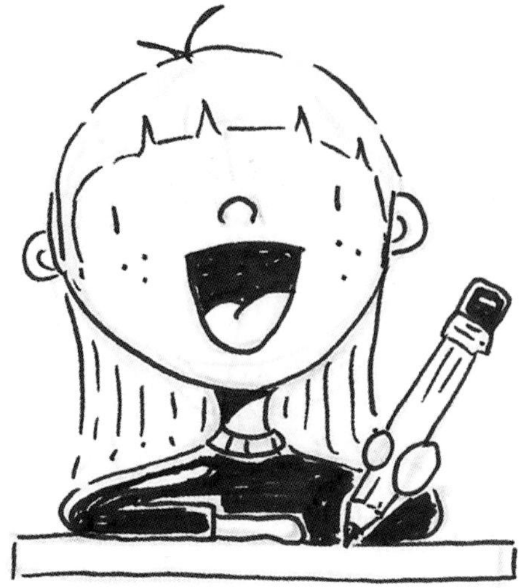

**1977**

Das Zeichnen lag mir einfach im Blut. Da es damals noch kein Internet gab, waren meine Mittel begrenzt. Ich zeichnete vor allem viel von Disney nach. Später wurde ich großer Fan der Comic- und Zeichentricksendung „Wordt vervolgd" von Han Peekel.

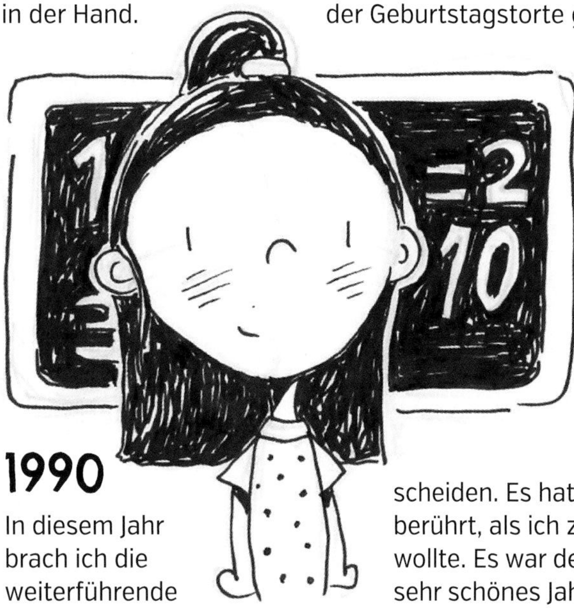


**1990**

In diesem Jahr brach ich die weiterführende Schule ab. Meine Eltern ließen sich scheiden. Es hat mich mehr berührt, als ich zugeben wollte. Es war dennoch ein sehr schönes Jahr. Ich fing an, an einer Grundschule zu arbeiten und durfte dort einfach viele tolle Sachen tun!

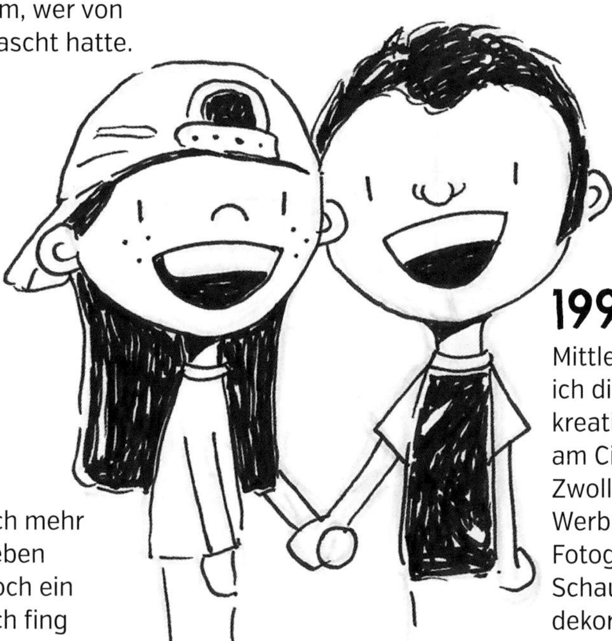

**1996**

Mittlerweile hatte ich die perfekte kreative Ausbildur am Cibap in Zwolle gefunden. Werbung, Fotografie, Schaufensterdekoration – alles wurde unterrichte Außerdem fand ic die Liebe meines Lebens: Edwin!

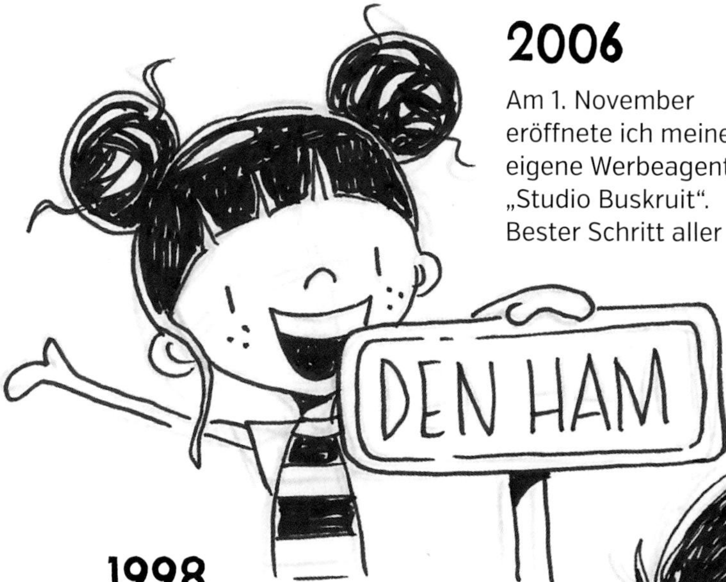


## 2006

Am 1. November eröffnete ich meine eigene Werbeagentur „Studio Buskruit“. Bester Schritt aller Zeiten!

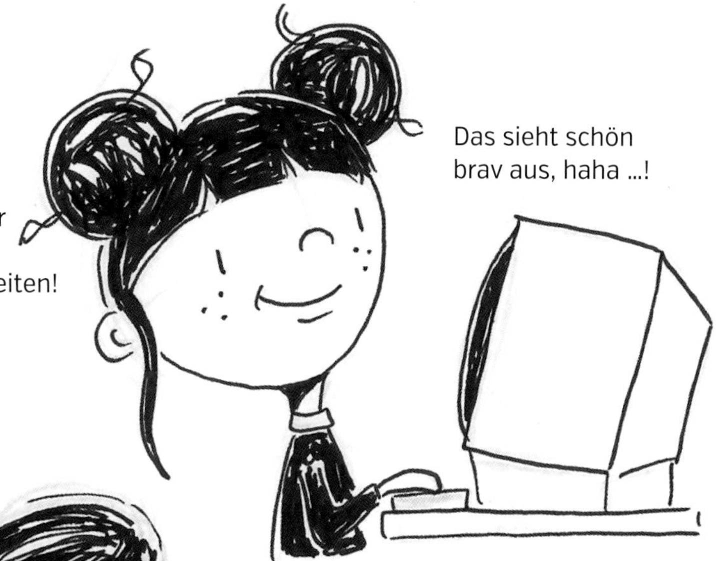

Das sieht schön brav aus, haha ...!

## 1998

Ich zog nach Den Ham um. Bedingung war, dass ich in diesem Dorf eine Arbeitsstelle fand. Das klappte, und ich war rundum *happy*! Immer noch, *by the way*!

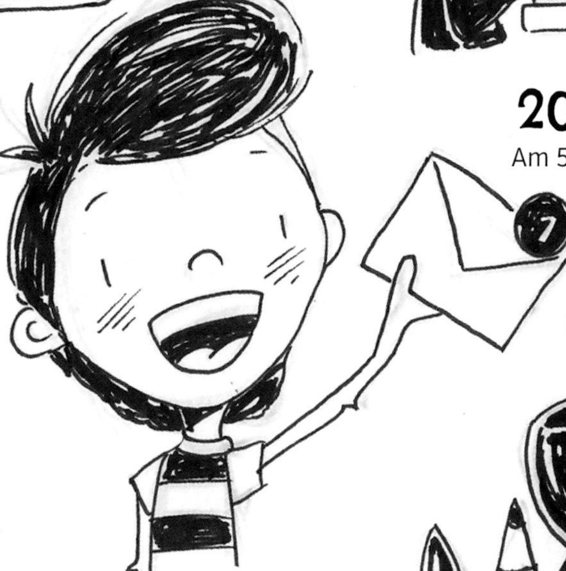

## 2016

Am 5. Januar fragte ein Verlag per E-Mail an, ob ich ein Buch über Handlettering schreiben wollte. Na klar!

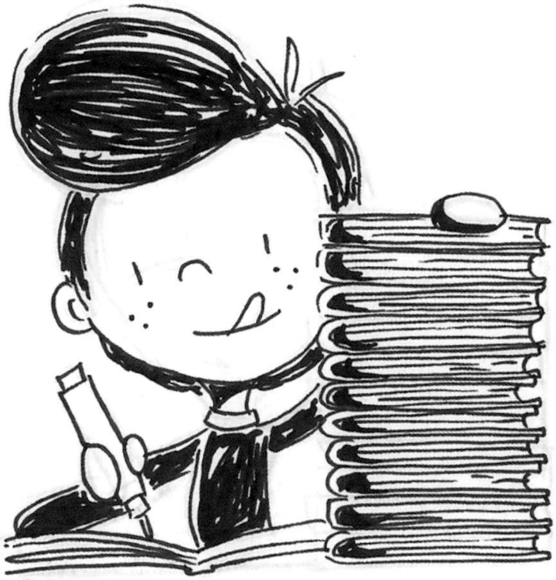

## 2018

Ich begann mit Herstellern zu kooperieren, die ich schon als Kind benutzte. So toll! *Dreams come true!*

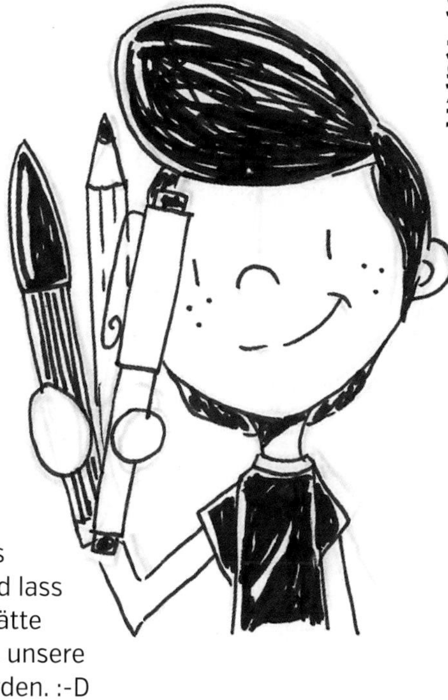

## 2022

Was die Zukunft bringt, weiß natürlich niemand. Ich sehe es gerne auf mich zukommen und lass mich überraschen. Denn ich hätte ja auch niemals gedacht, dass unsere Wege sich jemals kreuzen würden. :-D

## 2017

Mein erstes Buch, *Handlettering doe je zo!*, stand über ein Jahr lang auf der Bestsellerliste. Damals konnte ich noch nicht ahnen, dass noch 12 weitere Bücher folgen würden.

# MATERIALIEN

Zum Einstieg brauchst du eigentlich nur einen Fineliner, Bleistift und Radiergummi. Sinnvoll ist es, gleich einen guten Fineliner mit Pigmenttinte zu kaufen, so wie unten abgebildet. Diese Stifte drücken nicht durch und sind in verschiedenen Strichbreiten erhältlich. Am Anfang kannst du einfach beginnen, auf Kopierpapier zu skizzieren. Der Schwierigkeitsgrad ist so schön niedrig und du kannst deine Zeichnungen einfach nebeneinanderlegen, um den Überblick zu behalten. Wenn du deine Zeichnungen für Glückwunschkarten verwenden möchtest, findest du verschiedene Blocks in meinem Shop www. paperfuelstore.nl, beispielsweise mit 300-Gramm-Papier oder Aquarellpapier.

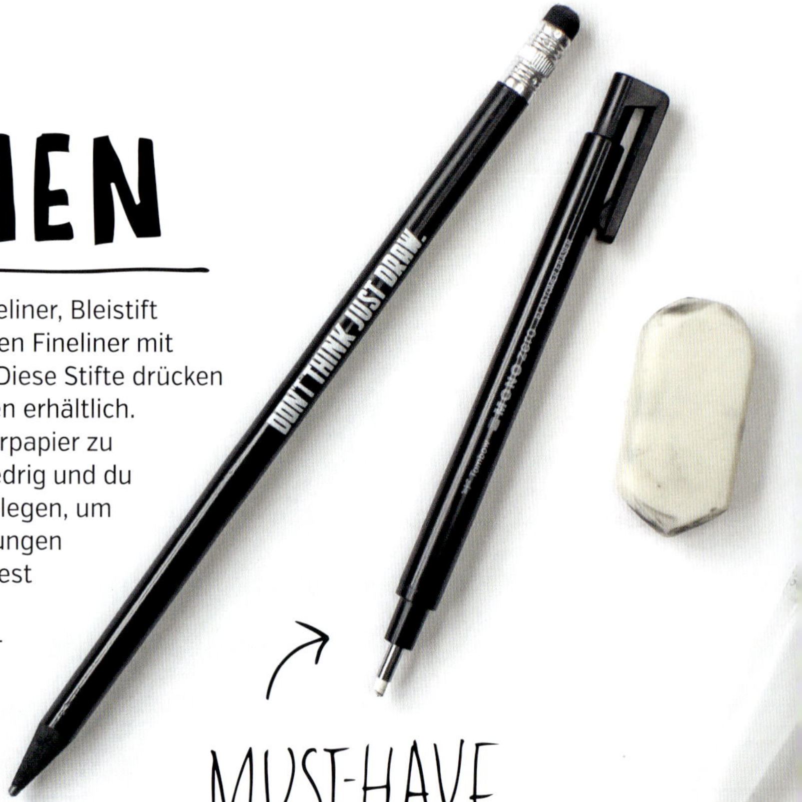


MUST-HAVE

fineliners

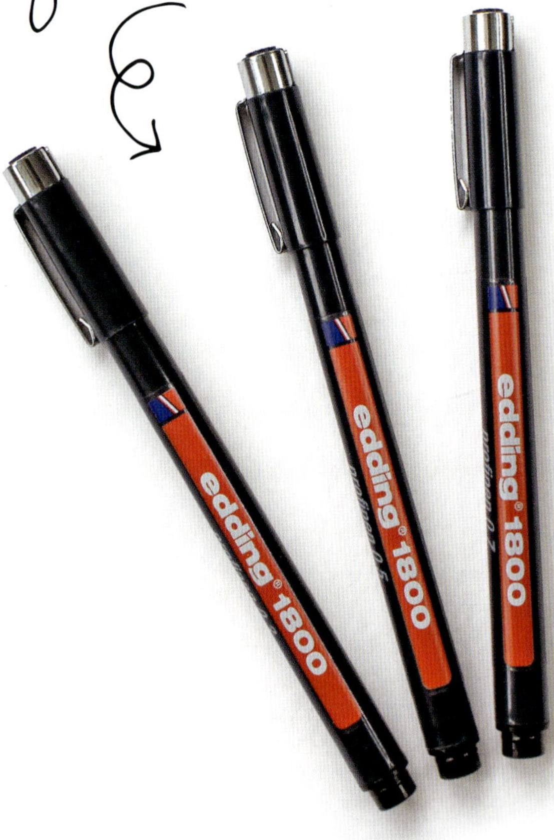


# DIE BASICS

Auf dieser Seite findest du meine Must-Have Materialien. Mein Bleistift ist der Paperfuel-Bleistift, und als Radierstift verwende ich den MONO Zero von Tombow. Er ist sogar problemlos nachfüllbar. Zusätzlich verwende ich den großen Dust-Free Radierer von Faber-Castell. Hier links siehst du die drei Fineliner, die bei mir jeden Tag im Einsatz sind: die Präzisionsfeinschreiber von Edding 1800 mit den Strichbreiten 0,3, 0,5 und 0,7.

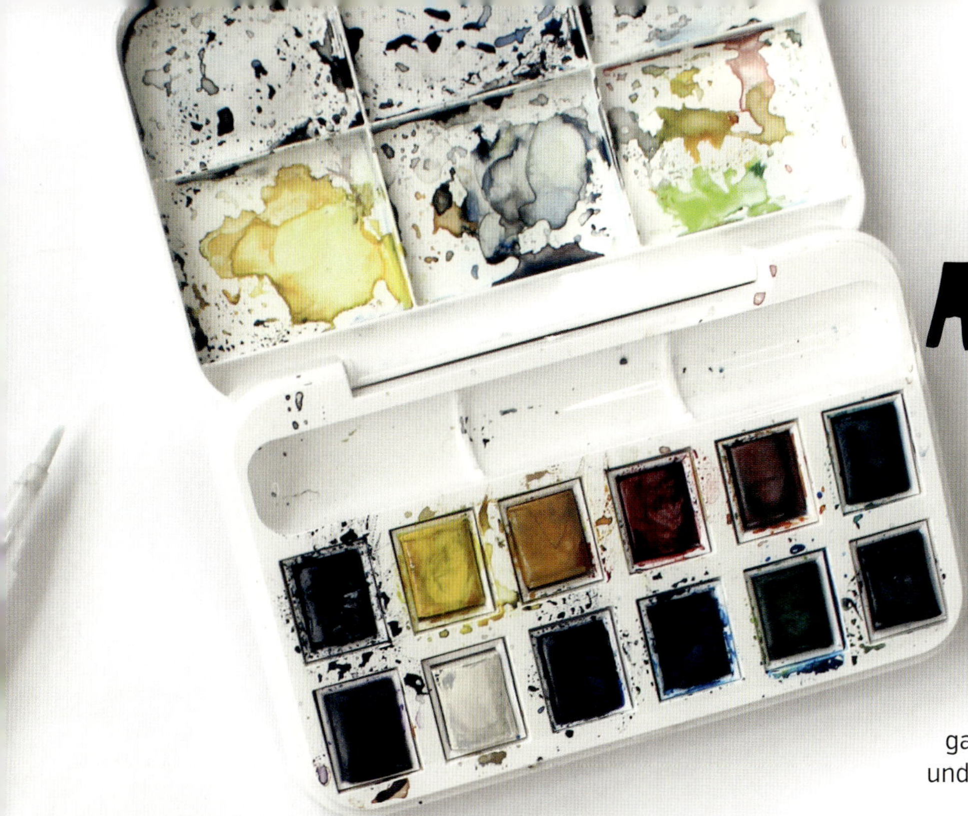

# AQUARELL

Neben den Basismaterialien kannst du dich natürlich auch mit anderen Materialien austoben. Sobald du die Grundlagen des Zeichnens von Mädchen beherrschst, kannst du beim Ausmalen experimentieren. Hier unten siehst du, wie schön ein kleines Porträtbild werden kann, wenn du es mit Aquarellfarben ausmalst. Im Laufe der Zeit stellst du ganz von selbst fest, welche Materialien und welcher Stil am besten zu dir passen!

# ALKOHOLMARKER

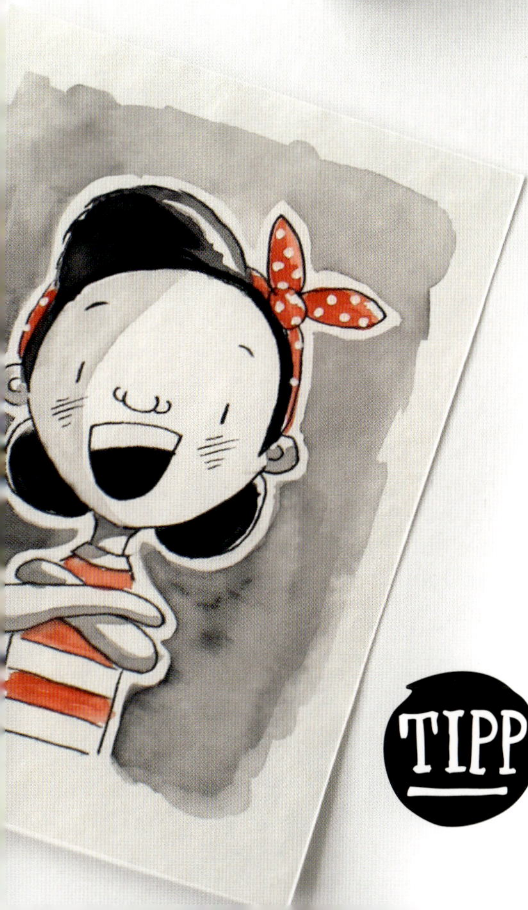

Wenn du mir auf den sozialen Medien folgst, hast du bereits gesehen, dass ich ein großer Fan der ProMarker auf Alkoholbasis der Firma WINSOR & NEWTON bin. Der Vorteil dieser Stifte besteht darin, dass du mit der Farbe auf Alkoholbasis endlos viele Farbschichten übereinander auftragen kannst, fast so wie mit Aquarellfarben. Auch kannst du die verschiedenen Farben wunderschön ineinander verlaufen lassen und so Farbverläufe hervorzaubern. Weiter hinten im Buch findest du ein Schritt-für-Schritt-Beispiel für ein Mädchen mit ihrem großen kleinen Freund. Das Arbeiten mit diesen Markern erfordert etwas Übung, aber wenn ihr Freunde seid, ist es for life! ;-)

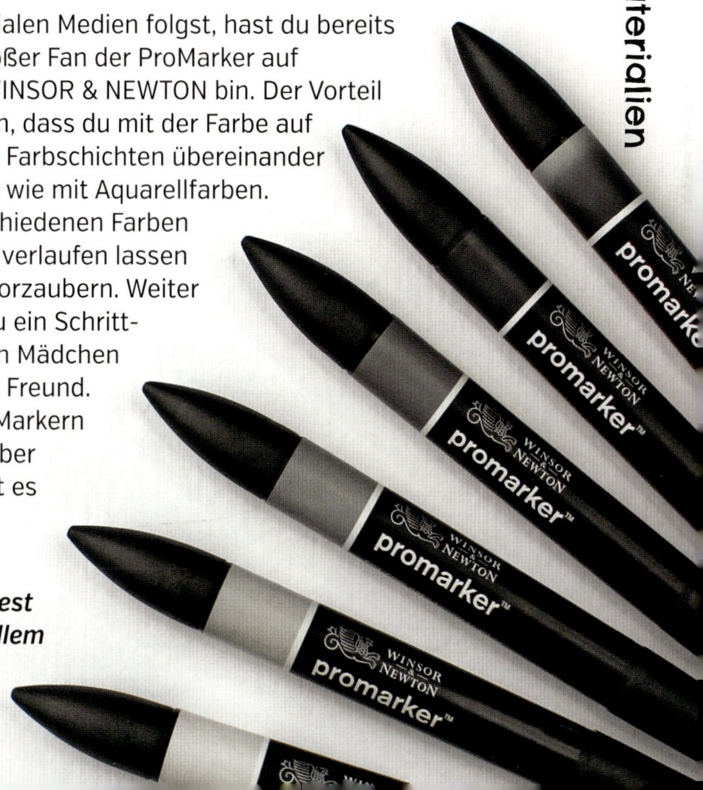


**TIPP** ***Mit diesen Stiften zeichnest du am besten auf speziellem Markerpapier!***

# Die Proportionen

Auf diesen Seiten erkläre ich dir, wie du ganz einfach ein Gesicht aufbaust. Du kannst das jederzeit in einem Spiegel überprüfen. Hier unten siehst du ein einfaches Schema mit einem Kreis. Wenn du dich mit den Proportionen vertraut gemacht hast, kannst du damit herumexperimentieren. Aber jetzt lernst du erst einmal die Grundlagen!

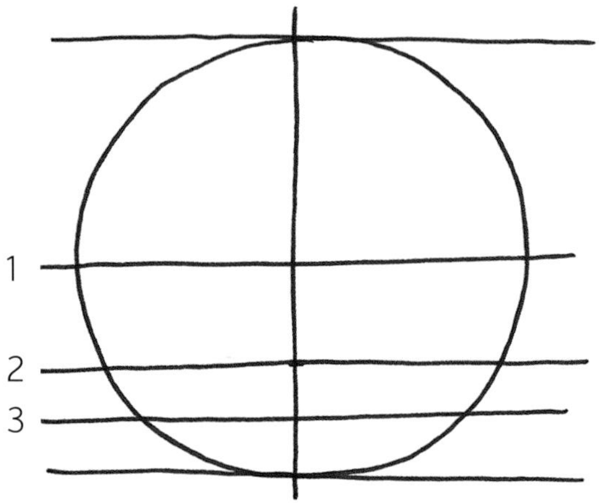


1 - Auf der Hälfte des Kreises sitzen die Augen
2 - Auf der Hälfte davon sitzt die Unterkante der Nase
3 - Wieder auf der Hälfte davon sitzt die Unterkante des Mundes

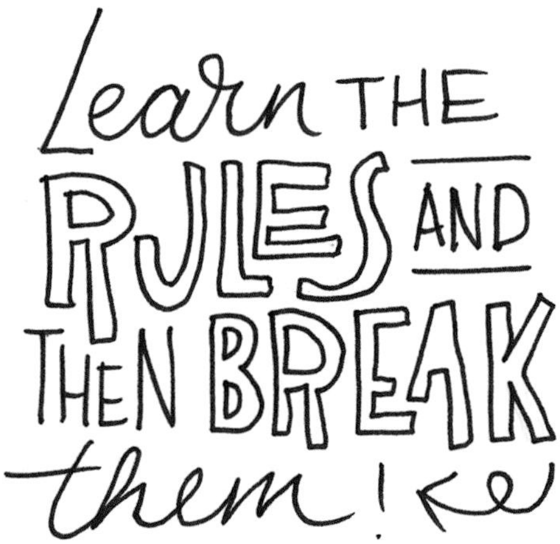


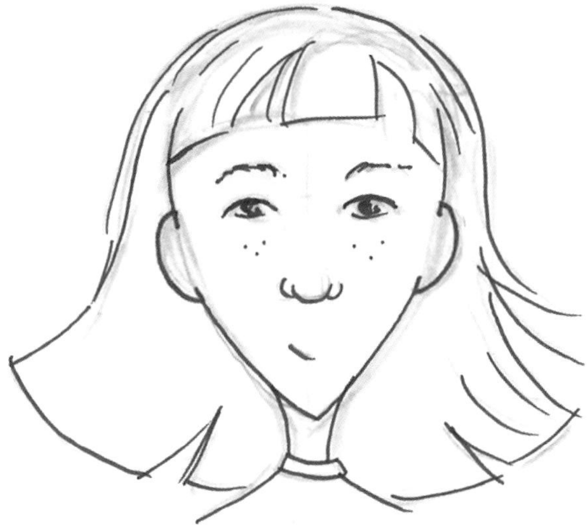

Schauen wir uns an, wie dieses Gesicht aufgebaut ist.

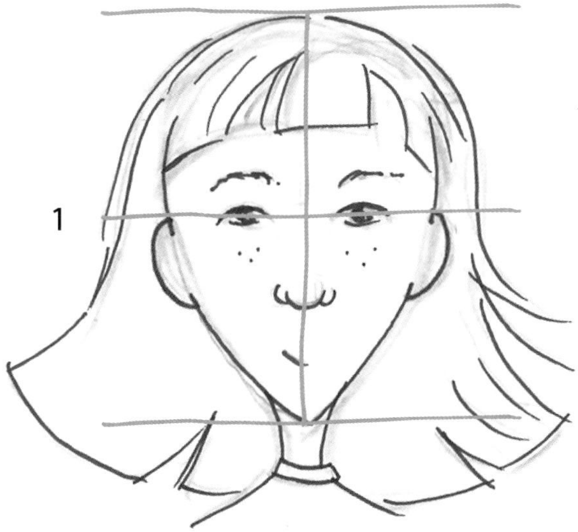


**1** Teile die Grundform des Gesichts mit einer waagerechten Linie in zwei gleiche Hälften. In dieser Höhe zeichnest du die Augen.

**TIPP**

Schaue dir in einem Spiegel die Proportionen deines eigenen Gesichts genau an! Achtung, ich warne dich: Jetzt wirst du in jedem Gesicht auf die Proportionen achten und erkennen, dass es dabei große Unterschiede gibt. ;-) Aber als Grundlage funktioniert es ganz gut.

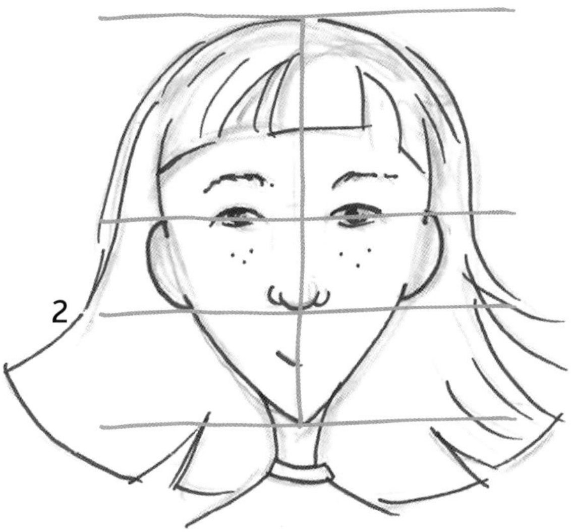


**2** Teile die untere Hälfte wieder in zwei gleiche Teile. Auf dieser Linie liegt die Unterkante der Nase.

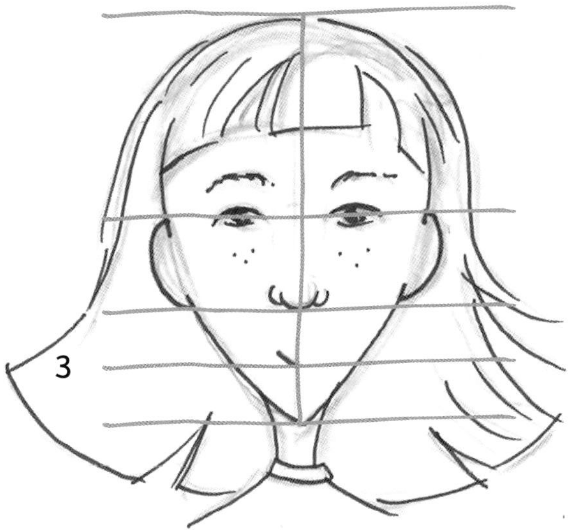


**3** Teile den Platz darunter wieder in zwei gleiche Teile. Auf diese Linie kommt die Unterkante des Mundes.

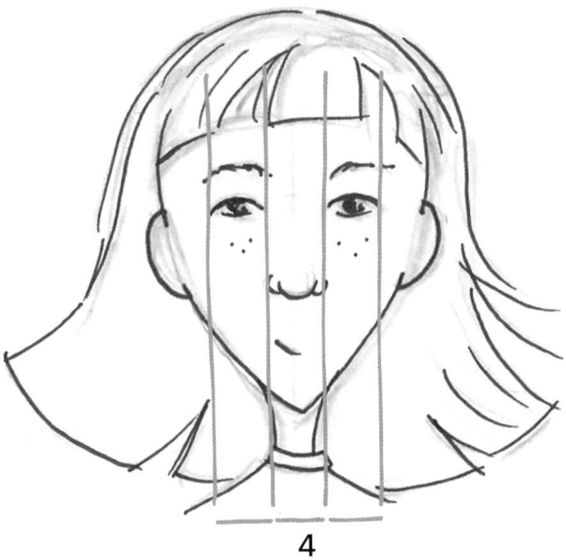


**4** Die Nase ist genauso breit wie ein Auge.

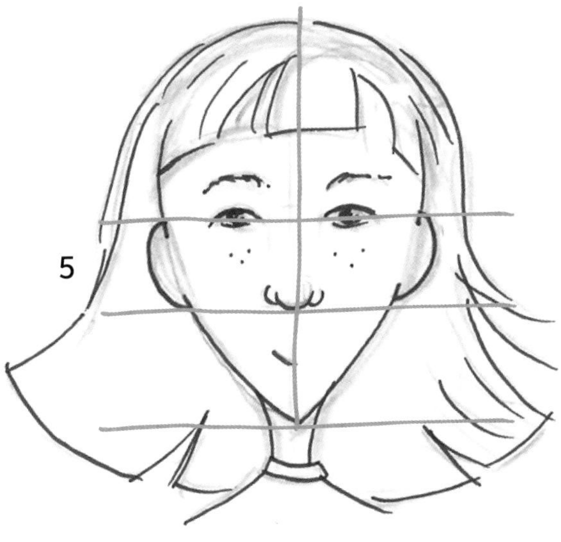


**5** Die Ohren beginnen auf der Höhe der Augen und enden an der Unterkante der Nase.

# So fängst du an

Wir beginnen mit ganz einfachen Formen. Ein Kreis ist der Ausgangspunkt für alle Mädchen, die ich zeichne. Natürlich kannst du die Form des Kopfs noch ein bisschen anpassen. Meistens lasse ich das Kinn in einer kleinen Spitze auslaufen. Wenn du erst einmal viel gezeichnet hast, wirst du merken, dass deine Gesichter einen ganz eigenen Touch bekommen. Das ist auch der Sinn: Entwickle deinen eigenen Stil!

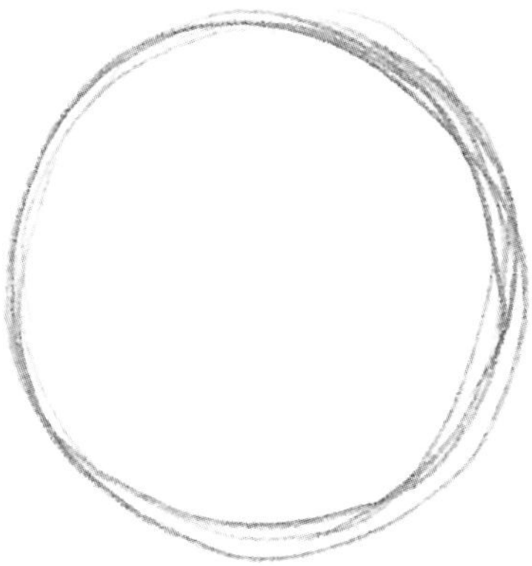

Wie bereits gesagt, fangen wir mit einem Kreis an.

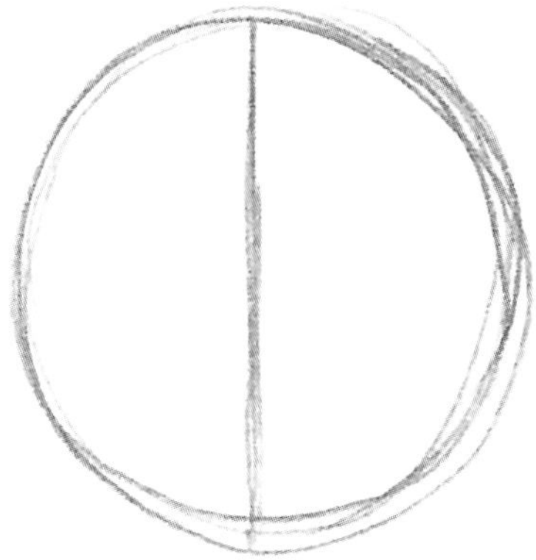

Zeichne eine senkrechte Linie hinein.

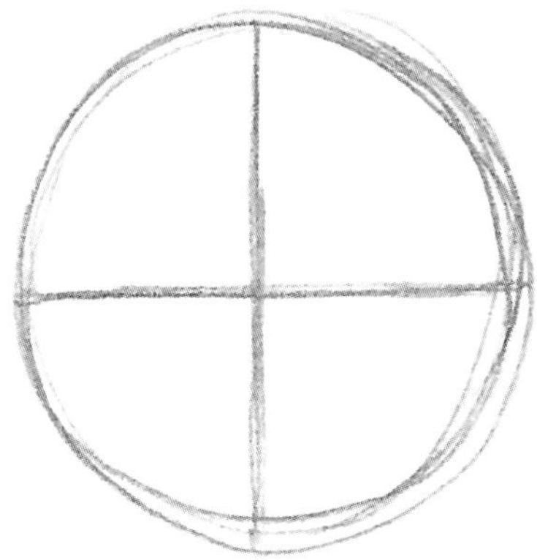

Ziehe eine waagerechte Linie durch die Mitte.

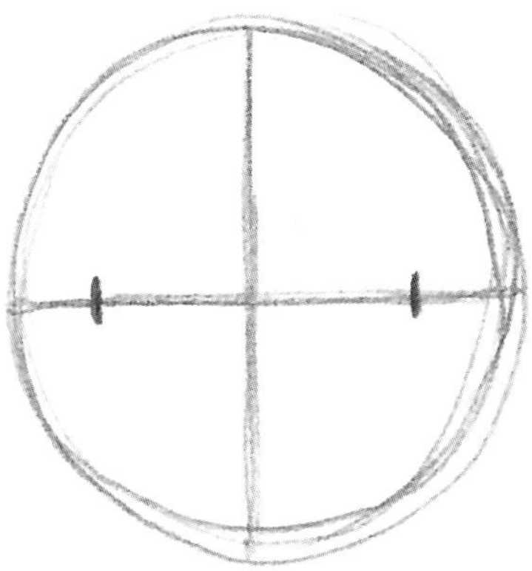

Auf die waagerechte Linie zeichnest du die Augen.

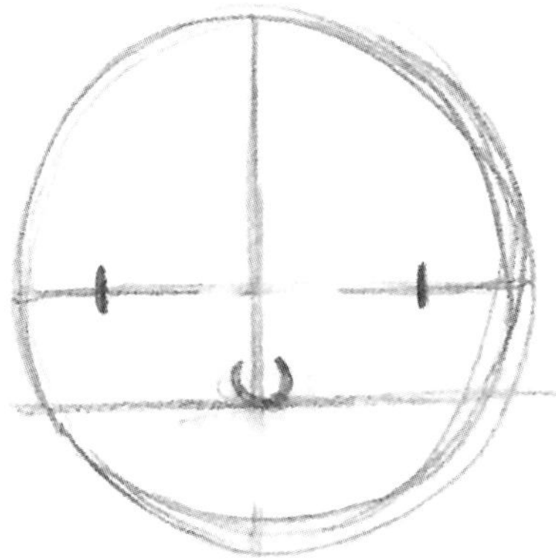

Den unteren Teil halbierst du, und über diese Linie zeichnest du die Nase.

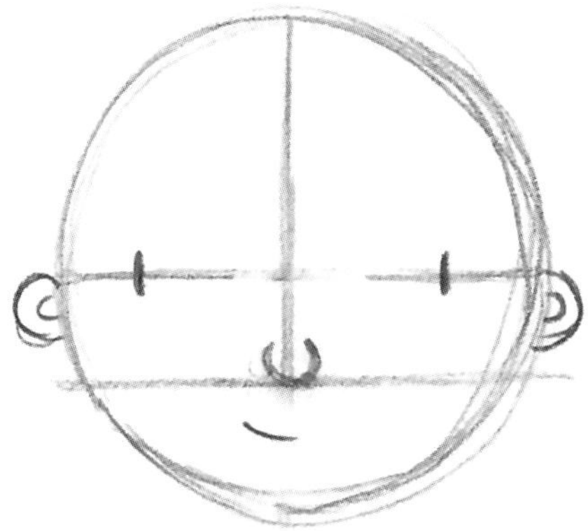

Der Mund kommt in die Mitte des untersten Bereichs. Die Ohren beginnen auf der waagerechten Linie und liegen dann darunter.

Pssst **TIPP** siehst du, dass ich die Ohren ein wenig kleiner gezeichnet habe?

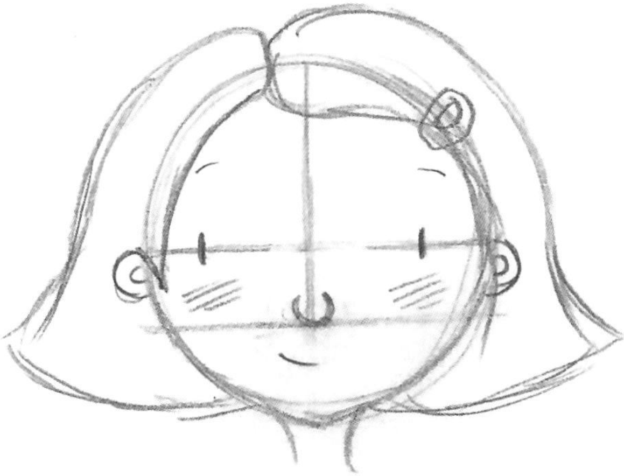

Zeichne die Haare über den Kreis. Das sieht auf einmal ganz anders aus!

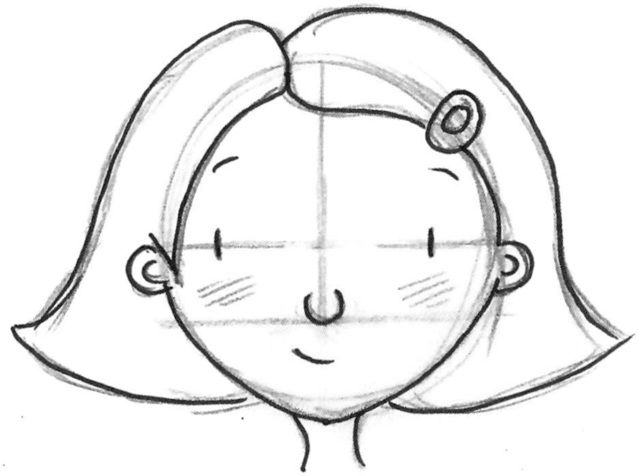

Jetzt ziehst du die Linien mit dem Fineliner nach. Achte darauf, nicht die Hilfslinien nachzuzeichnen! Alle Bleistiftlinien kannst du jetzt wegradieren.

## DIE POSITION VON AUGEN UND NASE

Auf der Zeichnung links unten siehst du, dass ich die Augen ein wenig anders gezeichnet habe: Sie stehen viel enger zusammen. Auf der Zeichnung daneben sitzt die Nase ein klein wenig höher. Merkst du, wie du endlos variieren kannst? Das macht Spaß!

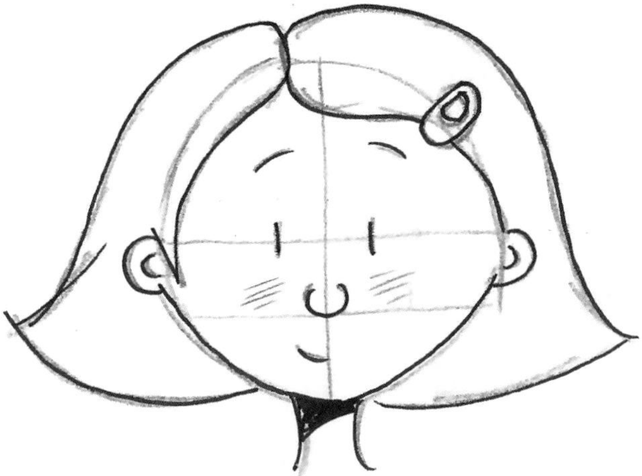

Bei diesem Mädchen stehen die Augen etwas enger zusammen. So sieht das Gesicht völlig anders aus.

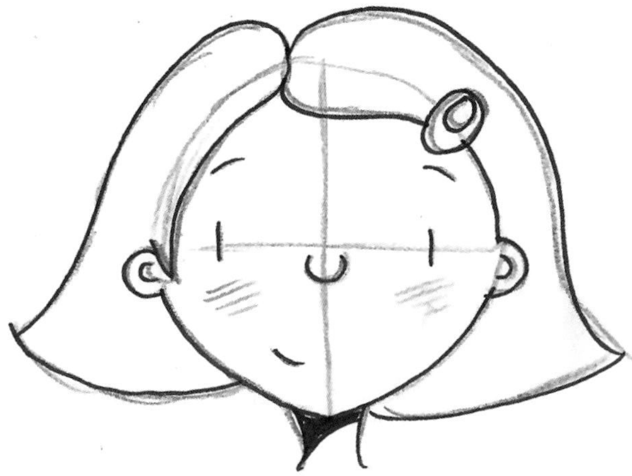

Das ist wieder eine meiner Lieblingszeichnungen: Die Augen sitzen etwas weiter auseinander und die Nase etwas höher. Süß!

**TIPP** Du kannst den Mund auch etwas weiter seitlich zeichnen!

# DEIN ERSTES MÄDCHEN – SCHRITT FÜR SCHRITT

Ein süßes Mädchen mit einem dicken Haarknoten! Zeichnen wir dieses Mädel Schritt für Schritt. Indem wir alles auf einfache Formen reduzieren, wird es dir nicht schwerfallen, problemlos eine süße Göre aufs Papier zu zaubern.

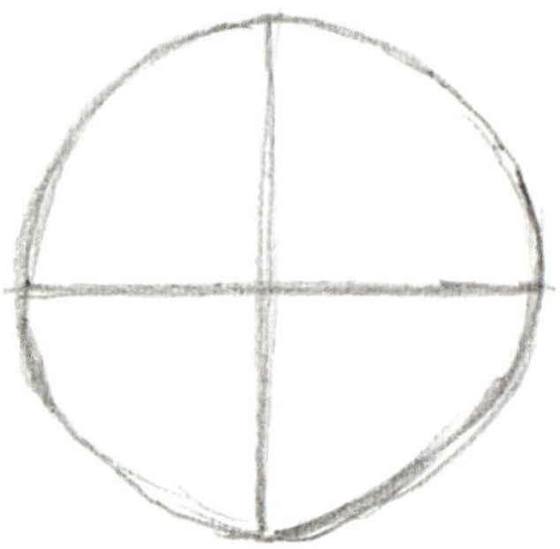

**1** Zeichne zunächst einen Kreis. Das Kinn läuft in einer kleinen Spitze aus. Zeichne ein Kreuz hinein.

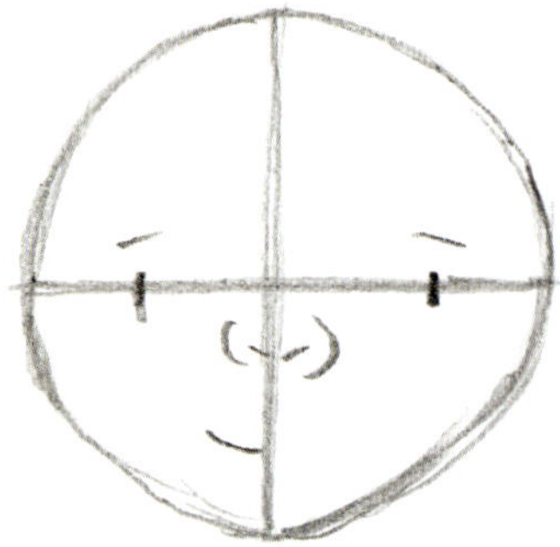

**2** Das sind die Hilfslinien für Augen, Nase und Mund.

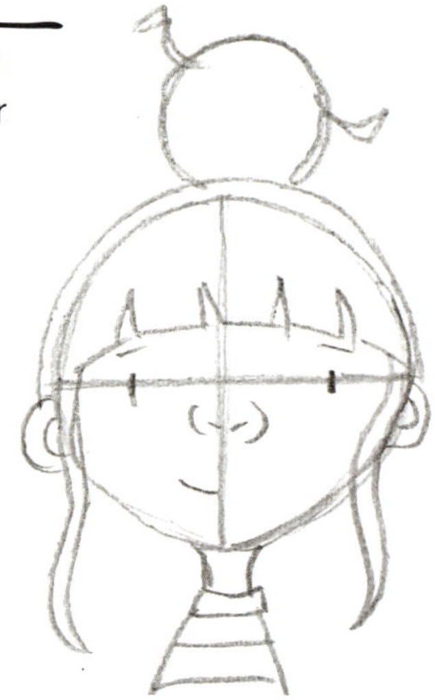

**3** Du siehst, dass die Haare ein klein wenig über dem Kopf gezeichnet werden. Der Haarknoten kommt oben drauf, und unten zeichnest du noch einen kleinen Hals mit T-Shirt.

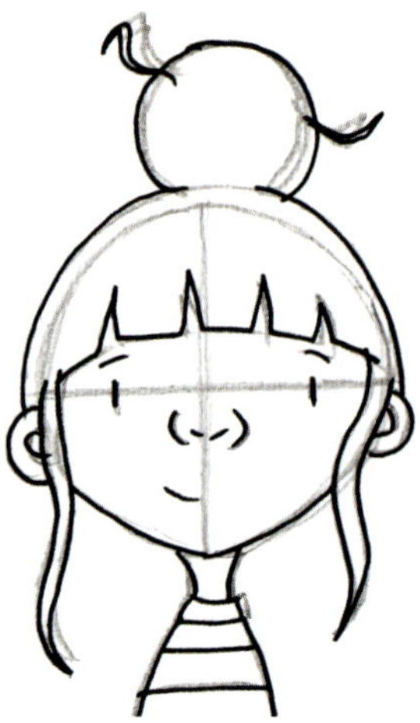

**4** Die grundlegenden Linien sind fertig. Ziehe jetzt alles mit einem Finelinier nach. Ich habe einen Profipen von Edding mit einer Strichbreite von 0,5 gewählt. Achte darauf, nicht die Hilfslinien nachzuzeichnen.

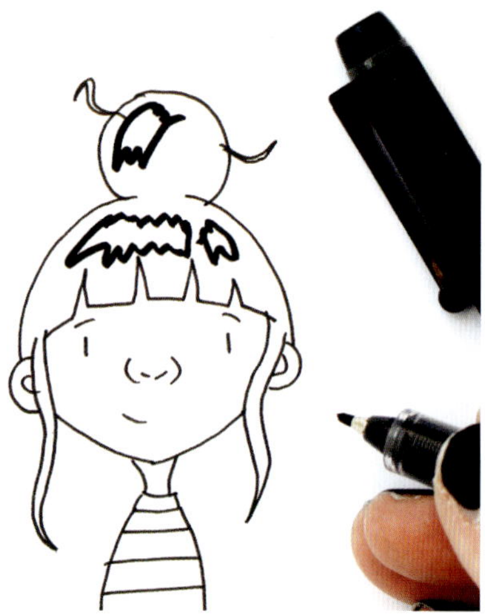

**5** Kurz trocknen lassen und die Hilfslinien wegradieren!

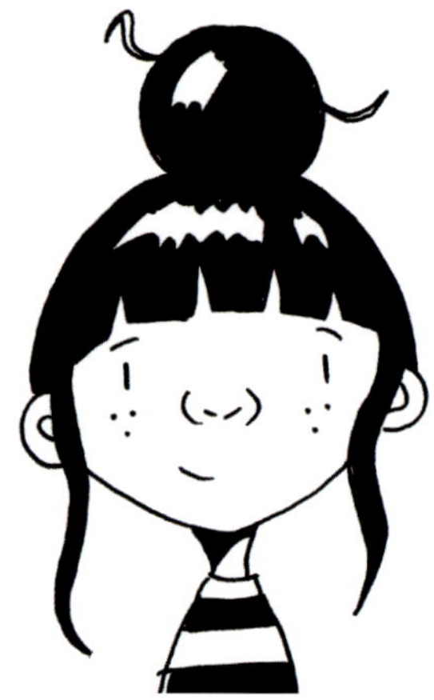

**6** Zum Ausmalen verwende ich einen dickeren Stift, zum Beispiel den Pilot V-Sign. Zeichne zunächst die Flächen in die Haare, die weiß bleiben sollen. Dann kannst du alles drumherum schwarz ausmalen.

**TIPP** Pass auf! Zeichne die Hilfslinien im Gesicht nicht nach.

## MÄDCHEN MIT BOB

**TIPP** Zeichne immer in die Richtung, in welcher die Haare liegen.

Gleich noch eine Übung. Siehst du, wie viele Möglichkeiten du hast, mit den Haaren zu experimentieren? Zeichne mehrere gleiche Gesichter und probiere verschiedene Frisuren aus. Wie du siehst, habe ich auch gleich noch eine andere Nase und einen anderen Mund gewählt. Auf den nächsten Seiten findest du noch viel mehr Variationen.

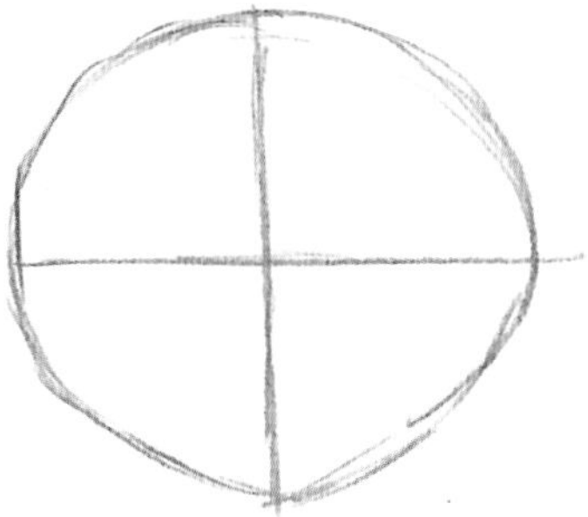

**1** Wir beginnen wieder mit einem Kreis, den du mit einem Kreuz in vier Segmente teilst.

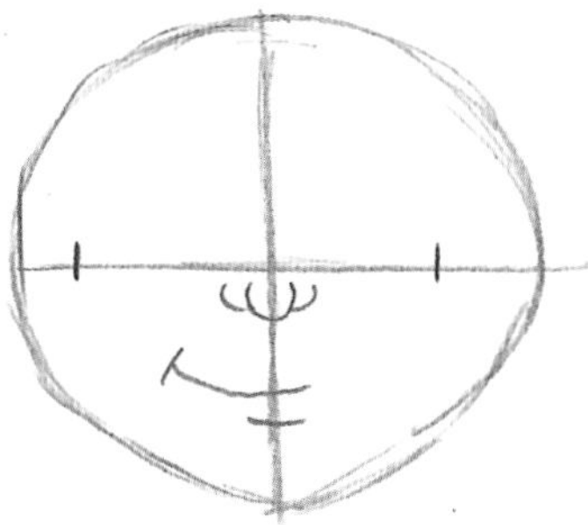

**2** Zeichne die Augen ein, eine Nase und hier einen etwas längeren Mund mit einem kleinen Strich als Lippe darunter.

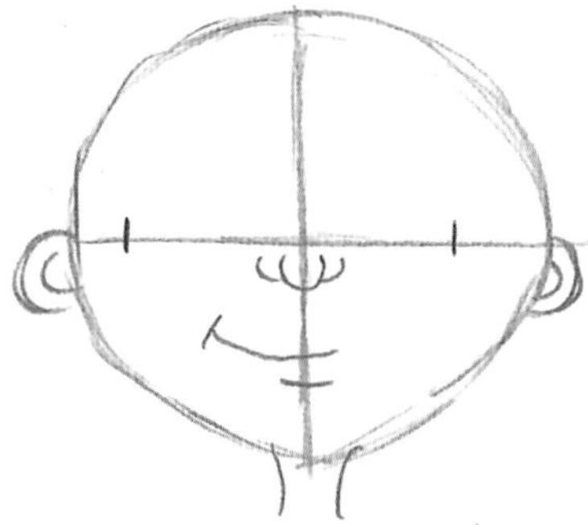

**3** Unter das Kinn zeichnest du einen kleinen Hals und seitlich kleine, runde Ohren.

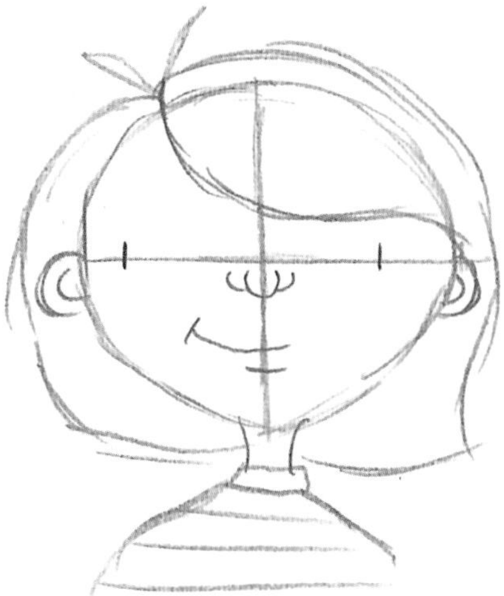

**4** Jetzt skizzierst du die Haare über der Grundform. Oben liegen die Haare etwas höher als der Kreis (Kopf). Zeichne zum Abschluss noch einen Pulli.

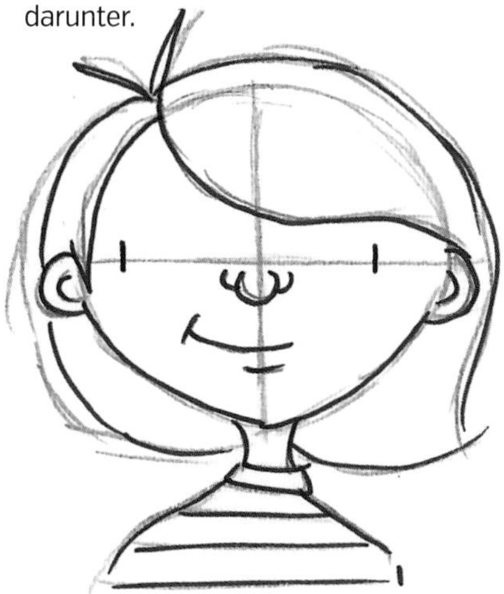

**5** Jetzt kannst du die Linien mit Fineliner nachziehen. Das geht am besten mit ein bisschen Schwung: Zeichne mit dem Fineliner wie mit einem Bleistift.

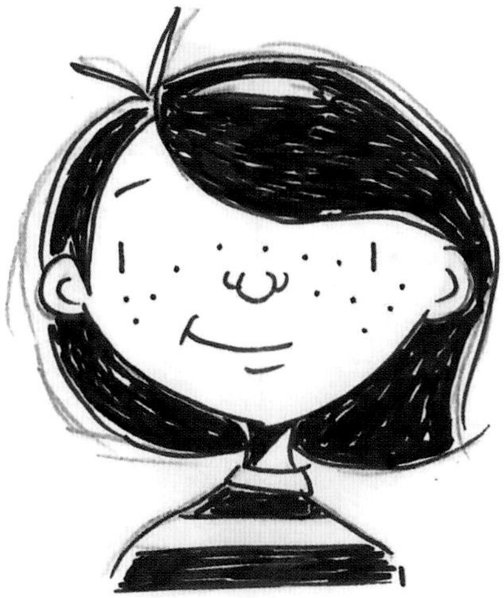

**6** Zum Ausmalen dieses Mädchens habe ich einen Edding-Fineliner 0,7 verwendet. Siehst du die kleinen, weißen Flecken? Mir gefällt es, wenn man sehen kann, dass die Zeichnung wirklich von Hand ausgemalt wurde.

## GANZ UNTERSCHIEDLICHE MÄDCHEN

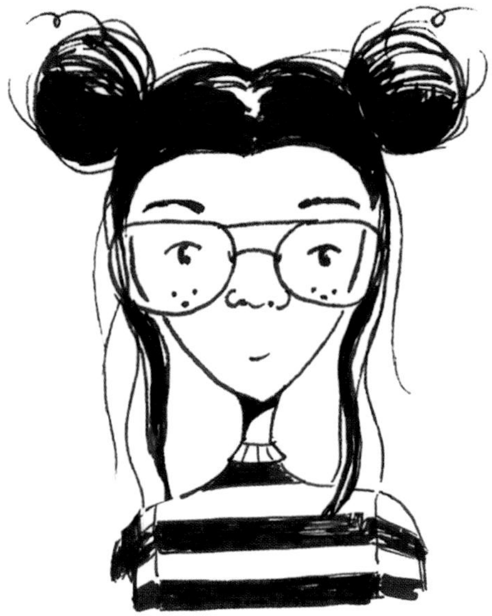

Zeichne die Brille erst ganz zum Schluss. Dann siehst du, ob sie auch passt!

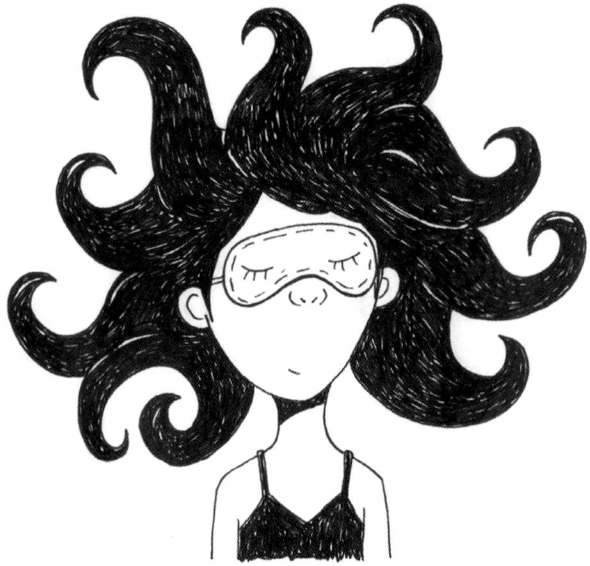

Mit Haaren kannst du großartige Dinge machen, siehe hier oben.

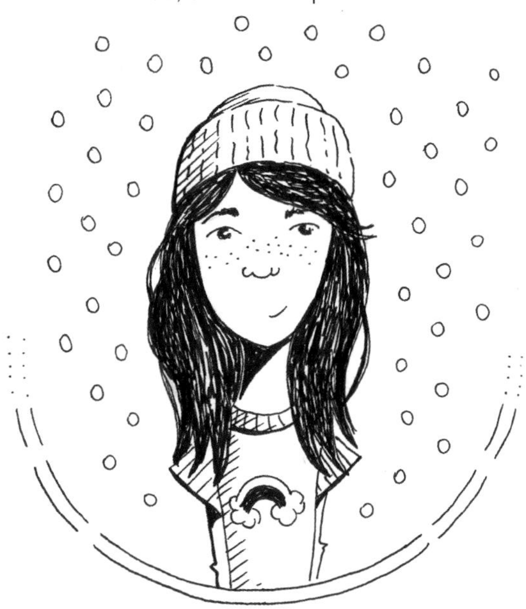

Mit einem kleinen Hintergrund entsteht ein komplettes Bild!

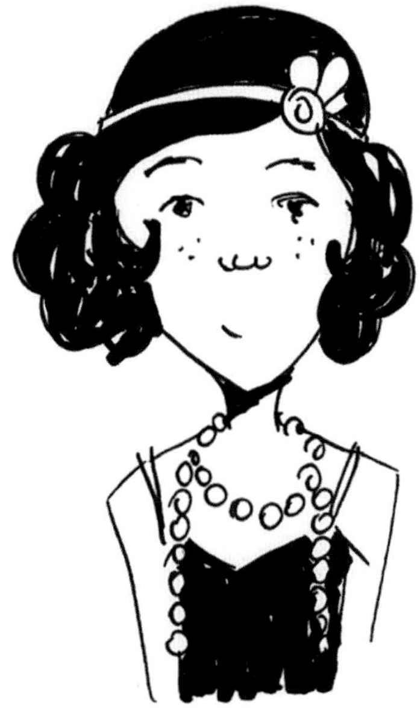

Diesen Retro-Look muss man einfach lieben.

Meine Cartoons male ich mit dem Fineliner aus. Das ist eine Menge Arbeit, aber schau dir einmal den tollen Effekt an, wenn noch ein paar kleine, weiße Stellen zu sehen sind. Damit wird noch deutlicher, dass du das Bild tatsächlich von Hand gezeichnet hast. Du kannst für deine Hintergründe auch das Weiß des Papiers nutzen. Den Stern im Hintergrund habe ich absichtlich weiß gelassen.

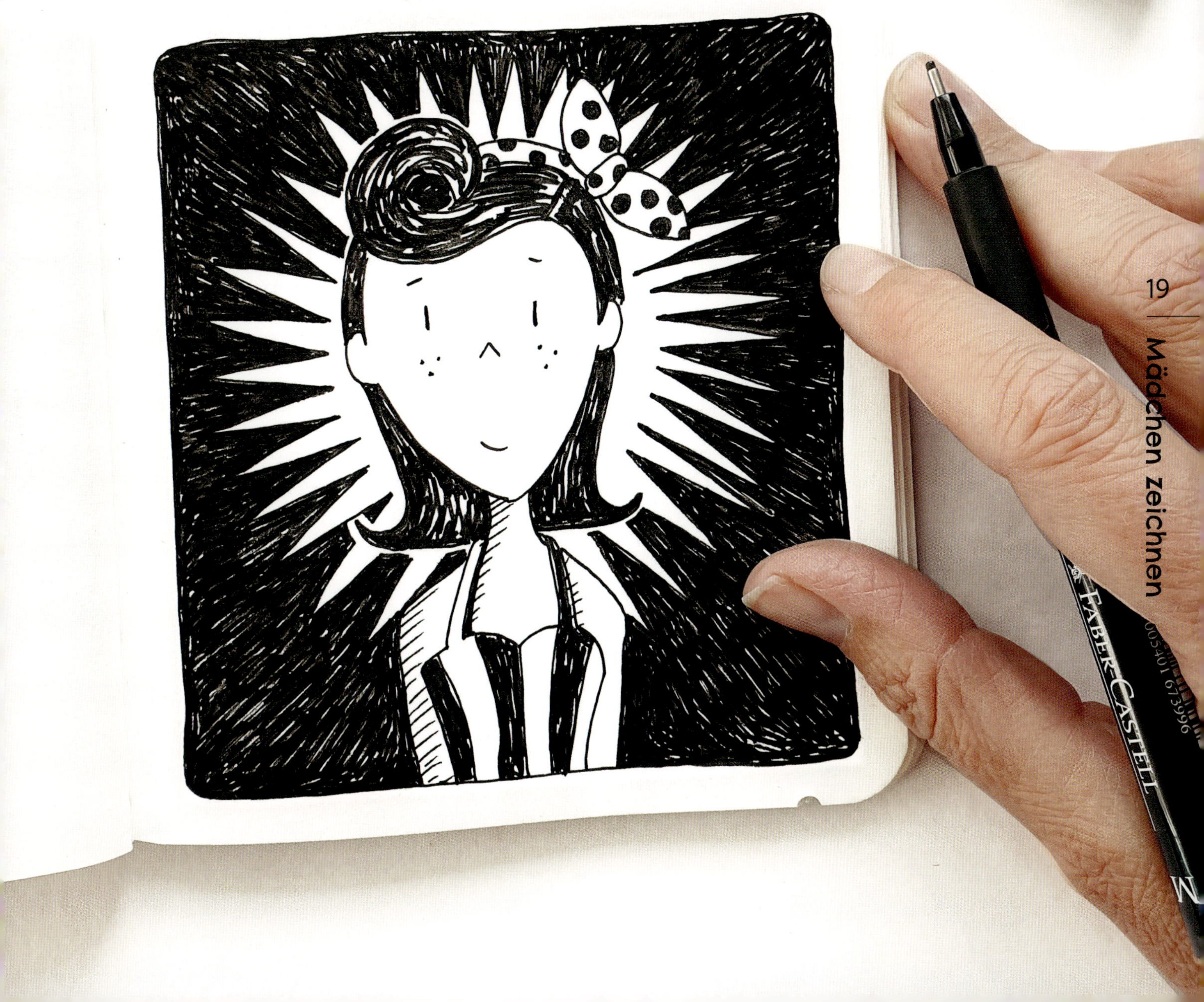

## SÜSSES MÄDCHEN

Schau mal, wie toll du mit den Haaren spielen kannst! Oder zeichne andere Augen. Weiter hinten im Buch findest du noch mehr Ideen für die Augen. In diesem Beispiel zeichnen wir die waagerechte Hilfslinie ein wenig gebogen. Merkst du, wie der Kreis dadurch „lebendiger" wird? Los geht's!

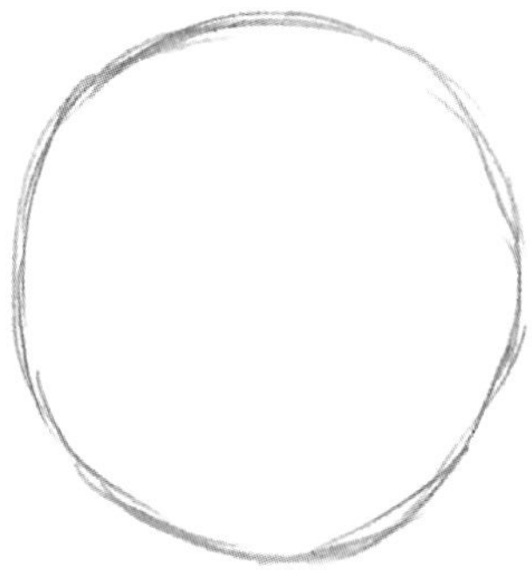

**1** Ja, der vertraute Kreis! Das klappt doch jetzt schon besser, oder?

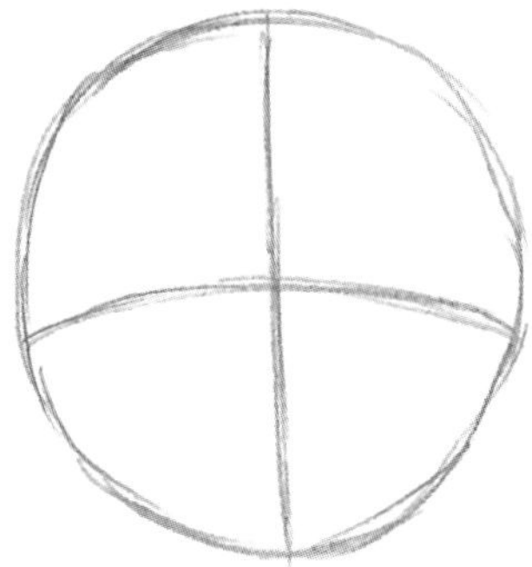

**2** Zeichne wieder ein Kreuz hinein. Zeichne dieses Mal die waagerechte Linie ein wenig nach oben gebogen.

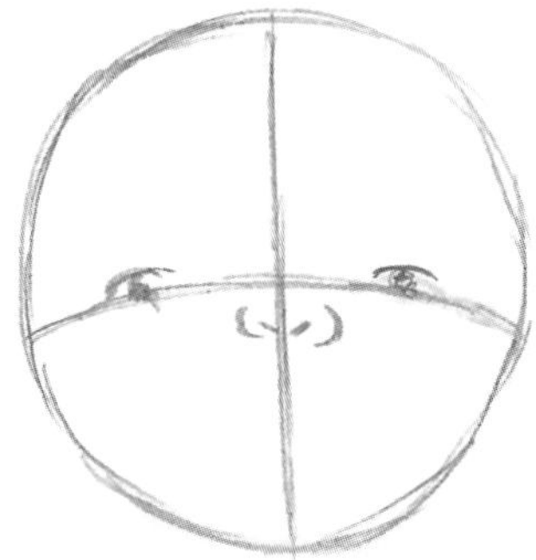

**3** Die Augen beginnen mit der oberen Linie. Zeichne den kleinen Kringel des Auges etwas verspielt darunter.

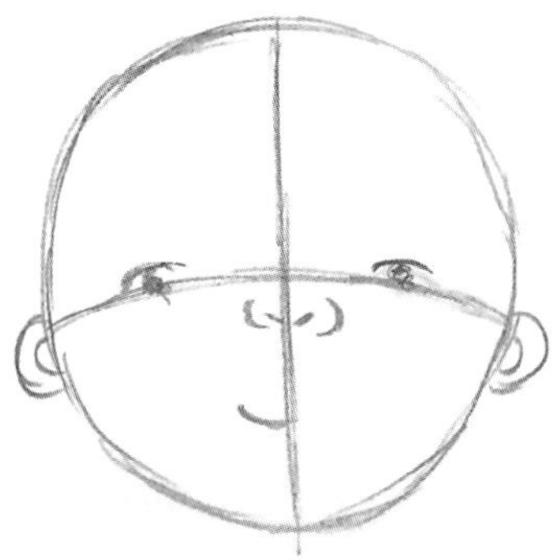

**4** Setze niedliche, kleine Öhrchen an und deute den Mund mit einem winzigen Strich an.

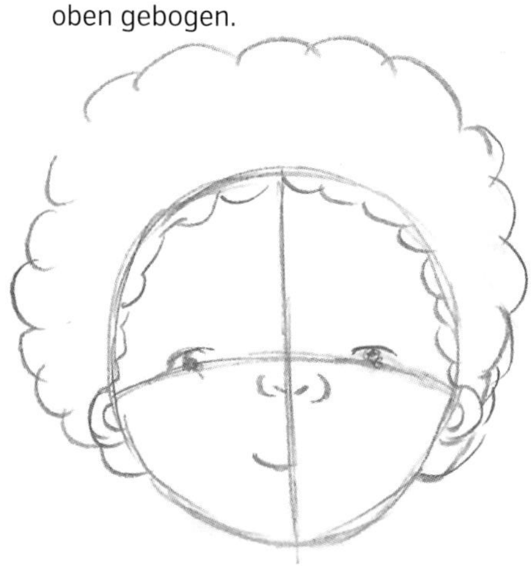

**5** Zeichne die Haare über den Kreis und noch etwas unterhalb in die Stirn. Hier wird es ein schöner, dicker Lockenkopf!

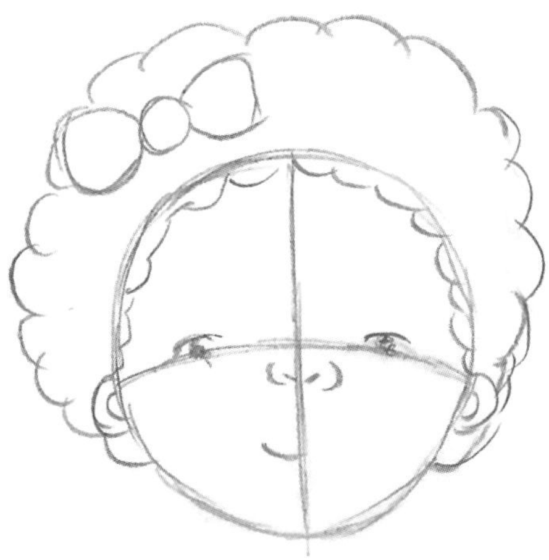

**6** Platziere zum Abschluss noch eine hübsche Schleife in die Haare.

Ich finde es interessant, die waagerechte Linie noch als leichte Bleistiftlinie stehenzulassen.

**TIPP**

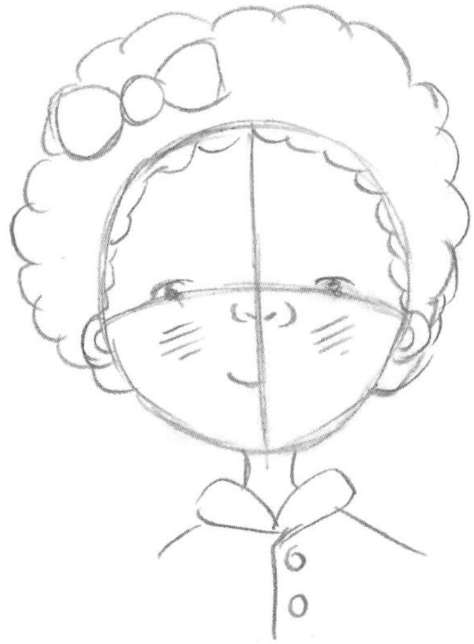

**7** Unten setzt du noch den Hals und den Ausschnitt einer Bluse an.

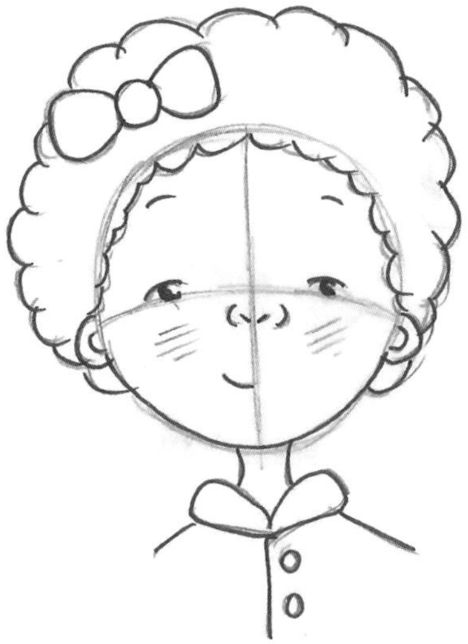

**8** Ziehe jetzt die Linien mit dem Fineliner nach. Achte wieder darauf, dass du nicht aus Versehen das Kreuz im Gesicht nachzeichnest.

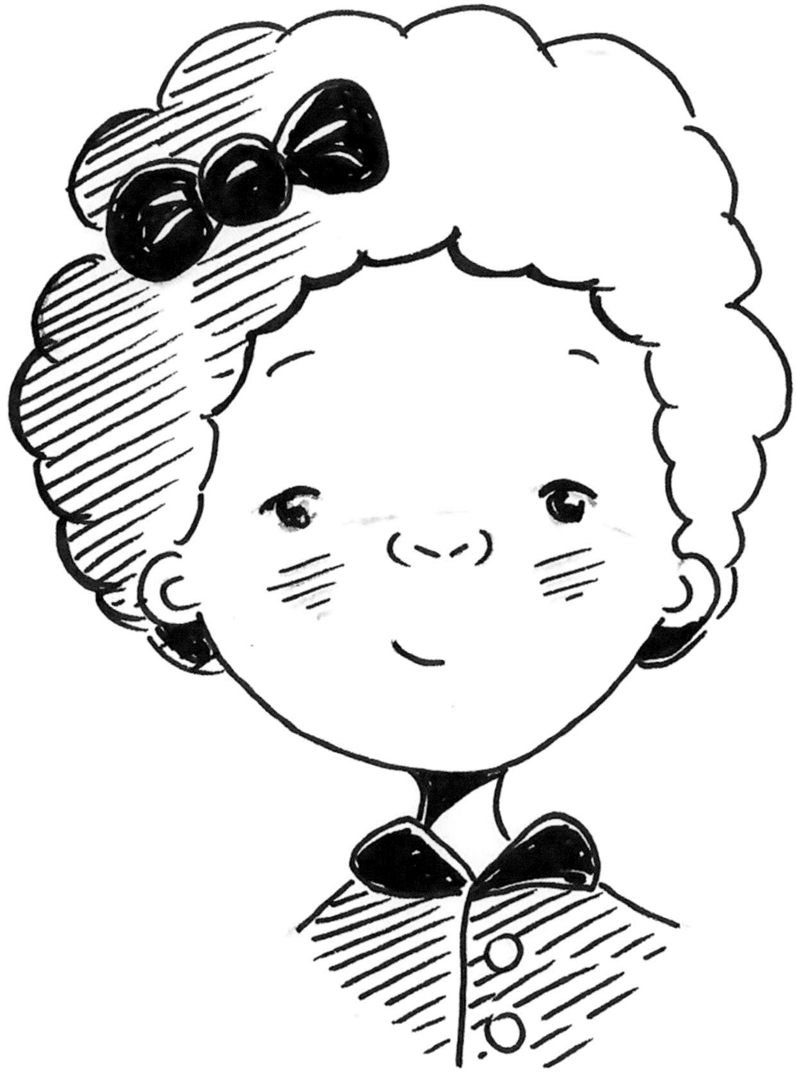

**9** Bei dieser Zeichnung habe ich mit Schattierungen gearbeitet. Damit bleibt die Zeichnung leicht und fröhlich. Du kannst die Haare auch mit dem Bleistift oder in Hellgrau ausmalen. Die Akzente, die ich in die schwarzen Flächen gesetzt habe, male ich nicht komplett aus. Ist dir aufgefallen, dass ich einen kleinen, weißen Rand gelassen habe?

# MÄDCHEN MIT BRILLE

Wenn die Basislinien der Gesichtszüge fertig sind, kannst du ganz einfach eine Brille dazuzeichnen. Für den Sommer lässt sich auch eine Sonnenbrille daraus machen. Der einzige Unterschied: Du malst die Gläser schwarz aus und lässt einen kleinen Lichtpunkt weiß stehen.

**1** Wir beginnen wieder mit einem Kreis für den Kopf.

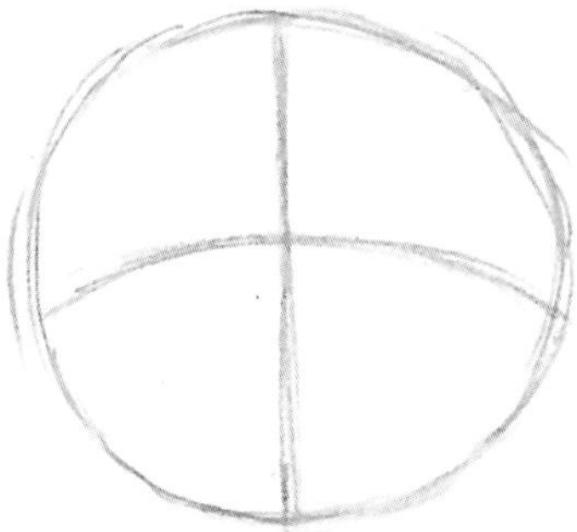

**2** Zeichne nun das Kreuz ein, bei dem die waagerechte Linie wieder im Bogen verläuft.

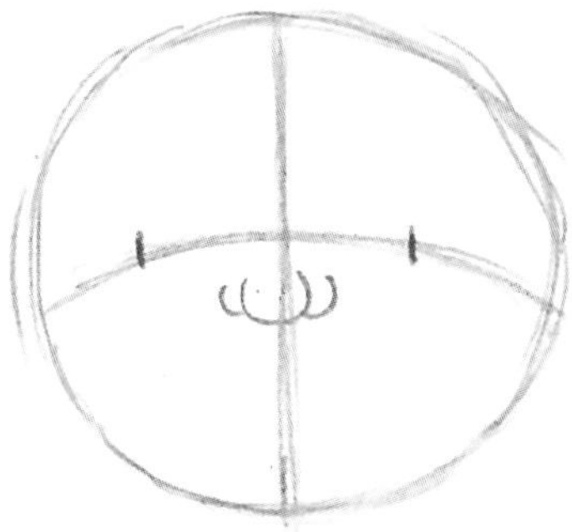

**3** Zeiche auf die waagerechte Linie die Augen als zwei kleine Striche. Die Nase beginnst du mit dem Bogen in der Mitte und zwei kleinen Bögen daneben.

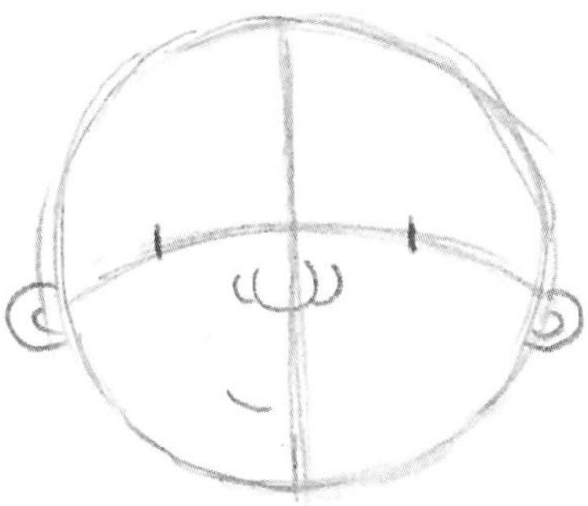

**4** Auch der Mund wird ein kleiner Bogen. Du kannst auch einmal ausprobieren, wie verändert das Gesicht aussieht, wenn du den Mund weiter oben oder unten zeichnest. Setze die Ohren seitlich an den Kopf.

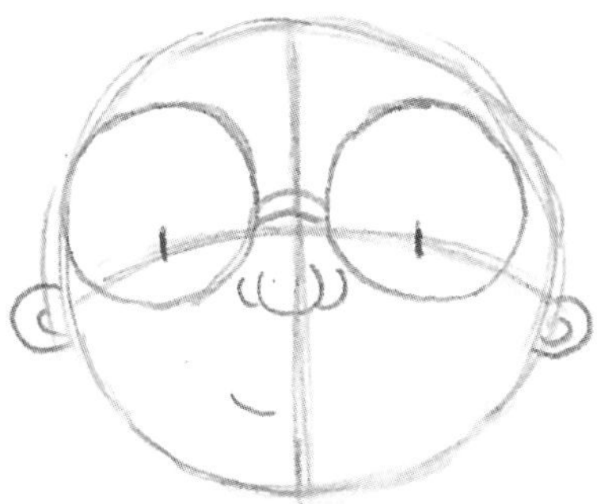

**5** Jetzt kommt die Brille: Zeichne zwei große Kreise um die Augen. Verbinde sie in der Mitte mit zwei kleinen Bögen.

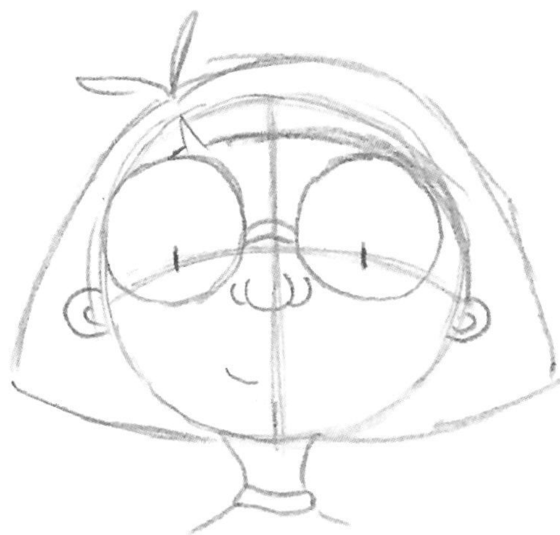

**6** Zeichne die Haare etwas über dem Kreis, mit dem du angefangen hast. Lose Strähnen verleihen der Frisur das gewisse Extra.

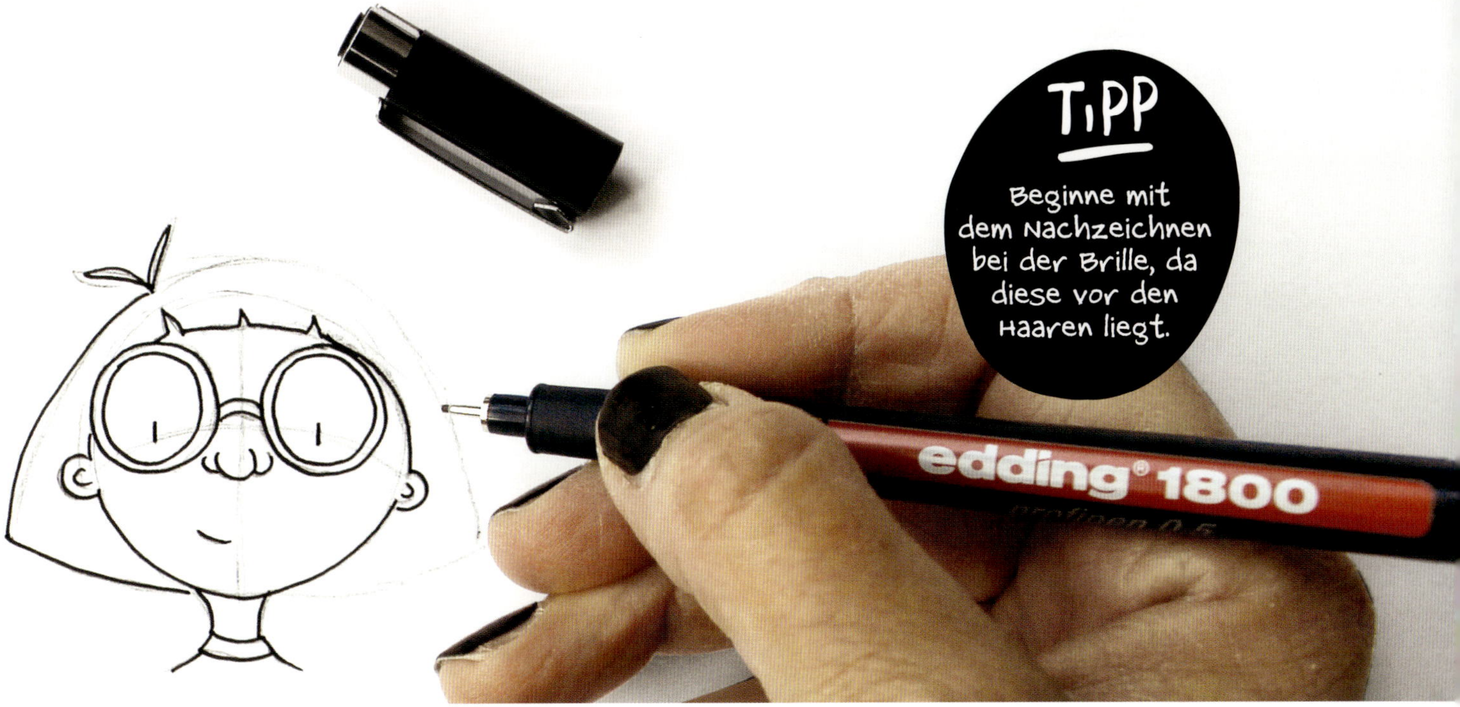


**TIPP**

Beginne mit dem Nachzeichnen bei der Brille, da diese vor den Haaren liegt.

**7** Bist du zufrieden mit deiner Skizze? Dann kannst du alle Linien nachziehen. Siehst du, wie ich der Brille direkt einen dickeren Rand zeichne?

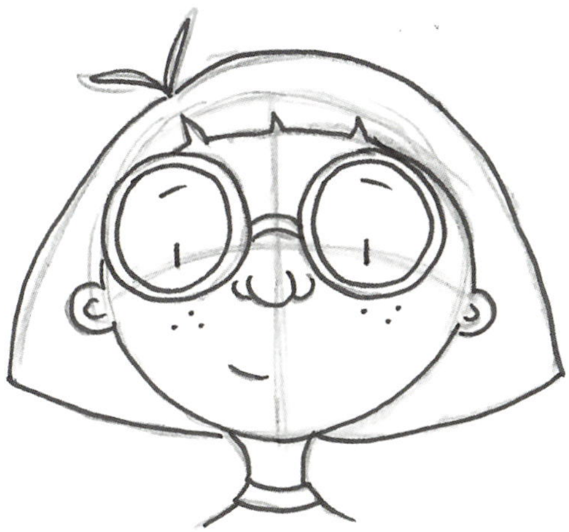

**8** Bevor wir die Haare ausmalen, radieren wir zuerst die Bleistiftlinien weg.

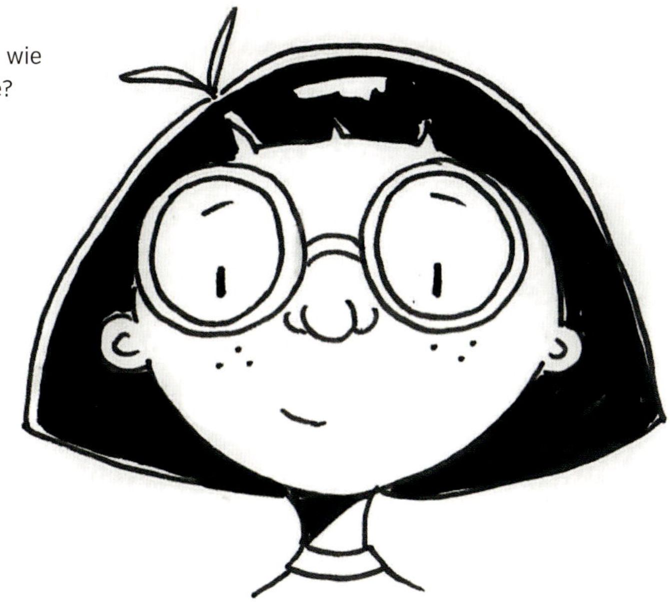

**9** Und jetzt ausmalen! Lasse einen kleinen, weißen Rand an der oberen Kante und an der Seite der Haare stehen. Siehst du das kleine, schwarze Dreieck am Hals, das ich ausgemalt habe? Das ist der Schatten des Kopfs. So bekommt deine Zeichnung mehr Tiefe.

## GIRLZ, GIRLZ, GIRLZ

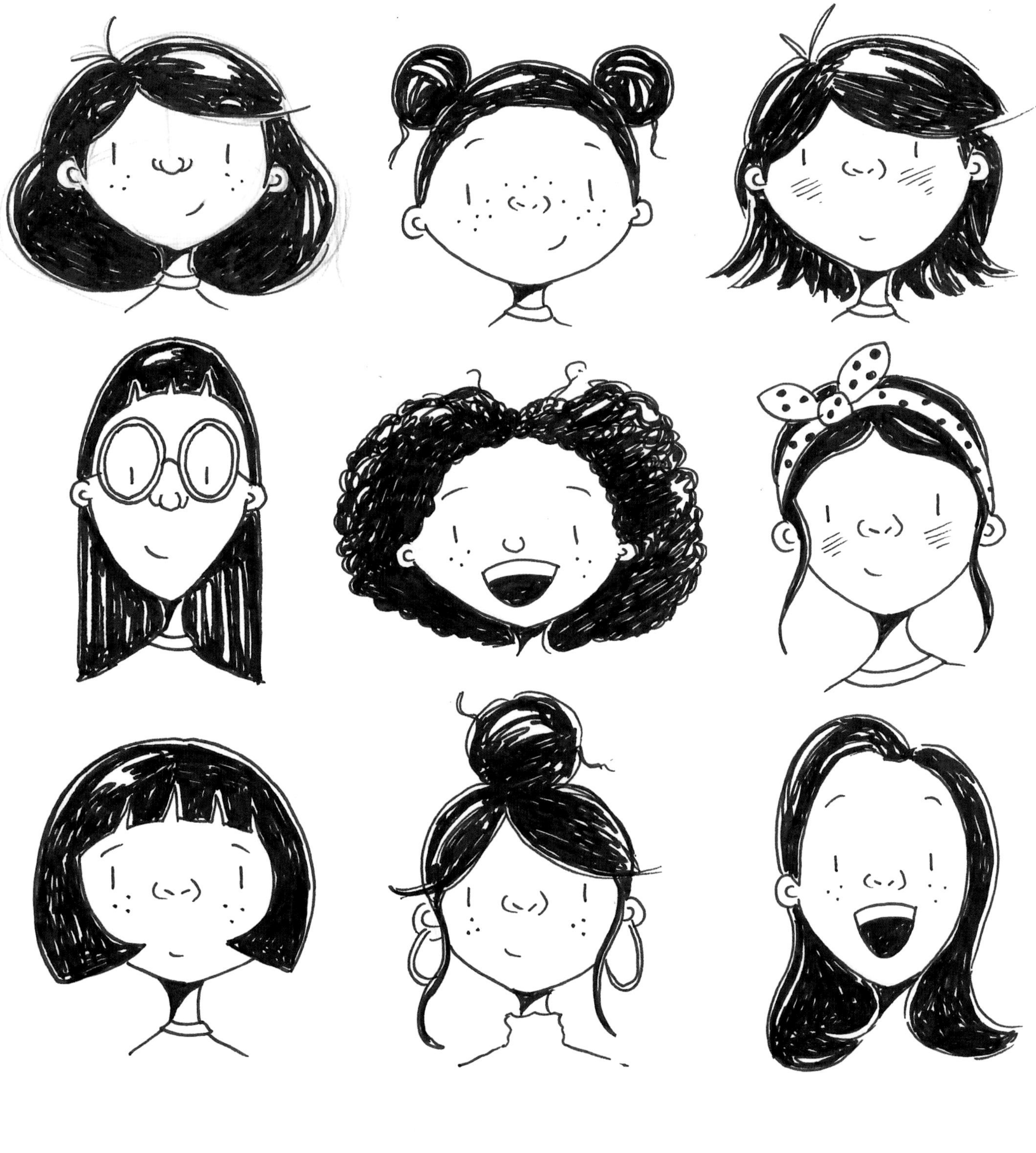

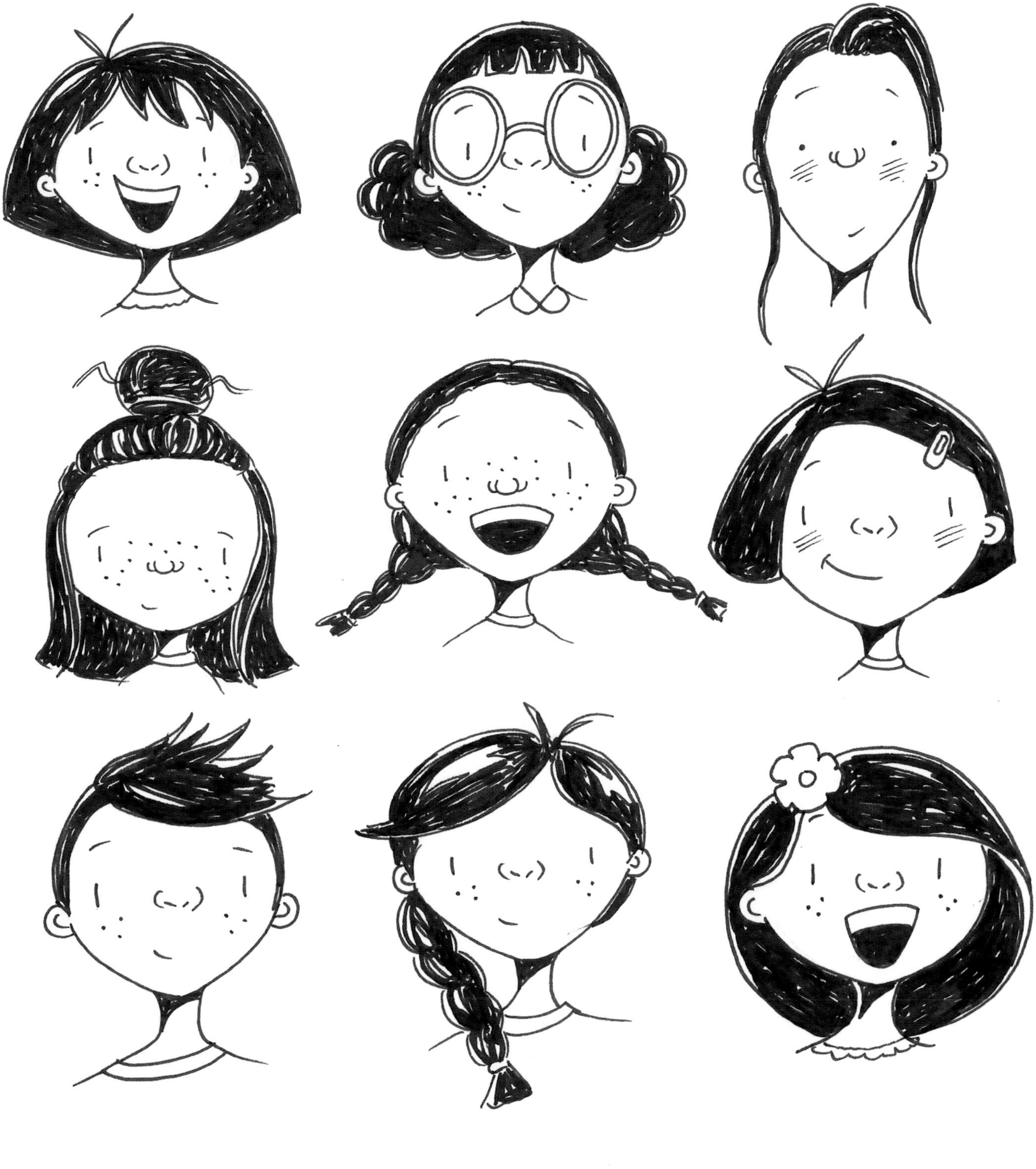

# UNTER DER DUSCHE

**TIPP**

Setze deinen Fineliner wie einen Bleistift ein – schön leicht!

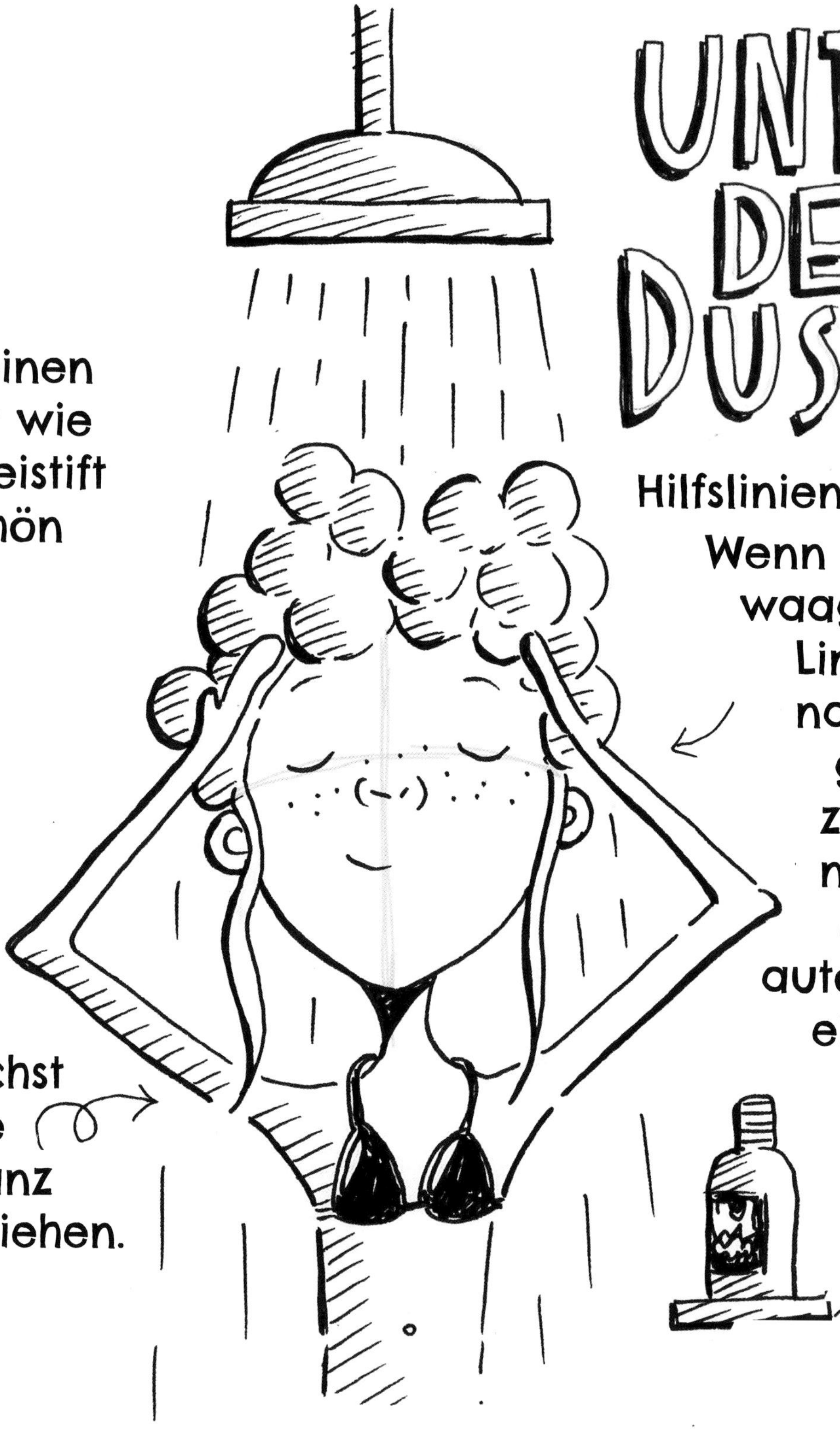

Hilfslinien Gesicht: Wenn du diese waagerechte Linie leicht nach oben gebogen zeichnest, neigt sich der Kopf automatisch ein wenig nach hinten!

Du brauchst nicht alle Linien ganz durchzuziehen.

# Augen

Hier zeige ich dir, wie einfach es ist, über die Augenform das Gesicht zu verändern. Zeichne sechs Mal das gleiche Gesicht und variiere nur die Augen. Dann merkst du schnell, welcher Stil dir am besten gefällt.

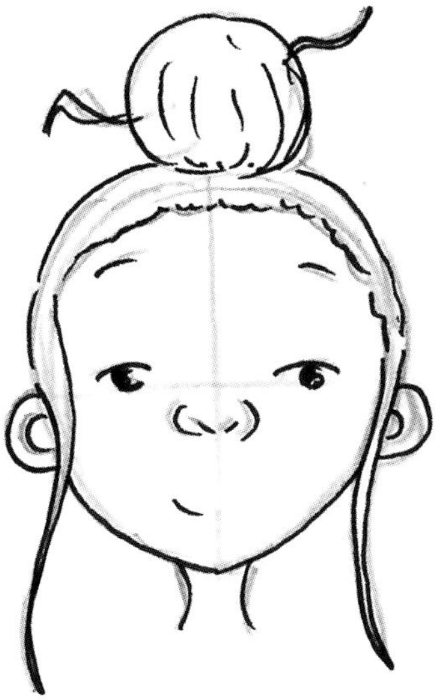

Ein wenig verträumt.

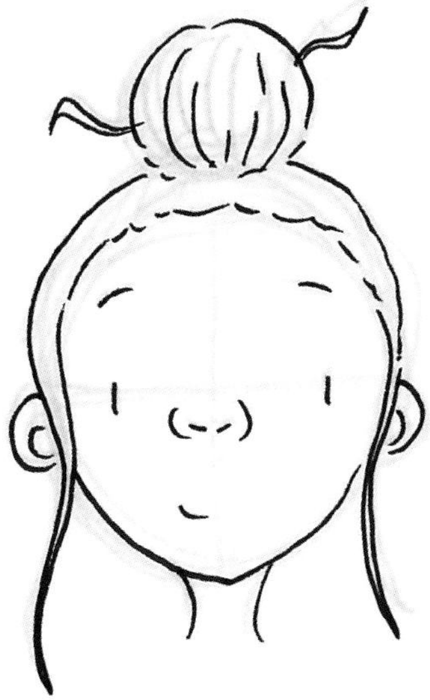

Hellwach mit nur zwei kleinen Strichen!

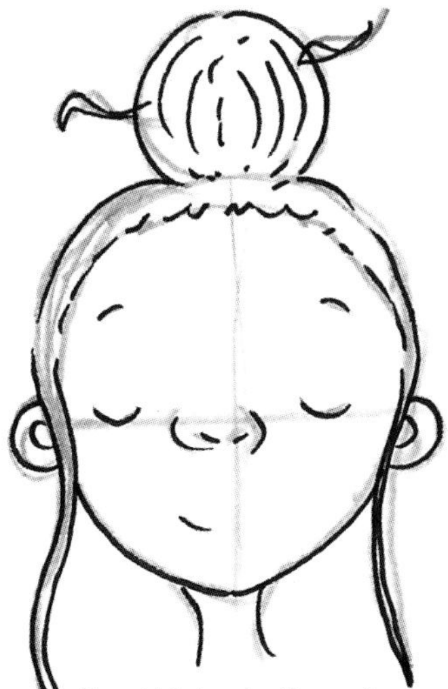

Zwei kleine halbrunde Bögen – und die Augen sind zu.

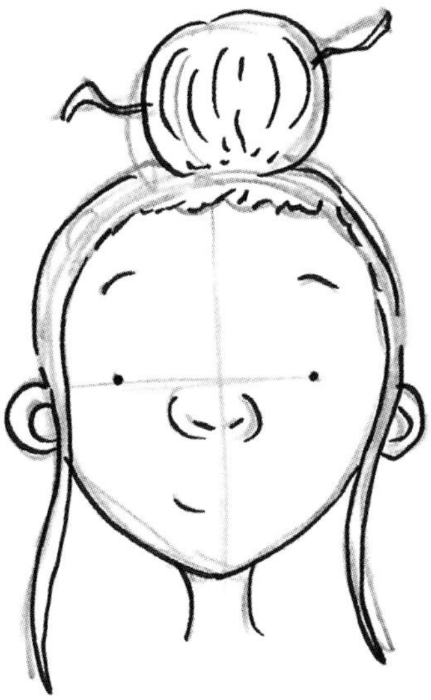

Oder einfach dicke Punkte als Augen.

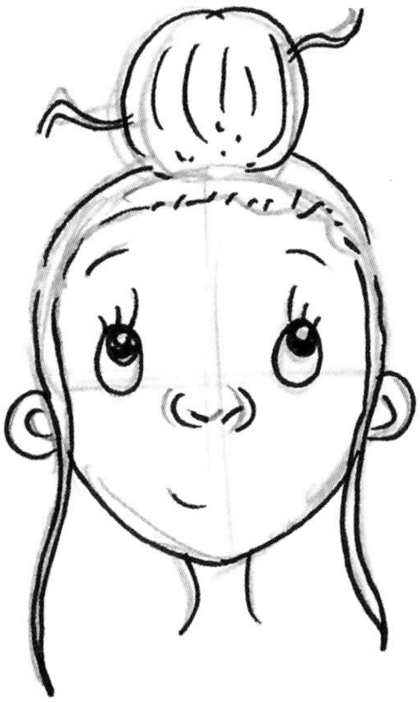

In der schwarzen Pupille dieser Augen solltest du einen kleinen Fleck weiß lassen!

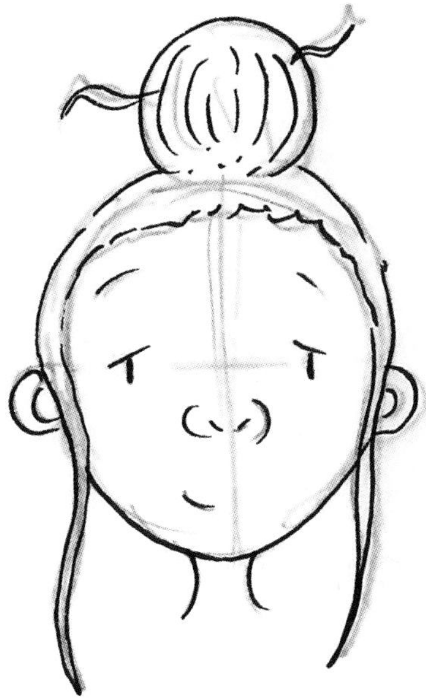

Zeichne zwei Striche mit den Lidern schräg darüber.

# Nasen

Jetzt machen wir das Gleiche mit der Nase. Siehst du, dass einige Nasen das Gesicht gleich viel jünger aussehen lassen als andere? Zeichne wieder ein paar Mal das gleiche Gesicht und probiere ein wenig herum.

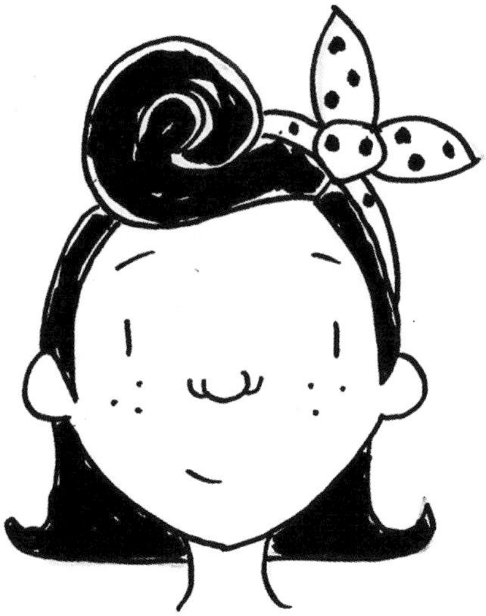

Eine meiner Lieblingsnasen!

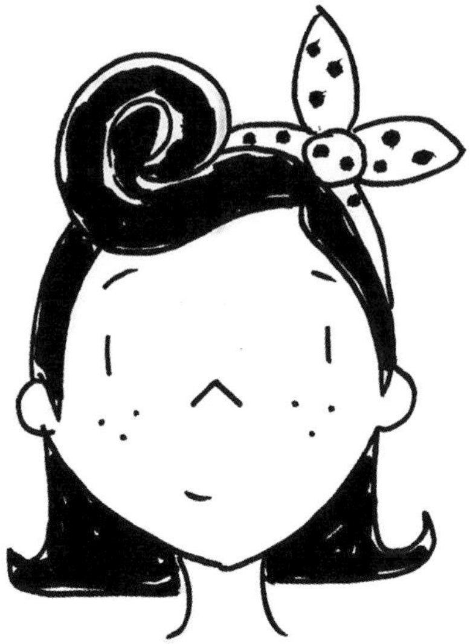

Schlicht und einfach: ein kleines Dreieck als Nase.

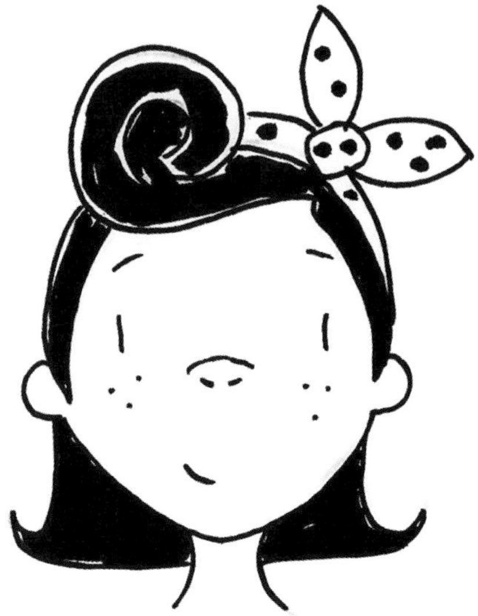

Zeichne nur die Nasenlöcher mit einem kleinen Bogen darüber.

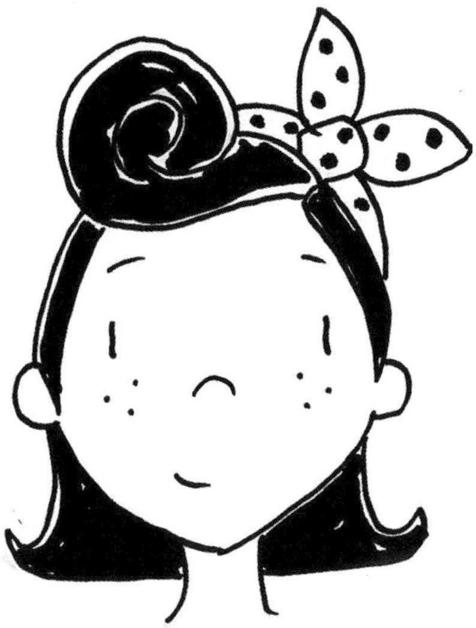

Ein einfacher, halber Bogen passt immer.

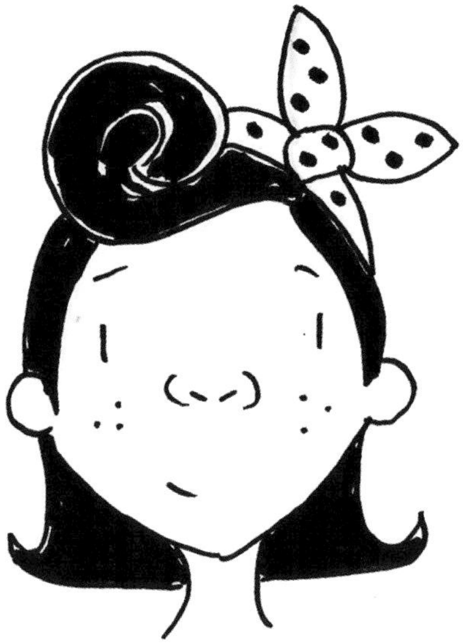

Auch eine meiner Lieblingsnasen. Du kannst die Nase ruhig etwas kleiner zeichnen.

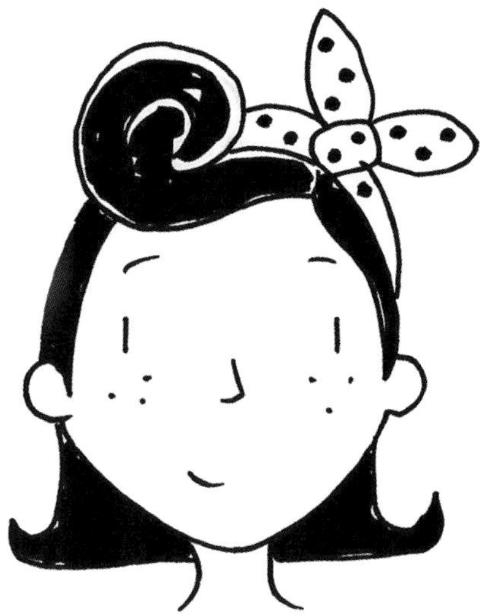

Ganz einfach, aber sehr schön: ein seitliches Dreieck!

Mit Retro-Touch, ich liebe es! Hier siehst du, wie ein hübscher Hintergrund die Zeichnung ganz einfach komplettiert. Beginne in der Mitte der Zeichnung mit größeren Punkten und lasse sie nach außen hin immer kleiner werden. Achte darauf, dass die Punkte das Mädchen nicht berühren.

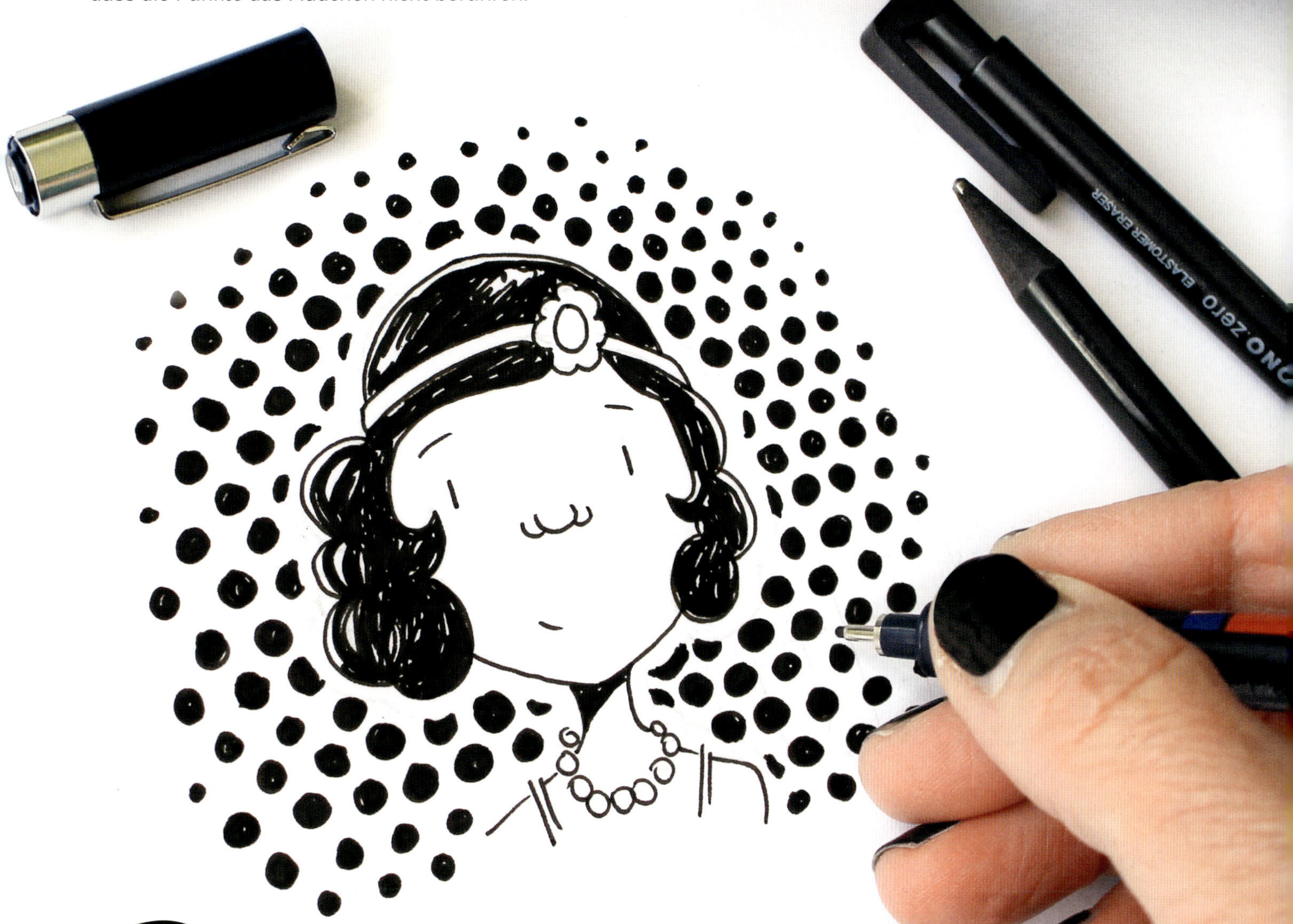


**TIPP**

Male das Haar etwas unregelmäßig aus, damit es lebendiger wirkt. Achte darauf, dass du die Striche in derselben Richtung zeichnest wie das Haar liegt.

# Augenbrauen

Mit Augenbrauen kannst du ganz leicht verschiedene Gesichtsausdrücke kreieren. Kleine Striche können eine so große Wirkung haben ... Schau dir die Gesichter hier unten genau an!

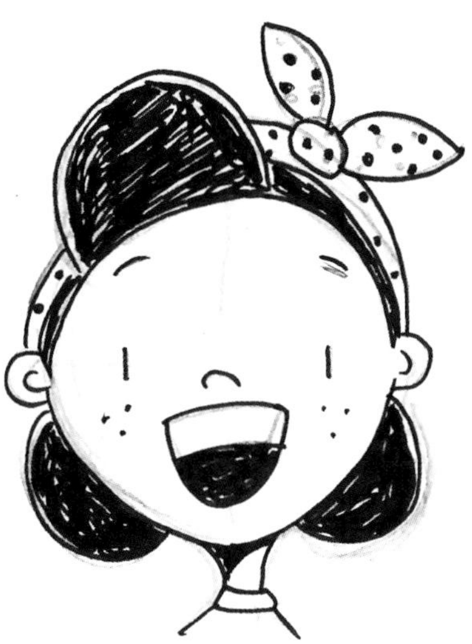

**Überraschung!** Zeichne die Augenbrauen hoch auf der Stirn als kurze Striche.

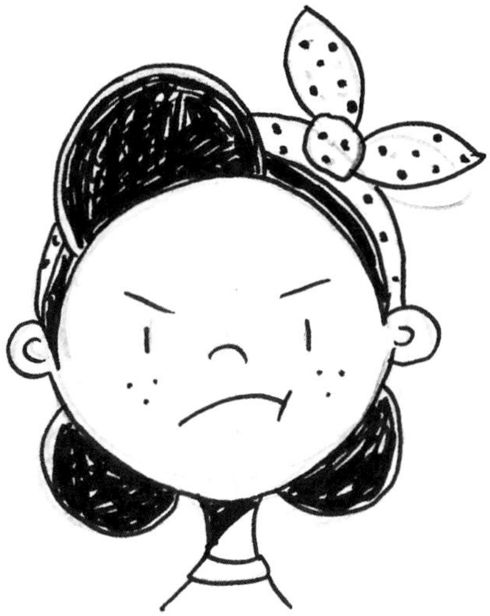

**Böse!** Lasse die Augenbrauen schräg nach unten verlaufen.

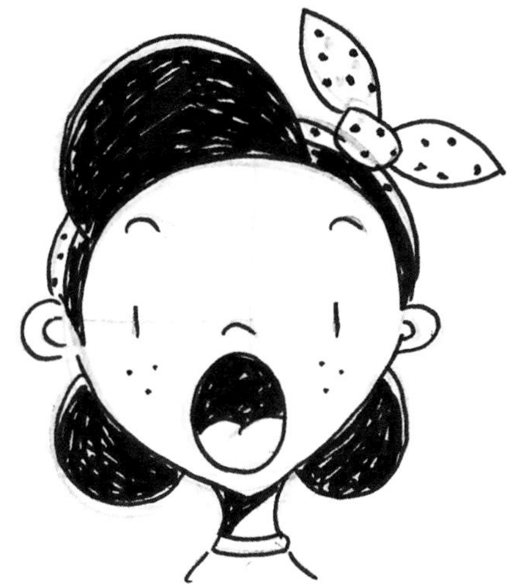

**Erstaunt!** Kleine runde Bögen hoch über den Augen drücken Erstaunen aus.

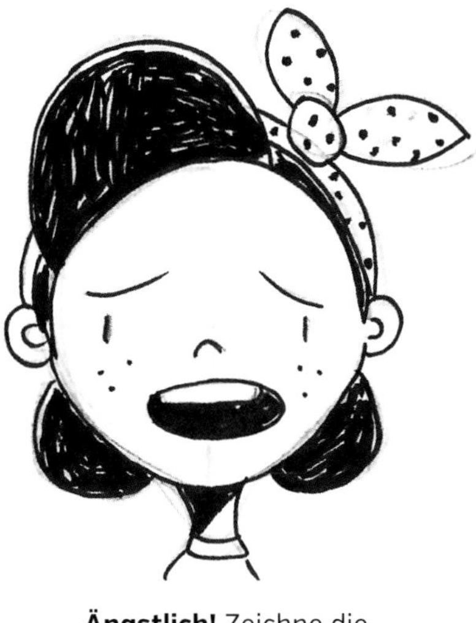

**Ängstlich!** Zeichne die Augenbrauen leicht gebogen und schräg nach oben.

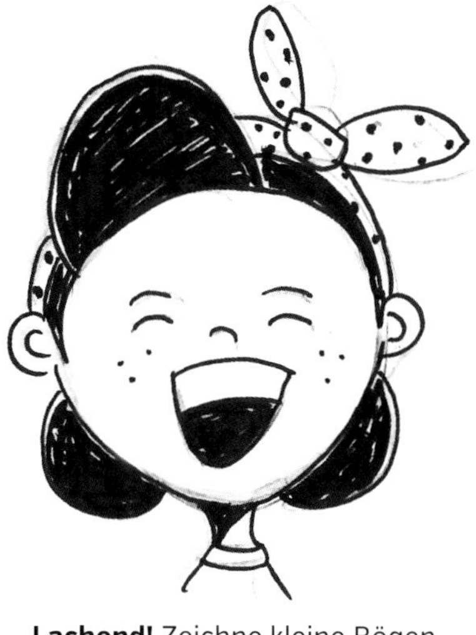

**Lachend!** Zeichne kleine Bögen dicht über geschlossenen Augen.

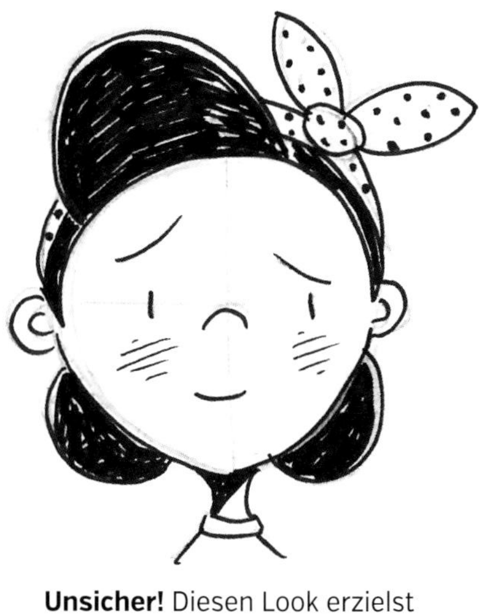

**Unsicher!** Diesen Look erzielst du, wenn du die Augenbrauen unterschiedlich hoch zeichnest.

# Mundformen

Bist du bereit? Mundformen gibt es natürlich auch in den unterschiedlichsten Arten und Größen. Hier unten siehst du ein paar Styles.

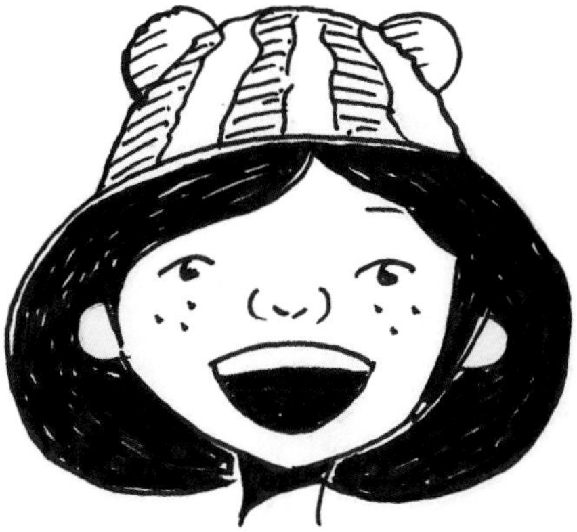

Der fröhliche Mund: Beginne mit der großen Fläche und zeichne die Zähne als eine Fläche ein.

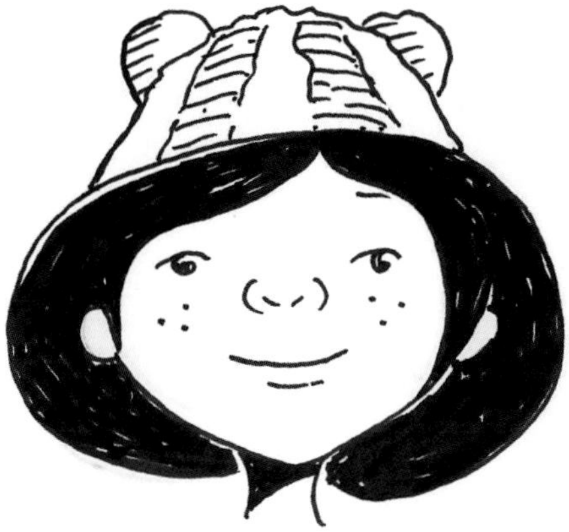

Ganz einfach mit einem zusätzlichen Strich für die Unterlippe.

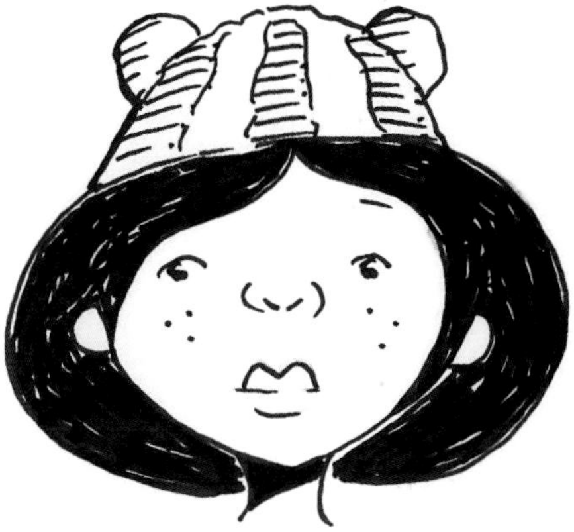

Dieses Mädchen hat Charakter!

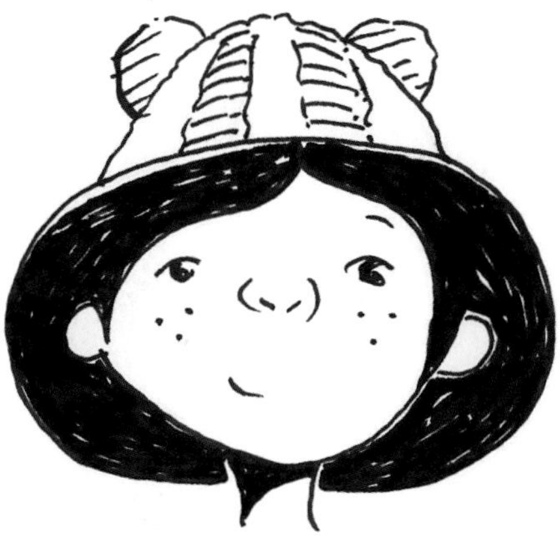

Mein Lieblingsmund, ein kleiner gebogener Strich.

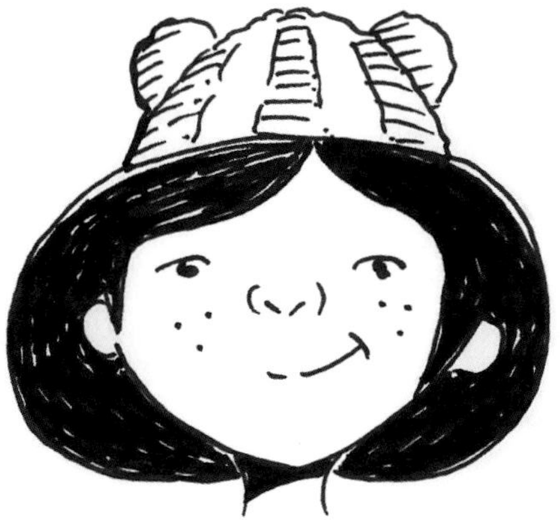

Der gebogene Strich ist ein wenig länger gezogen. Mit einem kleinen Querstrich am Ende wird das Lächeln noch breiter.

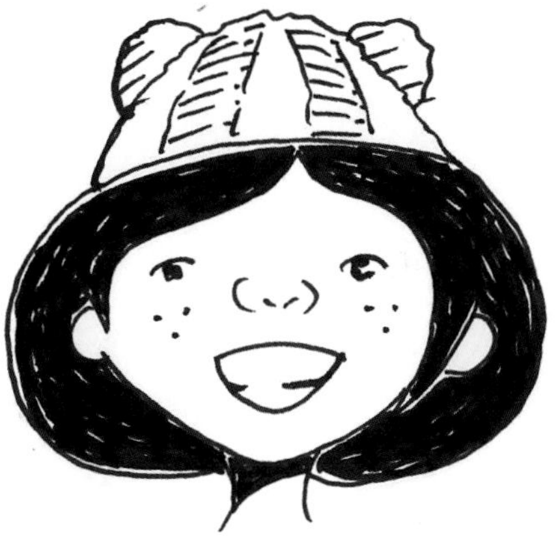

Strahlendes Lächeln! Zeichne jetzt noch die Zähne: Deute dafür die Zahnreihen mit jeweils einem kurzen Strich an den Seiten an.

**TIPP**

Zeichne die Zähne niemals einzeln, sondern immer als ganze Fläche wie im ersten und letzten Beispiel auf dieser Seite. Probiere es einfach mal aus.

# Kopfformen

Es gibt so viele Menschen auf unserer Erde, und jeder hat eine ganz eigene Kopfform. Auf diesen Seiten zeige ich dir, wie du ganz einfach die jeweilige Grundform zeichnest. So lernst du, genau auf die Kopfform zu achten, wenn du jemanden porträtieren möchtest!

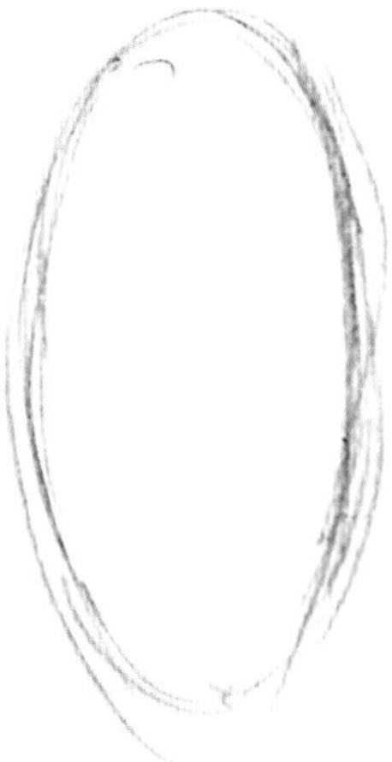

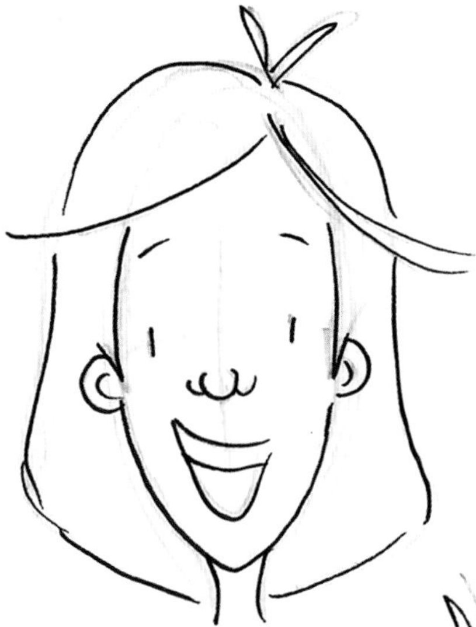

Ein Oval für ein längliches Gesicht.

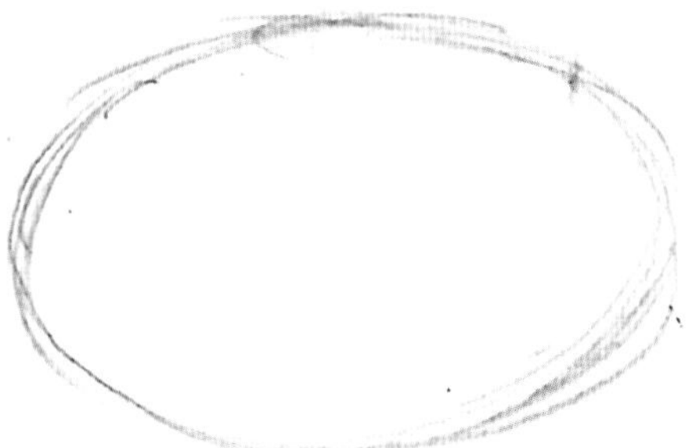

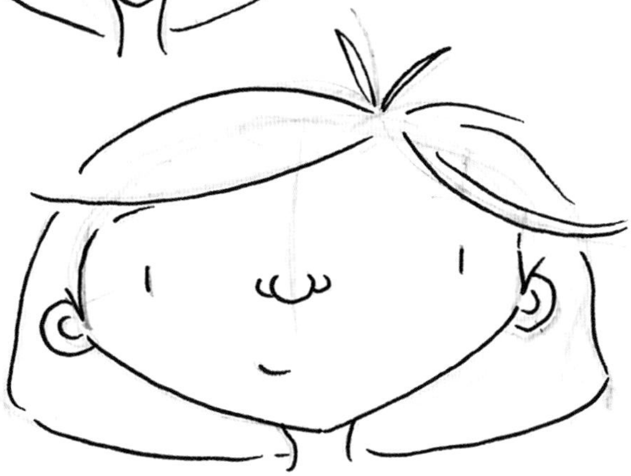

Noch ein Oval, dieses Mal jedoch quer.

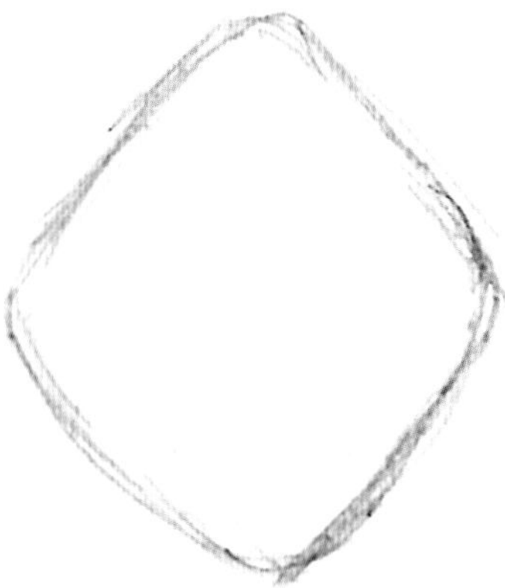

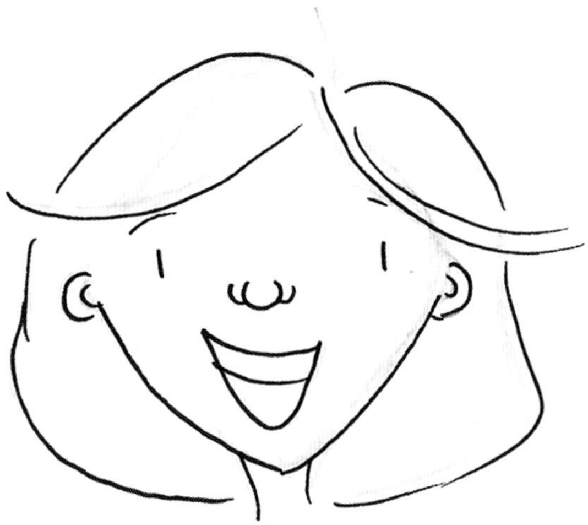

Eine Raute mit abgerundeten Ecken.

**TIPP**

Zeichne auf ein Blatt Papier viele verschiedene Formen und verwandle sie in Gesichter!

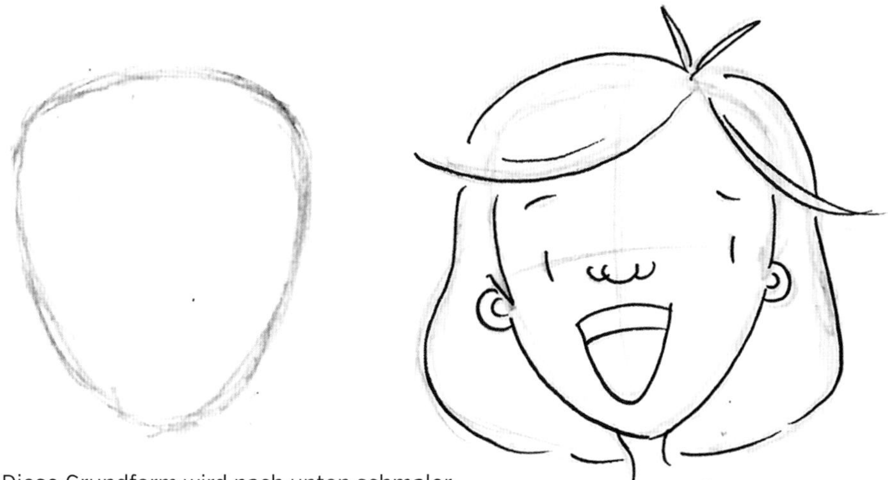

Diese Grundform wird nach unten schmaler.

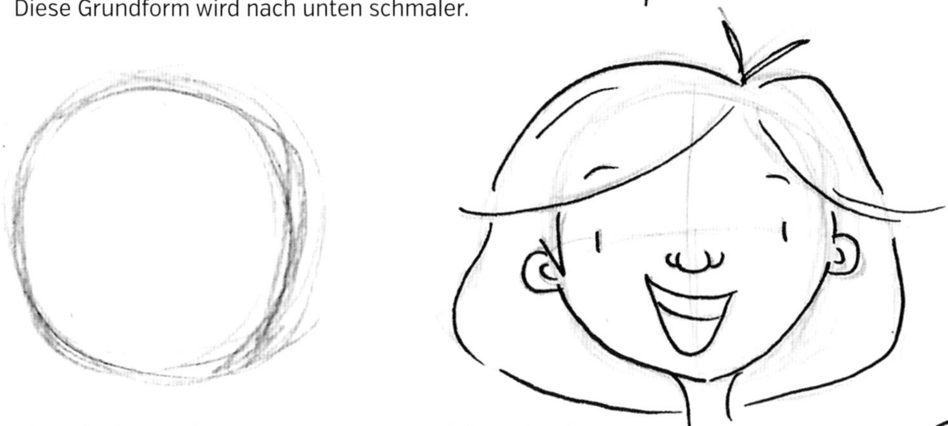

Ein einfacher Kreis. Diese Form verwende ich am häufigsten!

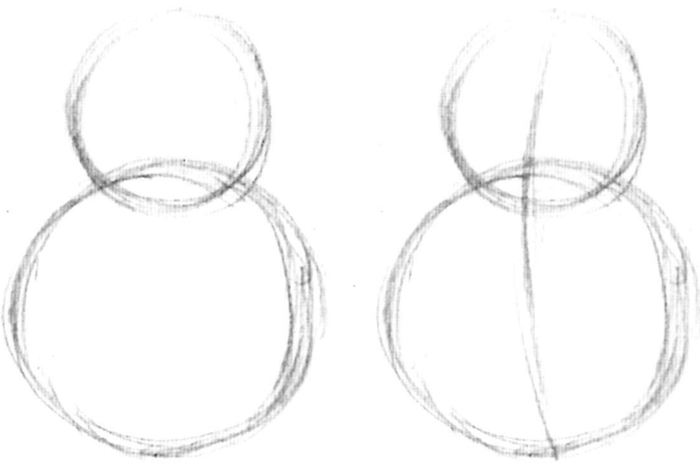

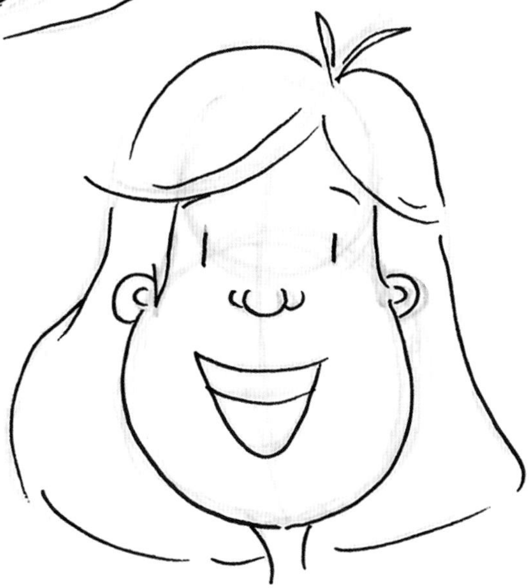

Zwei Kreise übereinander ergeben einen überraschenden Effekt!

Merkst du, wie einfach das ist? Ob lang, kurz, rund oder klein – auf diese Weise kannst du jeden Kopf zeichnen.

# Haare

Eine schöne Frisur zu zeichnen ist eigentlich ganz einfach. Mit ein wenig Übung macht es so viel Spaß, dass du bald zahllose hübsche Models aus dem Ärmel schüttelst. Wenn du vermeiden möchtest, dass die Haare strähnig wirken, solltest du nicht mit Strichen, sondern mit Flächen arbeiten. Schau dich einfach um und fotografiere hübsche Frisuren – dann kannst du versuchen, sie nachzuzeichnen. Auf dieser Seite siehst du immer dieselbe Grundform, die mit unterschiedlichen Frisuren einen völlig anderen Look bekommt.

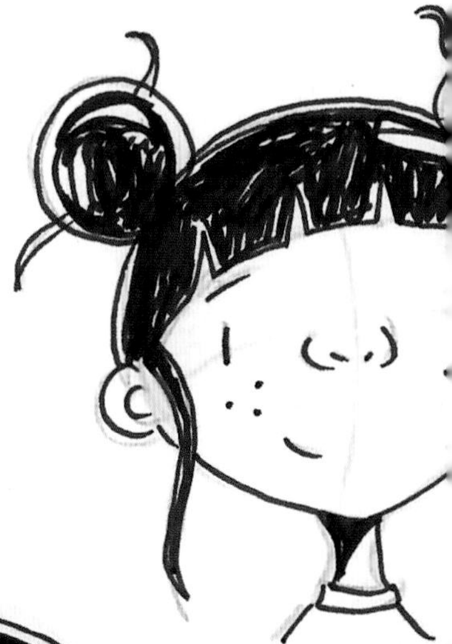

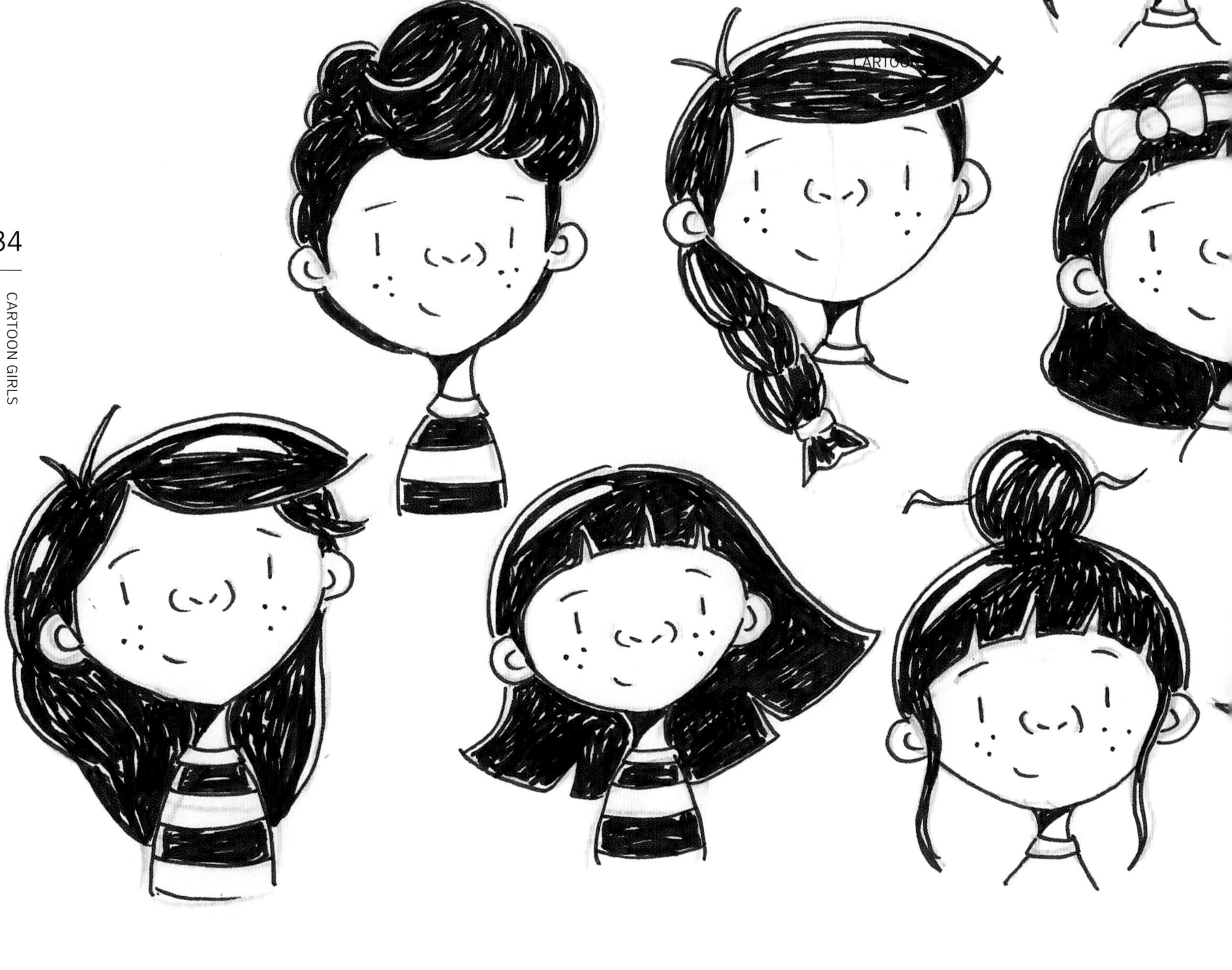

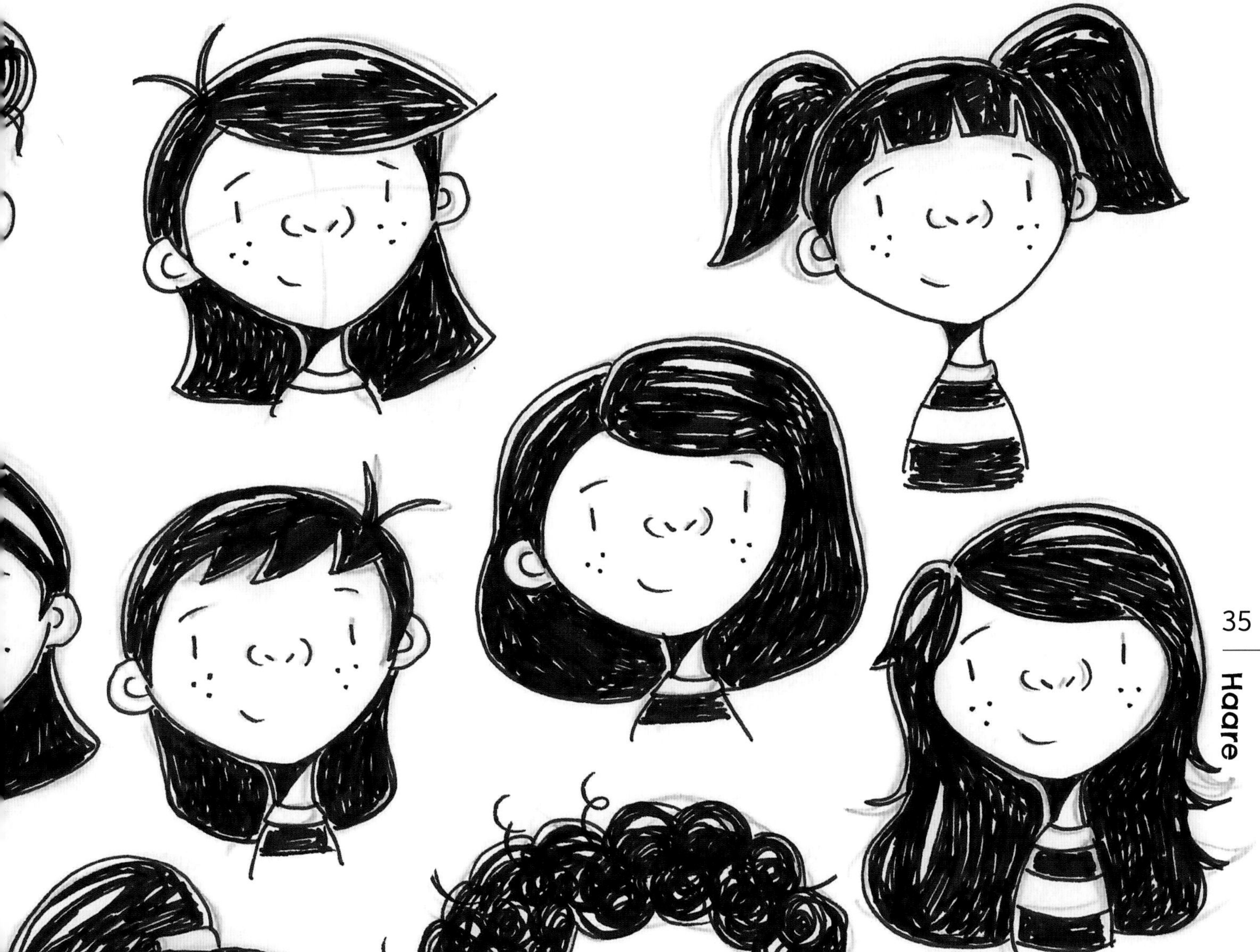

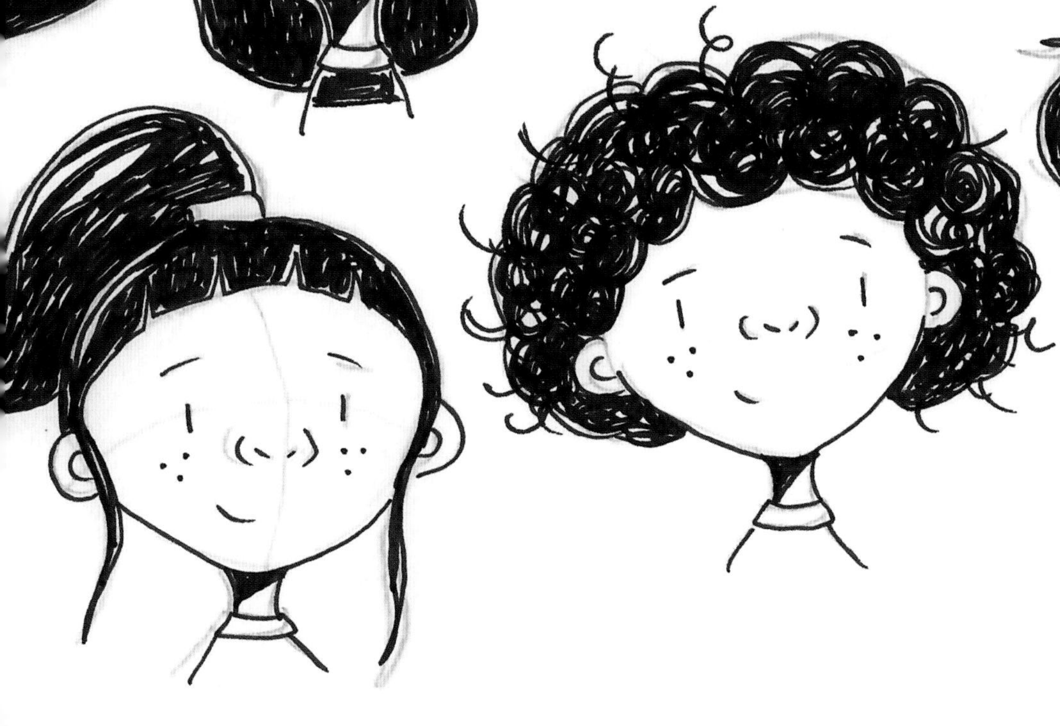

Die Gesichter habe ich mit einem Fineliner in Stärke 0,5 gezeichnet. Die Haare sind mit dem Profipen von Edding 1800, Strichbreite 0,7 ausgemalt. Ansonsten bist du seeehr lange damit beschäftigt. :-)

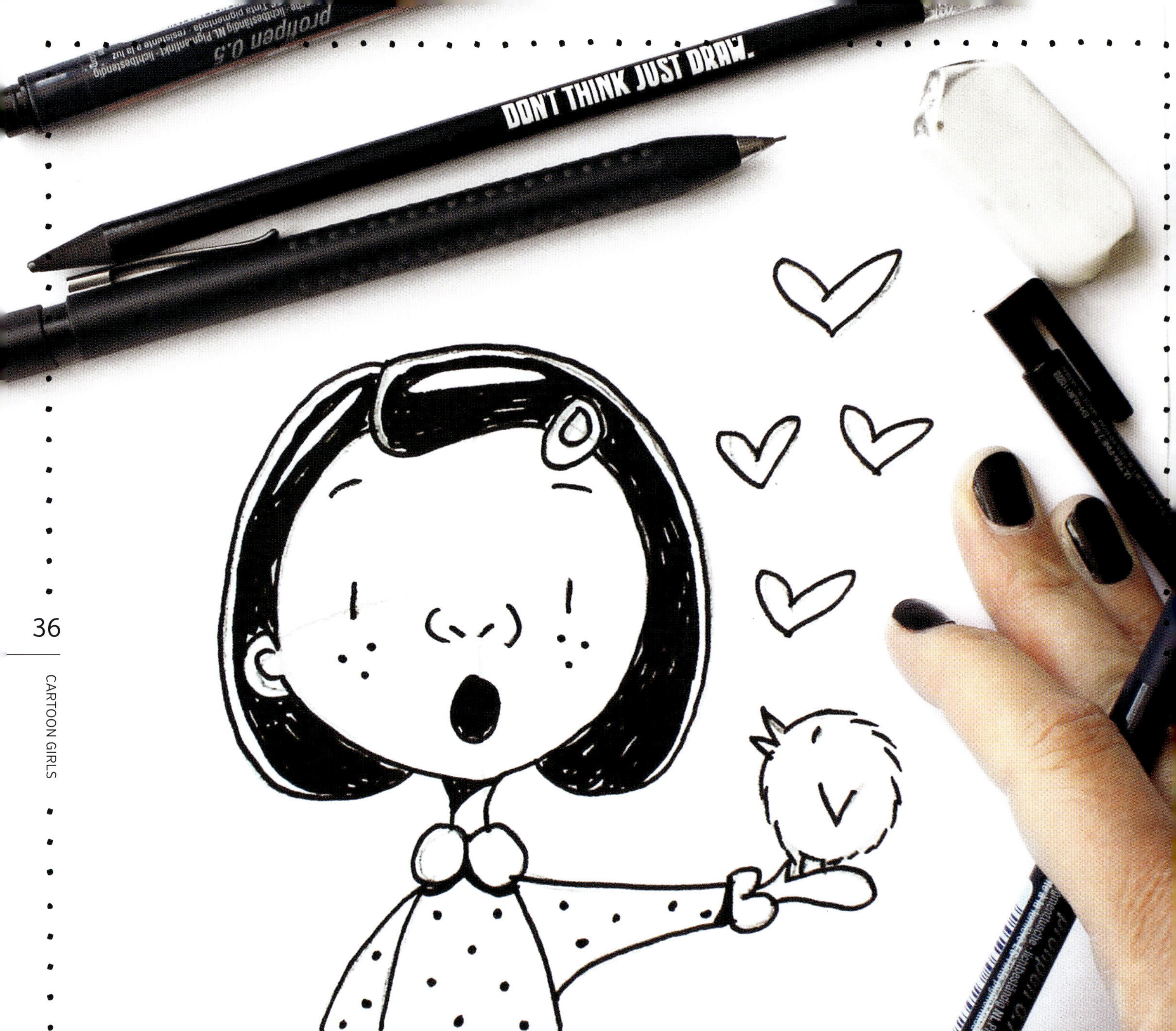


## Au weia ... Spricht es womöglich mit mir?

Eine kleine Geschichte erzählen – das geht ganz einfach, mit nur einer einzigen Zeichnung. Weiter hinten lernst du mehr darüber, wie du Arme zeichnen kannst. Und das Vögelchen ist nur ein Kreis mit Schnabel, Flügel und Auge. So kannst du in deinem Skizzenbuch beispielsweise täglich das Ereignis des jeweiligen Tages in einer kleinen Zeichnung festhalten.

# Mit Gefühl

Hier habe ich immer die gleiche Grundform für das Gesicht verwendet. Indem ich mit verschiedenen Mundformen, unterschiedlichen Augenbrauen und Augen spiele, verändert sich der Gesichtsausdruck von fröhlich zu ärgerlich. Probiere es ruhig einmal aus!

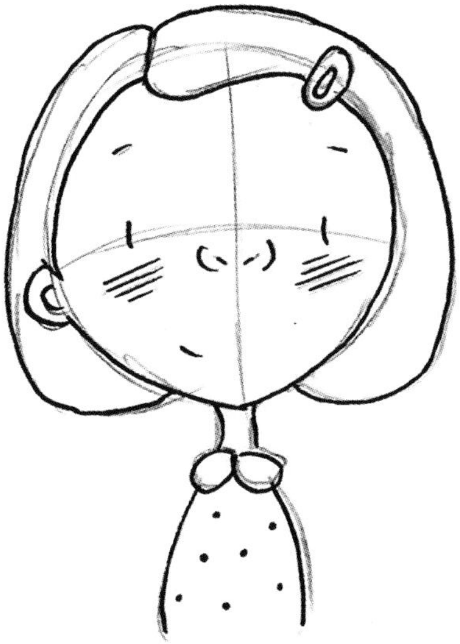

Ein bisschen verlegen.

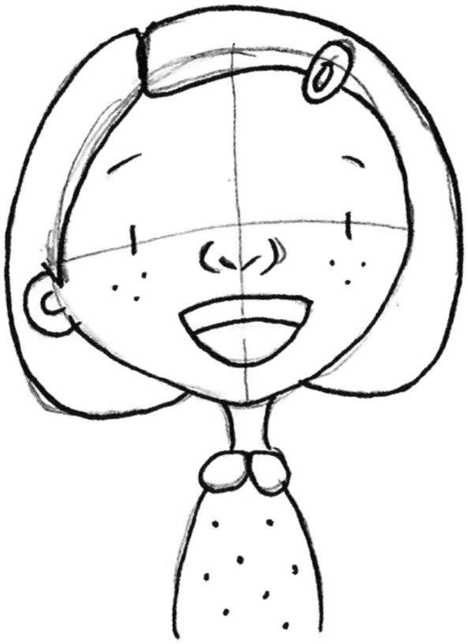

Hier ist sie fröhlich ...

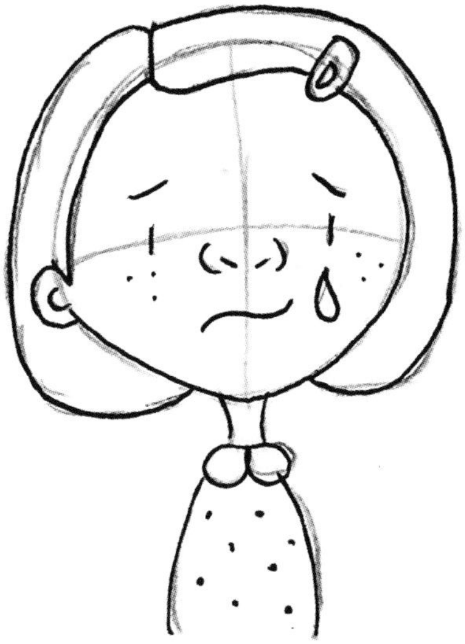

... und hier ein wenig traurig.

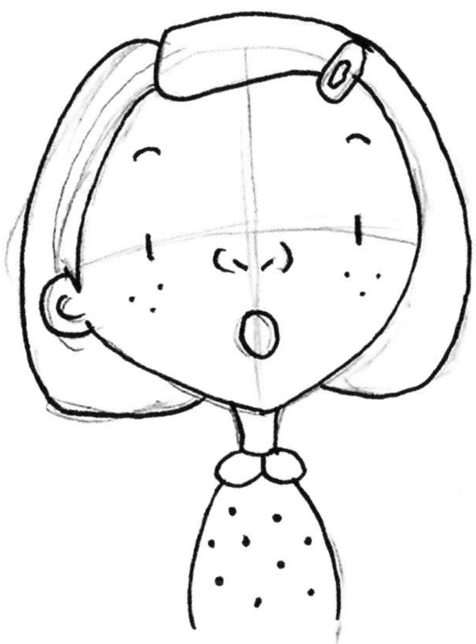

Erstaunt über etwas, was sie sieht.

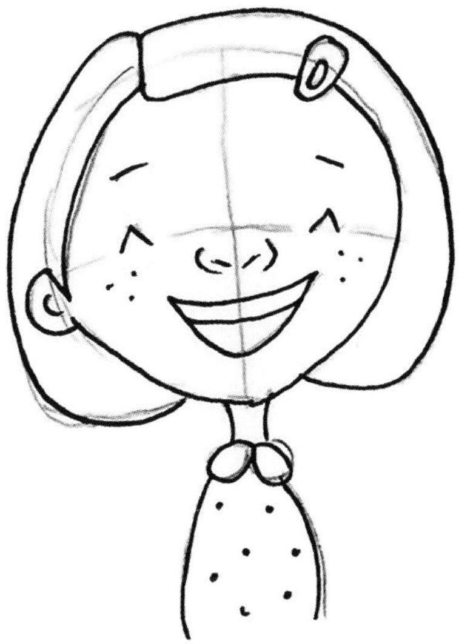

Das war echt lustig!

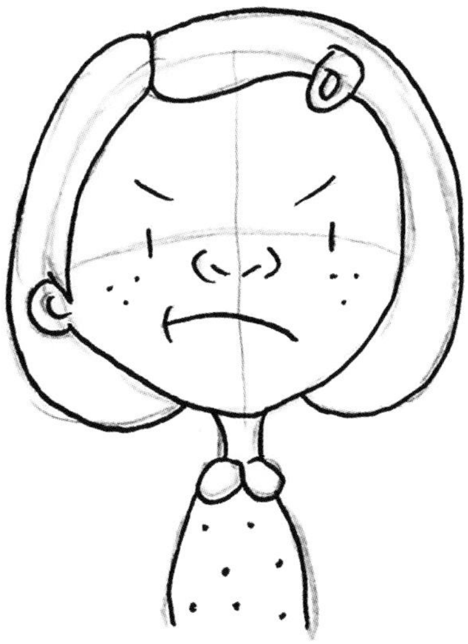

Sie kann auch ganz schön böse werden!

Versuche, den Mund in den unterschiedlichsten Formen zu zeichnen, um andere Gefühlszustände hervorzuzaubern. Du wirst merken, wie eine kleine Veränderung einen ganz anderen Ausdruck bewirkt.

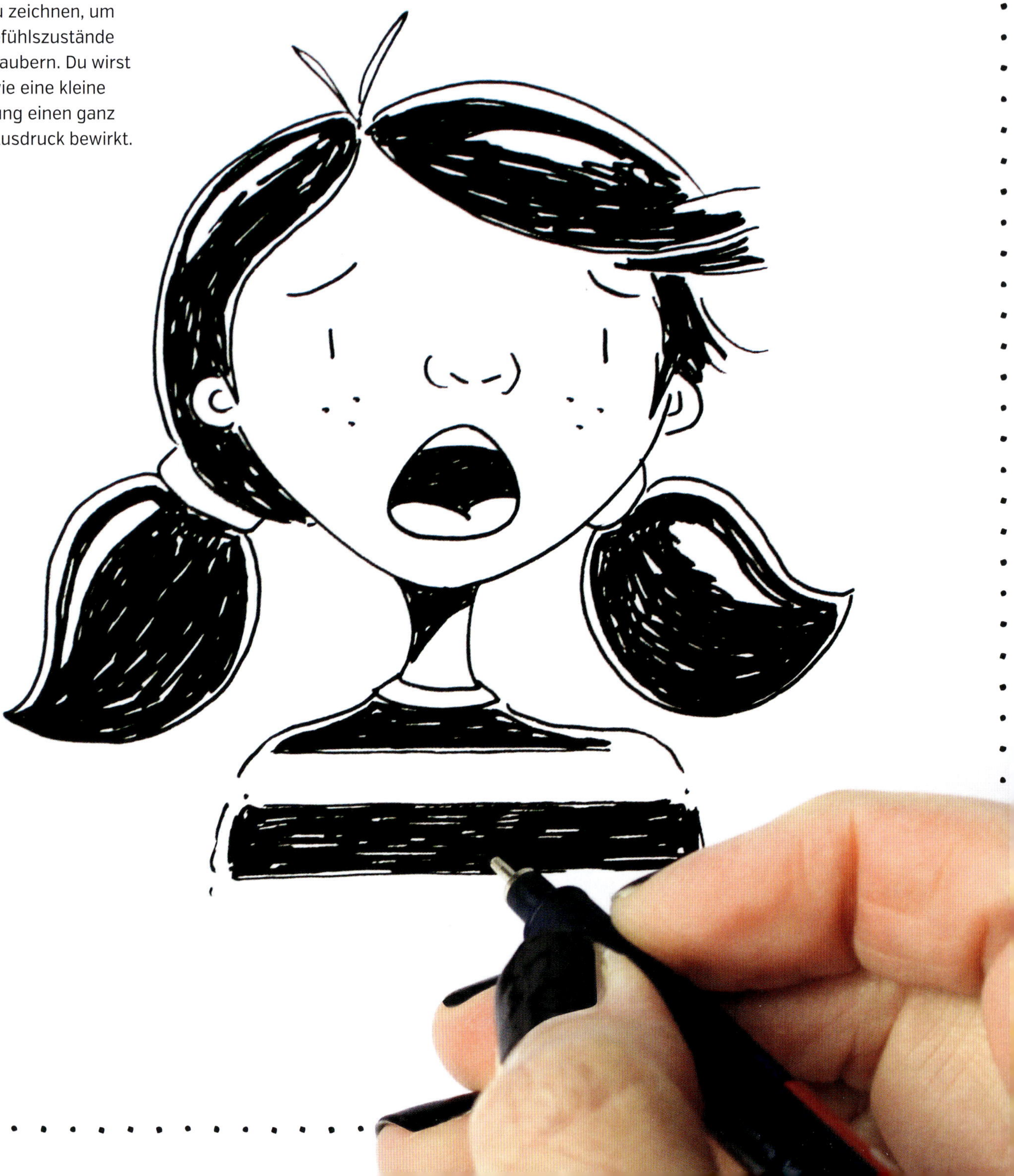

# Noch mehr Gefühle

Da wir den ganzen Tag über die unterschiedlichsten Emotionen durchleben, habe ich hier noch ein paar weitere für dich gezeichnet. Offensichtlich kennt jeder Mensch etwa 27 verschiedene Emotionen. Kannst du selbst noch weitere zeichnen?

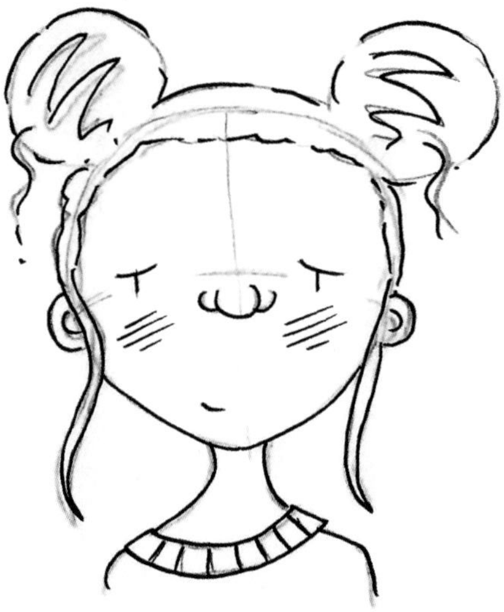

Sehr ruhig und müde.

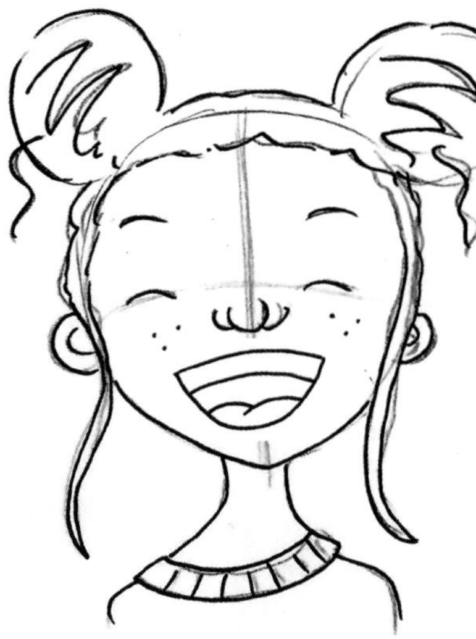

Superfroh!

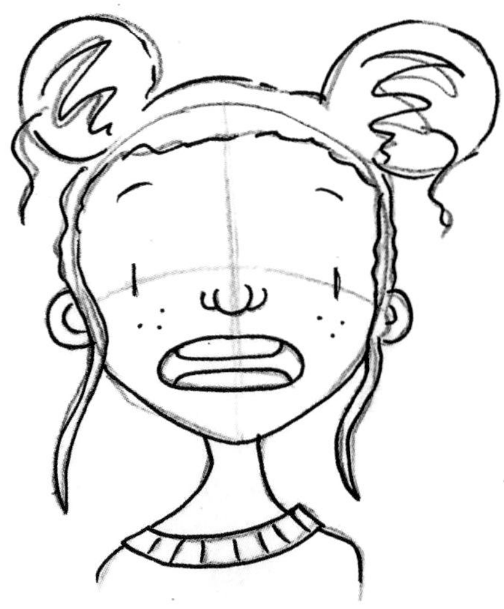

... und hier ein wenig ängstlich!

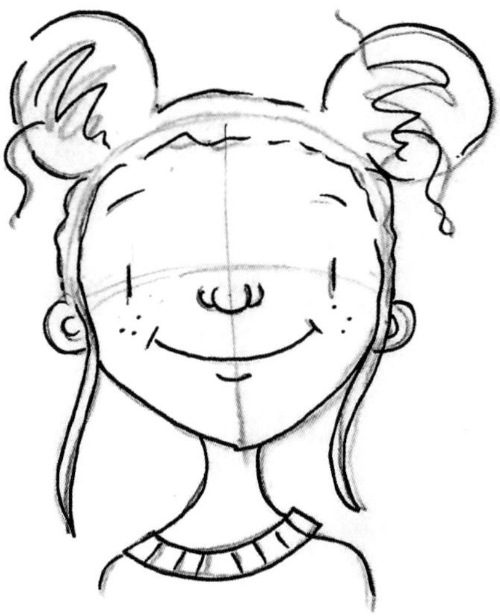

Diese ist sehr zufrieden.

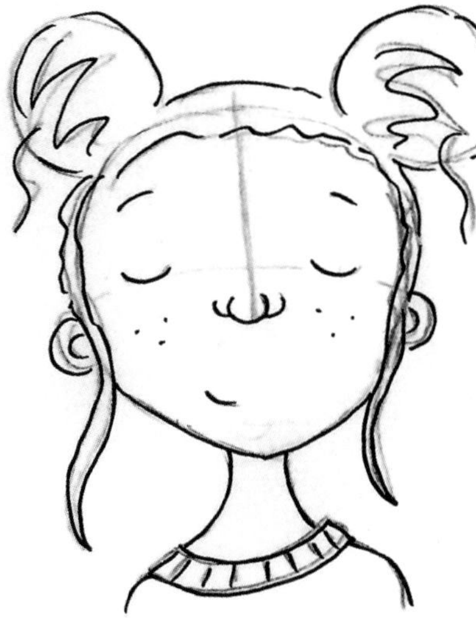

Alles ist rundum prima!

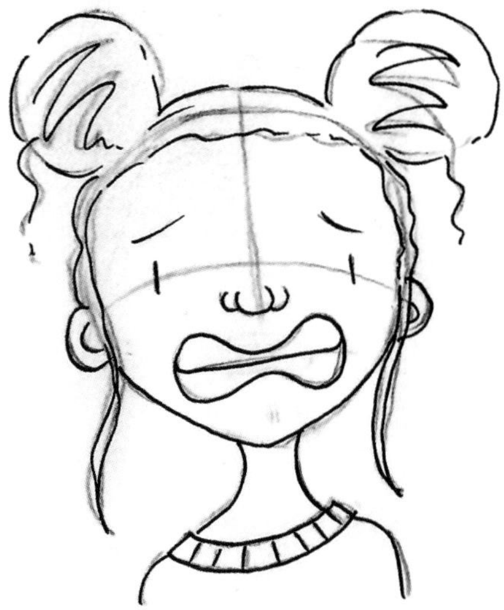

... oder doch nicht. Sie fürchtet sich ziemlich!

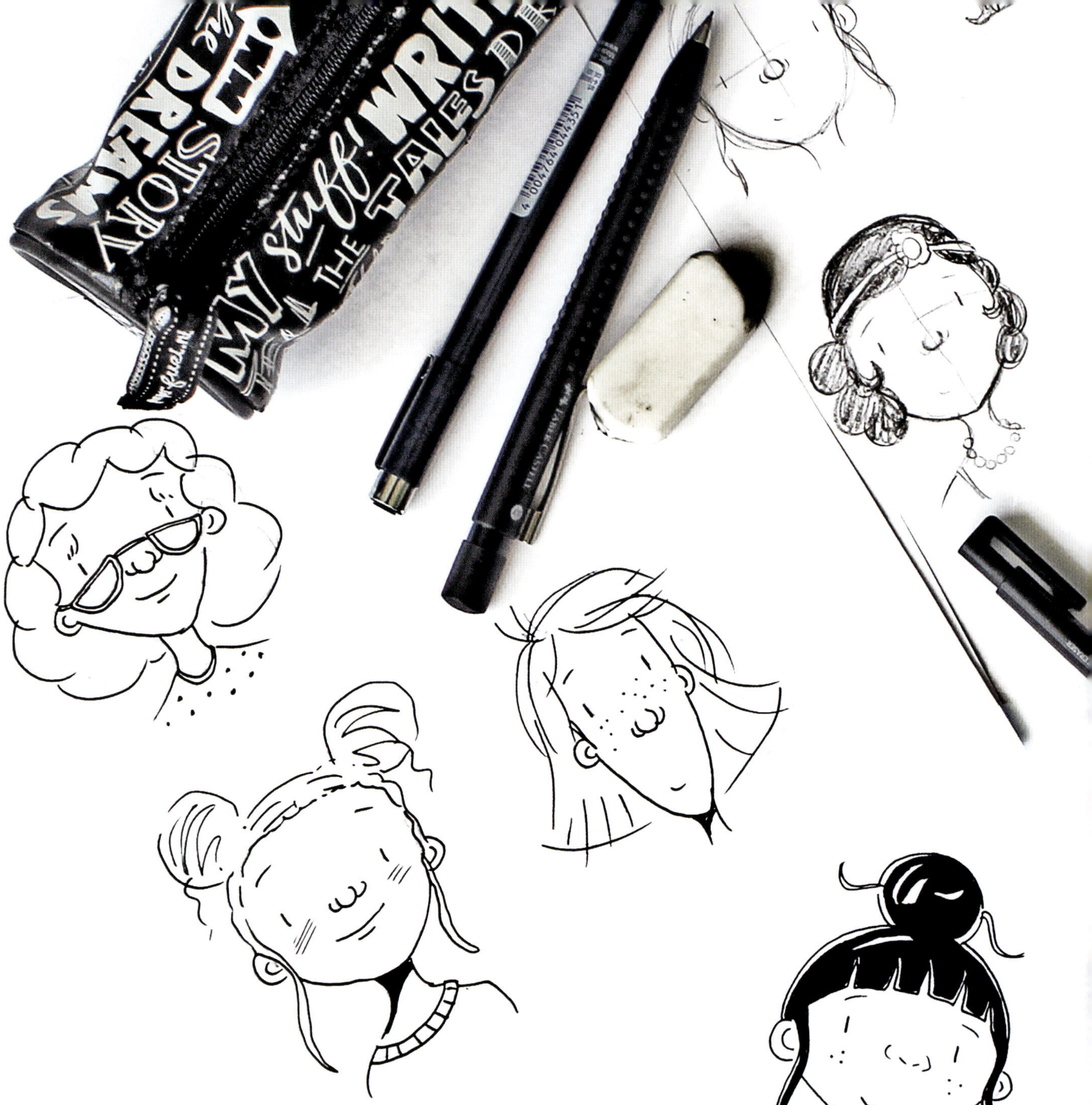



## SKIZZEN, SKIZZEN, SKIZZEN!

Wie bei allem, was du lernen möchtest, solltest du viel üben, in diesem Fall also zeichnen: Versuche, jeden Tag eine halbe Stunde lang auf losen Blättern verschiedene Skizzen anzufertigen. Es spielt keine Rolle, wie die Zeichnungen aussehen – es geht nur darum, viel zu üben. Denn du weißt ja: Übung macht den Meister!

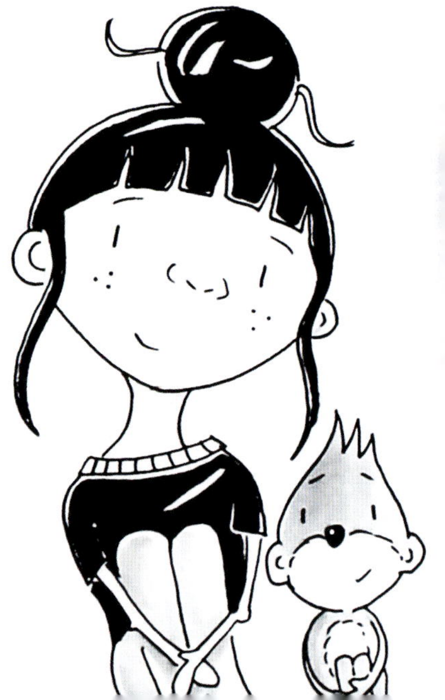

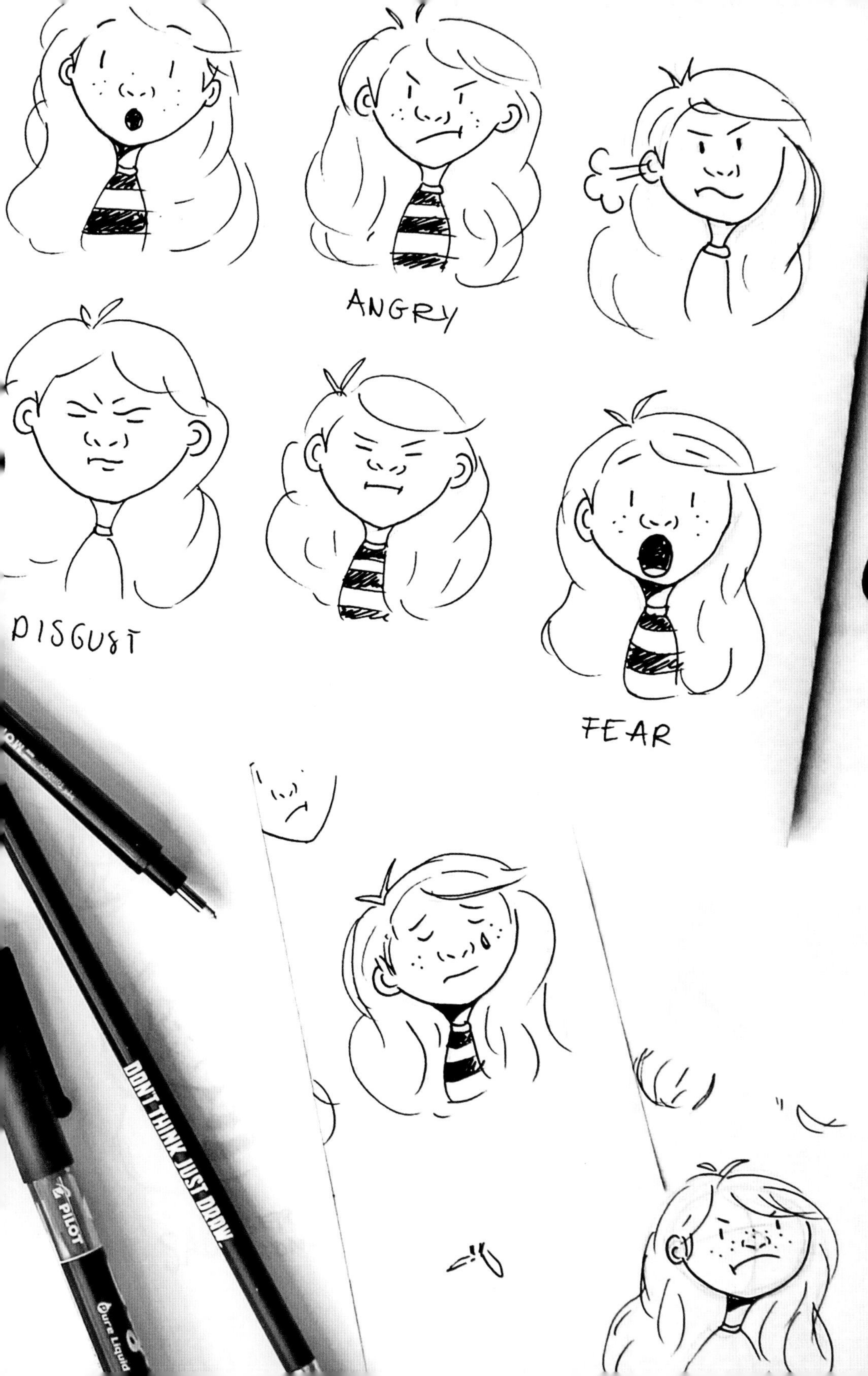


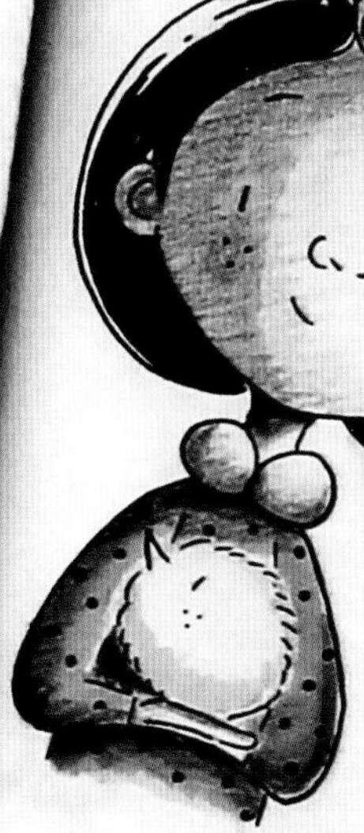

Versuche besonders oft, unterschiedliche Emotionen zu üben. Zu Beginn habe ich immer Mädchen mit demselben Mund und denselben Augen gezeichnet. Aber es macht erst richtig Spaß, wenn du verschiedene Varianten ausprobierst und so deiner Zeichnung mehr Dynamik verleihst.

# Von vorn und von der Seite

Eine Seitenansicht von einer Frontalansicht zu zeichnen, finde ich ganz schön schwierig. Hier zeige ich dir in zwei Beispielen, wie du die Linien der Frontalansicht verwendest.

Beginne damit, eine Ansicht von vorn zu zeichnen.

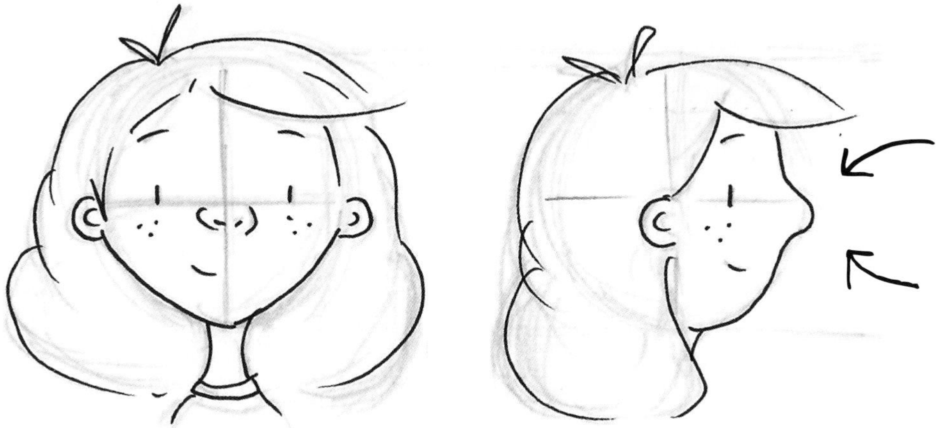

Zeichne für die Seitenansicht ebenfalls einen Kreis, den du über und unter der Nase ein wenig eindellst. Danach zeichnest du alle Hilfslinien wie für die Ansicht von vorn ein. Auf diese Weise legst du ganz einfach die richtige Höhe für Augen, Nase, Ohren und Mund fest.

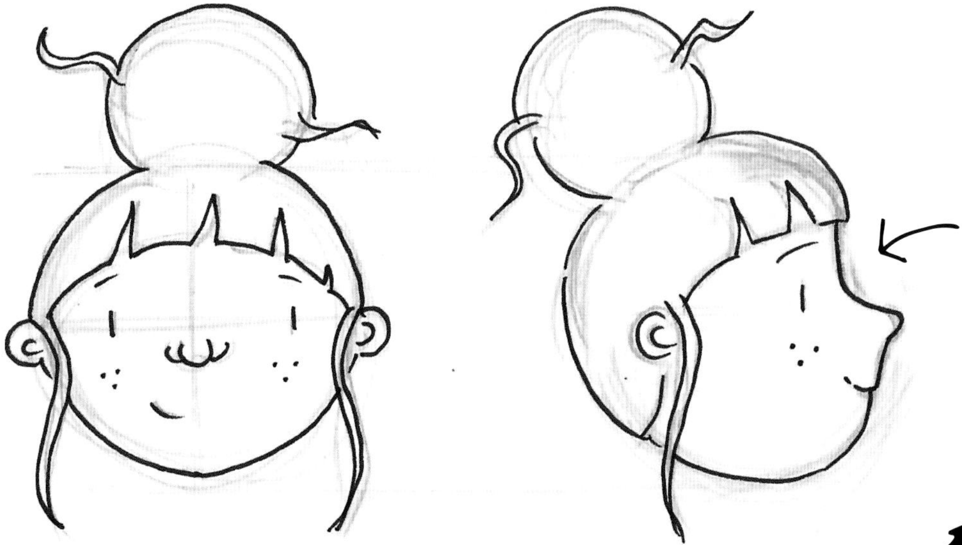

Hier siehst du, dass ein Gesicht noch niedlicher wird, wenn du den Bereich über der Nase noch weiter zurückversetzt. Das Auge kannst du auch noch etwas näher an die Stirn zeichnen.

**TIPP**

Probiere aus, wie sich die Stirn und die Form der Nase variieren lassen. Auf diese Weise findest du heraus, welche Formen und welcher Stil am besten zu dir passen.

# Von unten und von oben

Mit einem Kreis als Grundlage kannst du alle Ansichten zeichnen. Wie du hier siehst, änderst du lediglich die Höhe der waagerechten Linie, um festzulegen, wo Augen, Nase und Mund hinkommen sollen.

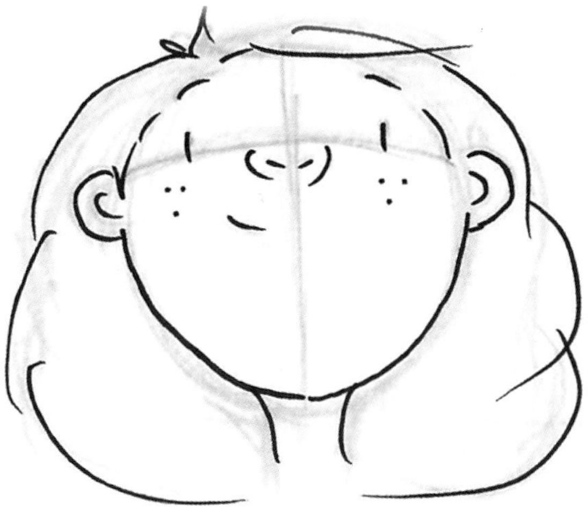

MIT BLICK NACH OBEN

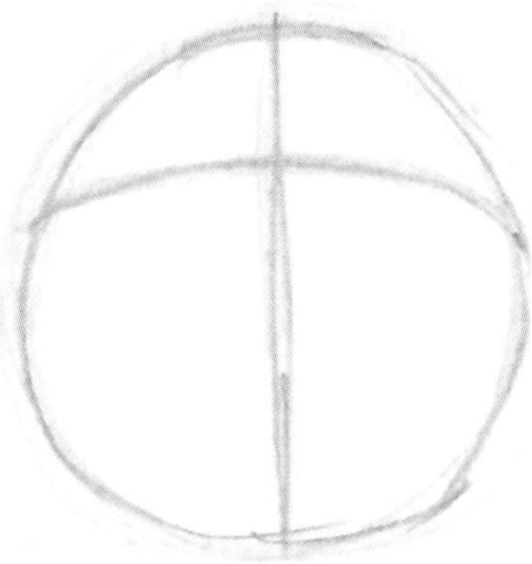

Beginne wieder mit einem Kreis. Jetzt zeichnest du die waagerechte Linie jedoch nicht in die Mitte, sondern über die Mitte und dazu noch leicht nach oben gebogen. Orientiere dich an dieser Linie, um Augen, Nase und Mund richtig anzuordnen.

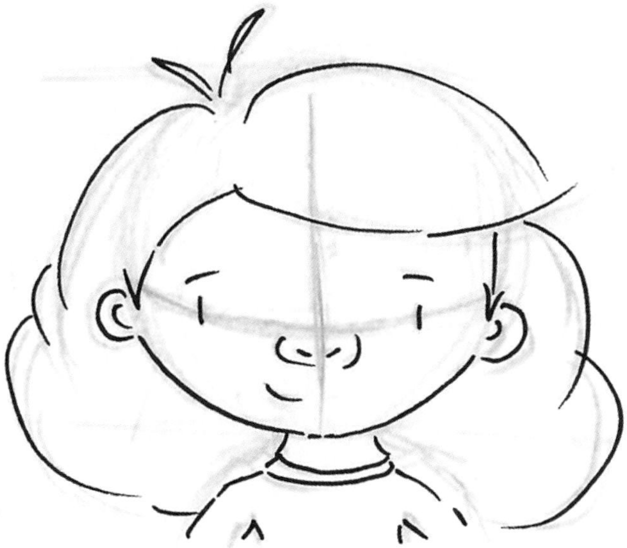

MIT BLICK NACH UNTEN

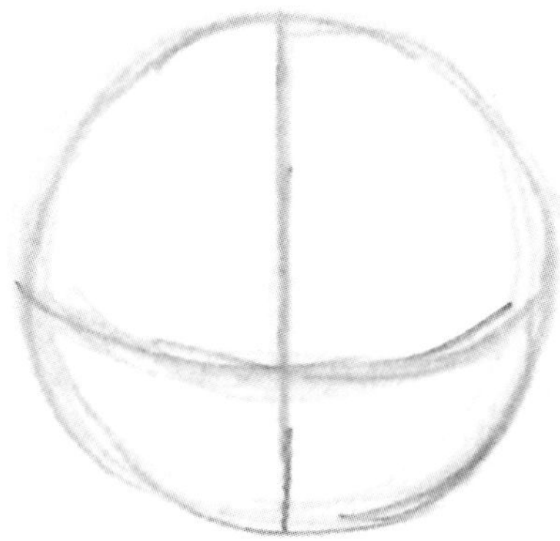

Auch hier beginnst du wieder mit dem Kreis. Die waagerechte Linie zeichnest du nun unterhalb der Mitte ein, damit das Gesicht nach unten blickt. Merkst du, wie einfach es ist, jetzt die Höhe der Augen festzulegen? Einfach üben!

# KOPF LEICHT GEDREHT

Hier zeige ich dir, wie einfach du einen Kopf zur Seite drehen kannst. Wenn du immer mit den Hilfslinien beginnst, kann eigentlich nichts schiefgehen. Hast du einen Bleistift zur Hand?

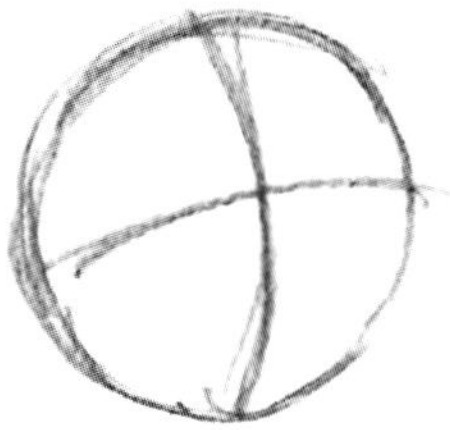

**1** Beginne wieder mit einem Kreis. Setze aber jetzt das Kreuz nicht in die Mitte, sondern zeichne die senkrechte Linie ein wenig zur Seite versetzt.

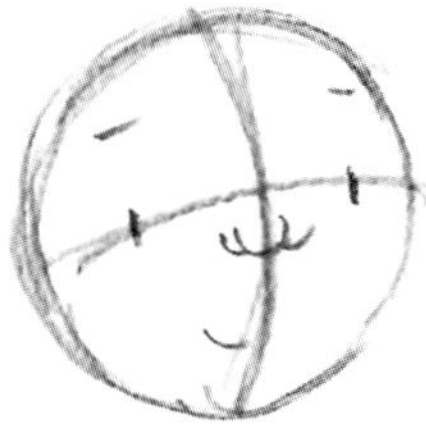

**2** Jetzt kannst du Augen und Nase platzieren. Den Mund kannst du etwas neben die Hilfslinie setzen.

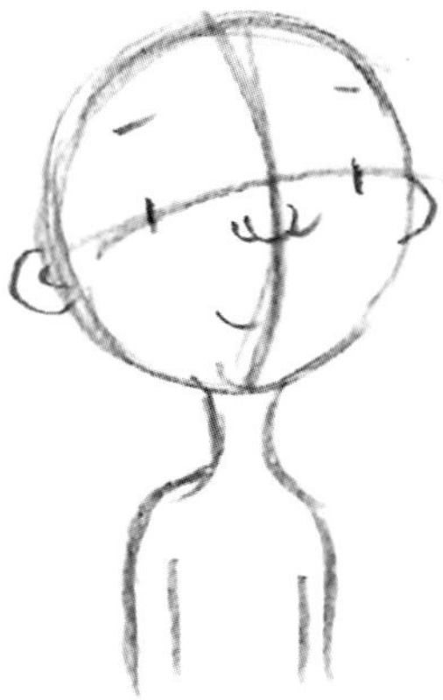

**3** Noch die Ohren, den Hals und den Rumpf. Das Ohr an der rechten Seite verschwindet fast hinter dem Gesicht.

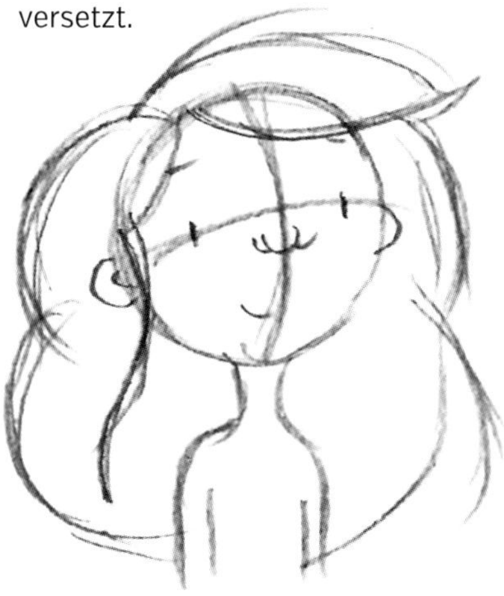

**4** Dieses Mädchen bekommt einen ganz dicken Haarschopf! Probiere ruhig einmal eine andere Frisur aus :-]

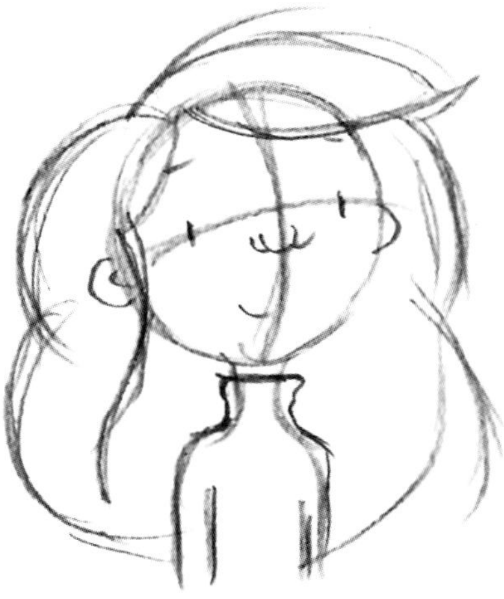

**5** Über den Hals zeichne ich einen hohen Rollkragen. Merkst du, wie praktisch es ist, dass du darunter die Grundform skizziert hast?

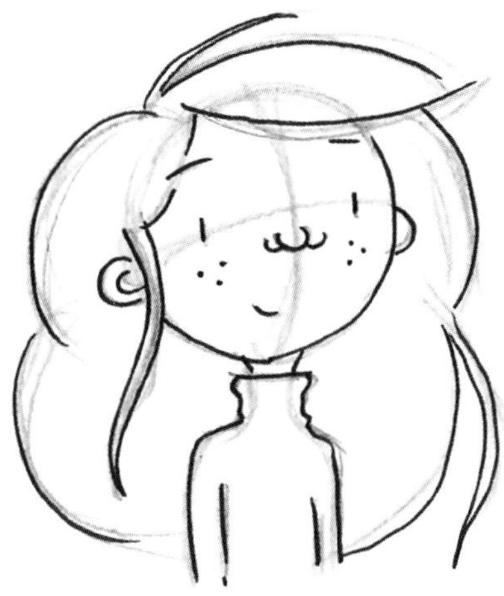

**6** Ziehe die Linien mit einem Fineliner nach. Achte wieder darauf, nicht die Hilfslinien nachzuzeichnen.

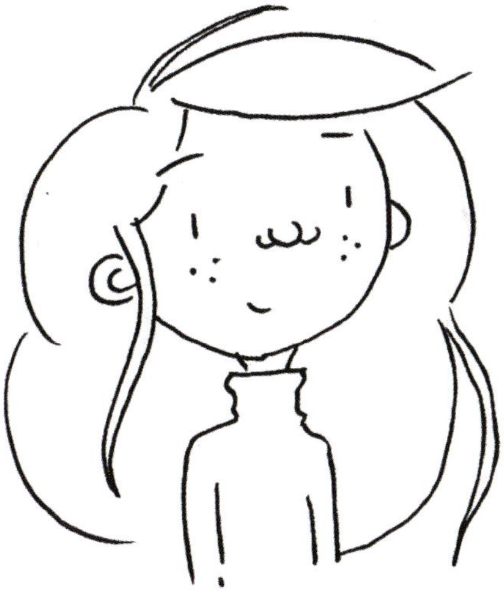

**7** Ist alles fertig, kannst du die Bleistiftlinien wegradieren.

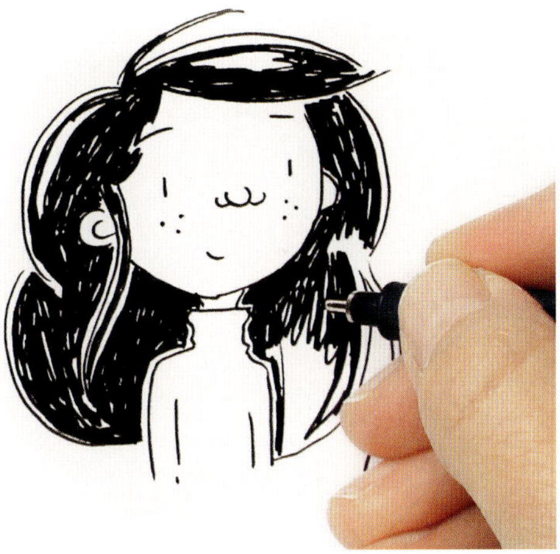

**8** Du weißt, dass ich Kontraste bei Zeichnungen liebe? Darum malen wir die Haare schwarz aus.

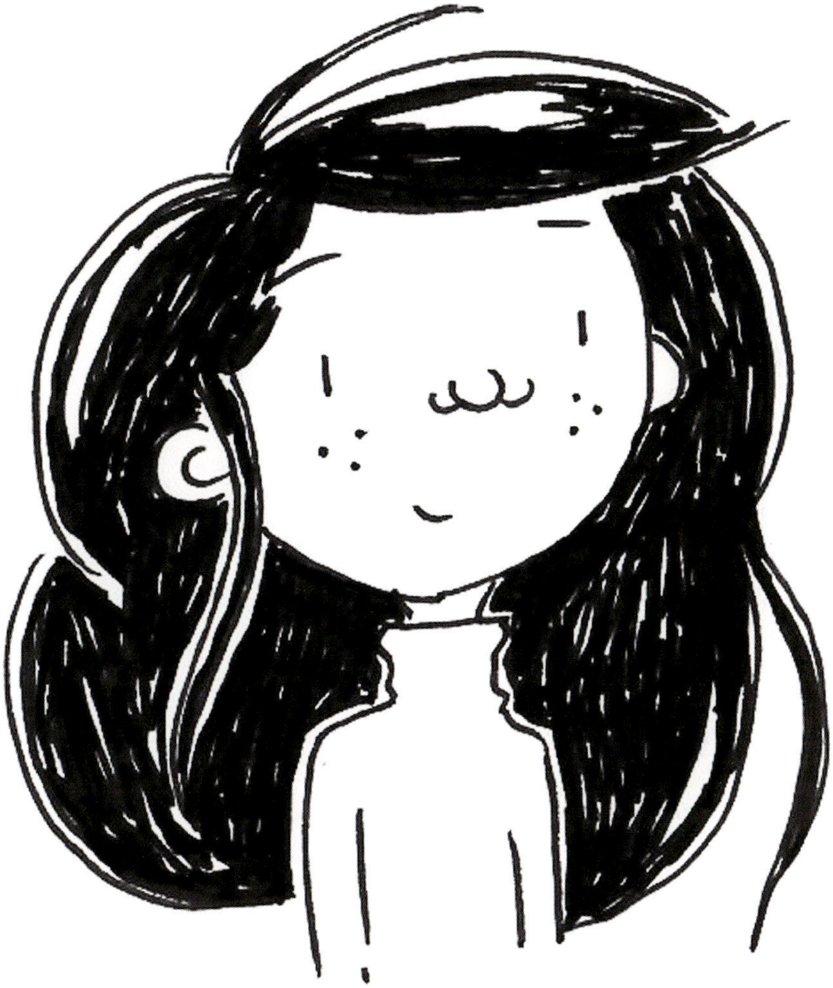

**9** Siehst du, dass ich die Haare nicht komplett ausgemalt habe? Außerdem habe ich einen weißen Streifen am Übergang zur Kleidung stehengelassen, dadurch kommt mehr Bewegung in die Zeichnung. Eine glänzende Stelle in den Haaren wirkt ebenfalls gut. Möchtest du dem Pullover noch ein schönes Muster geben? Ich bin neugierig, was du daraus machst!

## ZUFRIEDENES MÄDCHEN

Wir üben noch ein bisschen weiter: Hier unten zeichne ich wieder eine andere Nase und einen anderen Mund, aber du kannst auch gern deine eigenen Ideen verwirklichen.

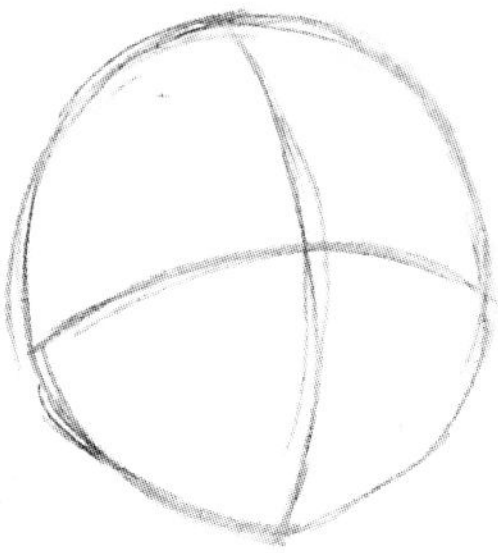

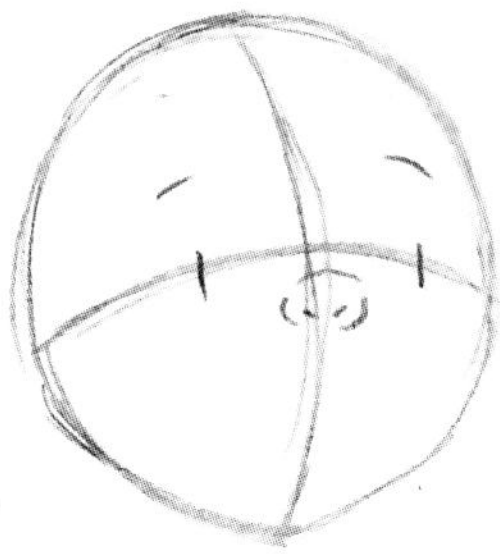

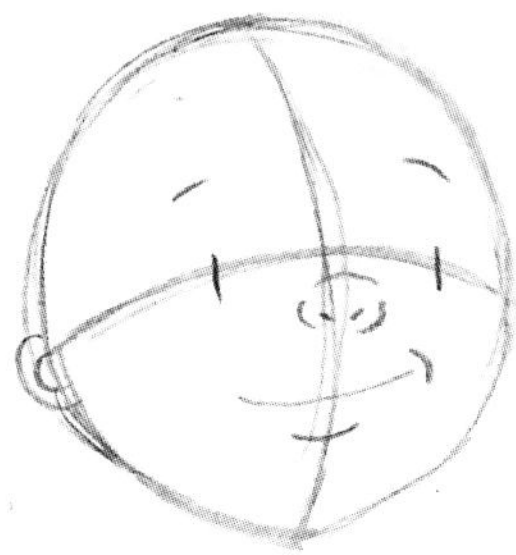

**1** Der bekannte Kreis, aber jetzt zeichnest du leicht gebogene Linien ein. So kommt alles an die richtigen Stellen.

**2** Hier verwende ich wieder kurze Striche als Augen, aber du kannst auch Punkte oder eine andere Variante nehmen.

**3** Als Mund zeichne ich eine lange Linie mit einem kurzen Strich darunter für die Unterlippe. Hier siehst du nur das linke Ohr. Das andere verbirgt sich hinter dem Kopf in den Haaren.

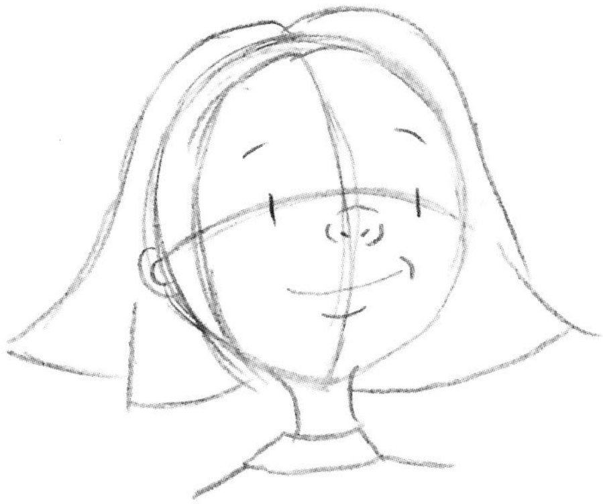

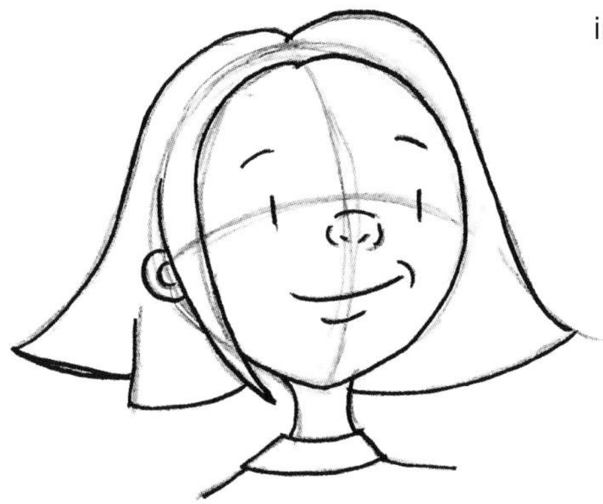

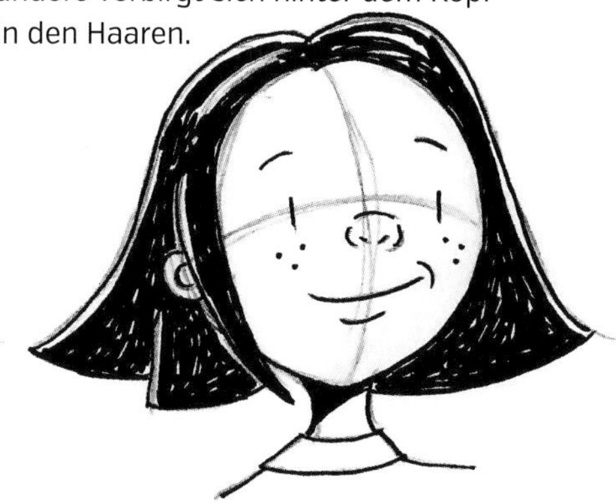

**4** Die obere Linie der Haare zeichnen wir wieder etwas über dem Kreis. Lasse eine Strähne links vor das Ohr fallen.

**5** Ziehe nun alle Linien nach, außer dem Kreuz in der Mitte.

**6** Ich habe das Haar schwarz ausgemalt, aber du kannst es auch weiß lassen oder der Frisur mit einem Buntstift eine andere Farbe geben.

Mit einem hübschen Hintergrund zauberst du aus deiner Zeichnung eine tolle Vorderseite für eine Glückwunschkarte. Schau, wie einfach du zwei Arme unter die Grundform zeichnen kannst, damit es so aussieht, als würde sich das Mädchen auf einen Tisch stützen. Zeichne die Hände als zwei Rechtecke mit abgerundeten Ecken. Eigentlich sind es zwei kleine Würste! ;-] Dahinter sieht man den Pulli oder das T-Shirt. Für den kreisrunden Hintergrund nimmst du einfach ein großes Glas zu Hilfe. Viel Erfolg!

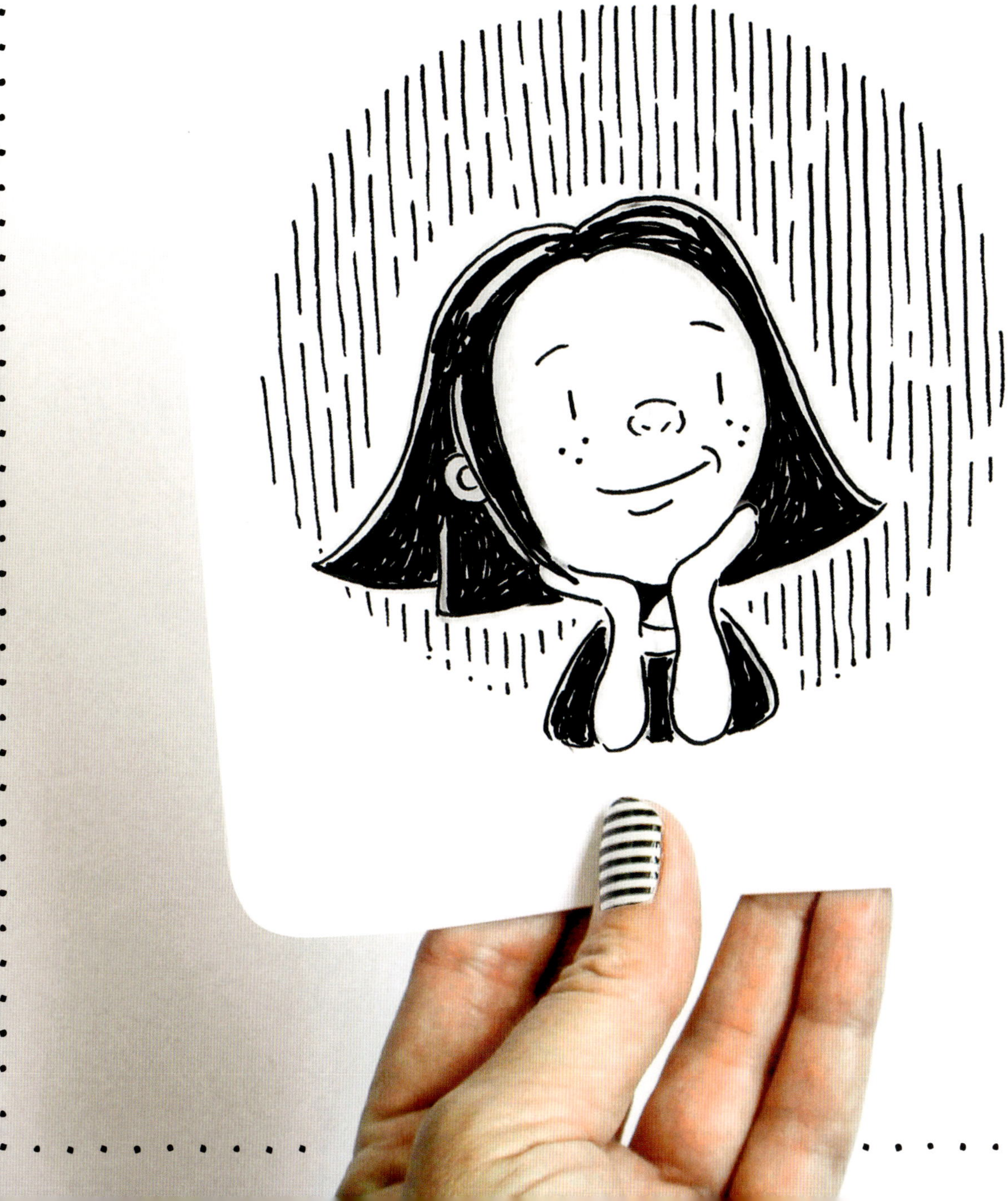

## TRAURIGES MÄDCHEN

Weiter vorn hast du schon geübt, Mädchen mit den unterschiedlichsten Emotionen zu zeichnen. Mit ein paar kleinen Änderungen guckt dieses Mädchen plötzlich sehr traurig. Zeichne einen anderen Mund, andere Augenbrauen – schon hast du den gewünschten Effekt erzielt.

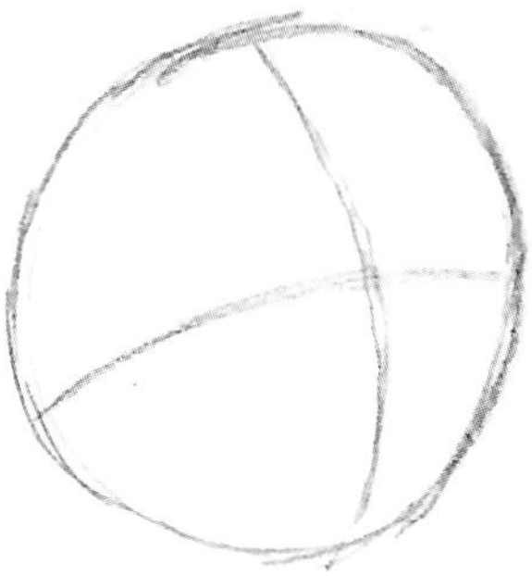

**1** Wir beginnen wieder mit einem Kreis und zeichnen ein gebogenes Kreuz ein.

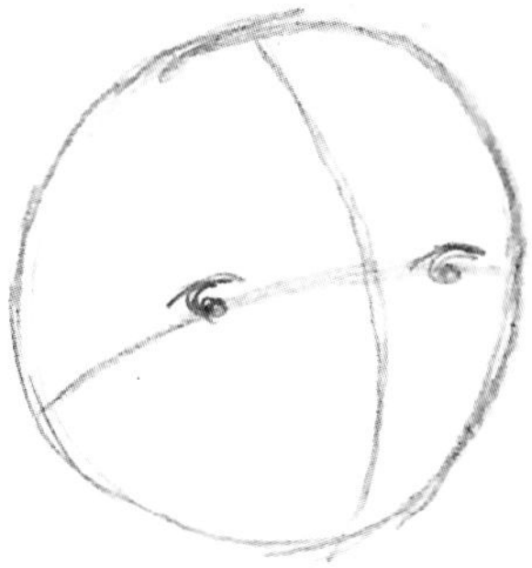

**2** Zeichne jetzt Augen, die etwas natürlicher aussehen. Beginne mit dem Strich oben und zeichne dann eine kleine Kugel darunter. Diese Kugel bleibt ein wenig offen.

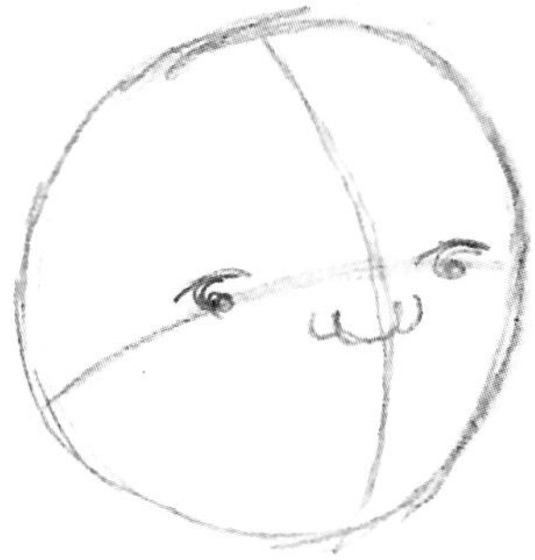

**3** Bei der Nase beginnst du mit dem mittleren Bogen. Diesen lässt du nach oben offen. Seitlich daneben kommen noch zwei kleine Bögen.

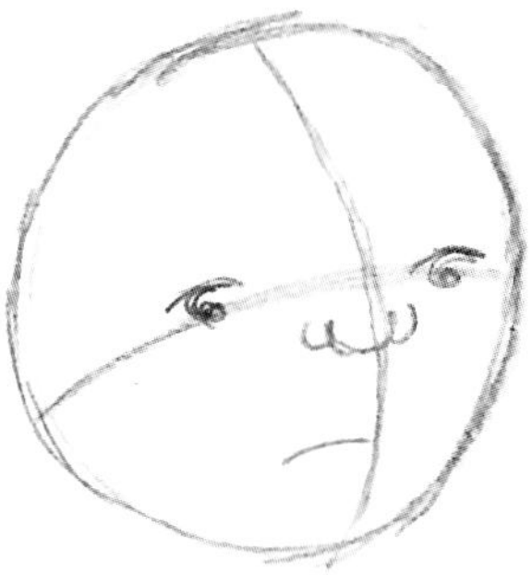

**4** Der Mund ist hier nach unten gebogen, nicht nach oben.

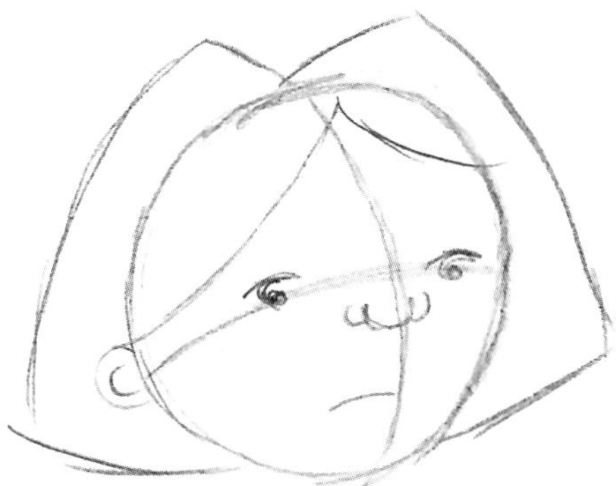

**5** Jetzt sind die Haare dran. Siehst du, dass ich hier eckigere Linien gezeichnet habe? Damit erzeugst du einen spannenden Look!

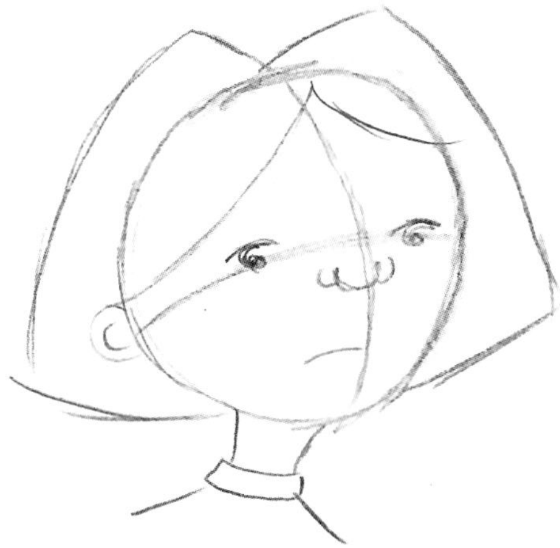

**6** Setze den Hals etwas links von der Mitte an.

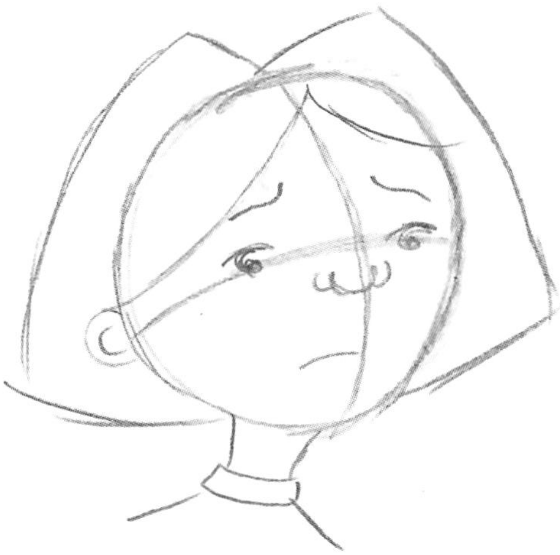

**7** Jetzt hätten wir doch fast die Augenbrauen vergessen. Zeichne sie auch nach unten geneigt.

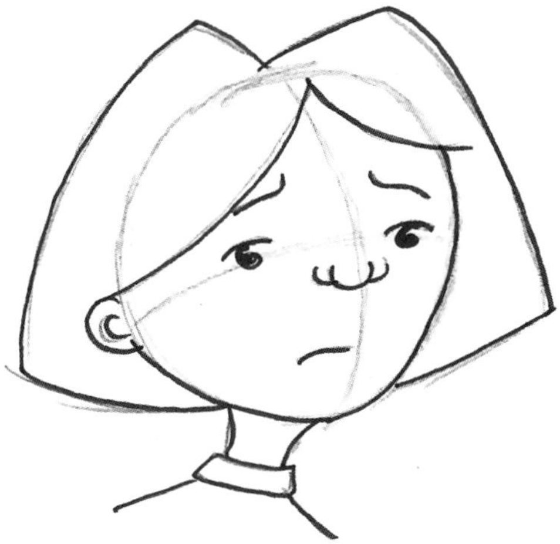

**8** Fertig! Ziehe nun die Linien mit dem Fineliner nach.

**TIPP** Es ist praktisch, wenn du die Hilfslinien nur ganz leicht einzeichnest. Dann lassen sie sich leichter wegradieren. Ich selbst verwende einen H-Bleistift und einen guten Radiergummi von Faber-Castell, den "Dust-free". Auch der Bleistiftradierer von Tombow ist perfekt für genaueres Arbeiten.

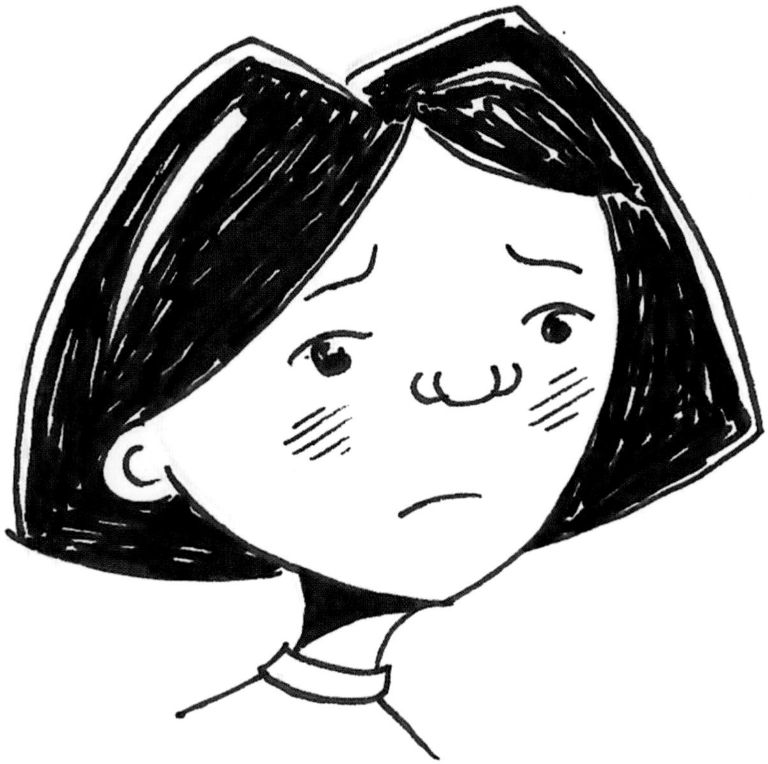

**9** Für mehr Kontrast arbeite ich auch hier mit schwarzen Haaren. Zeichne mit einem Fineliner in Stärke 0,3 ein paar kurze Striche auf die Wange.

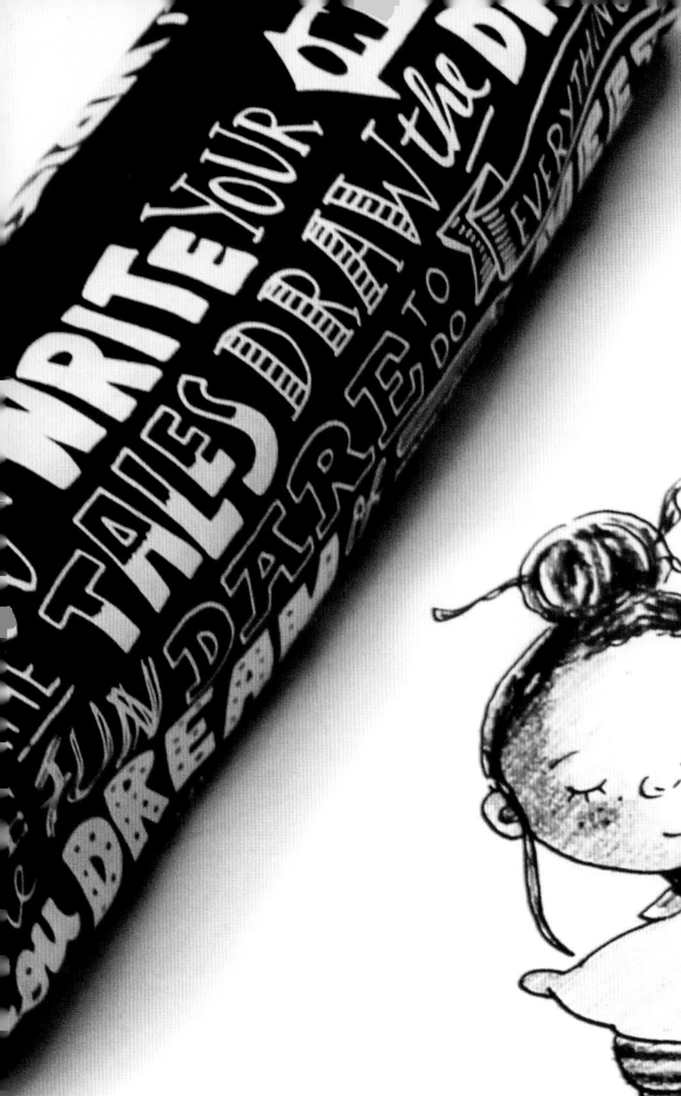


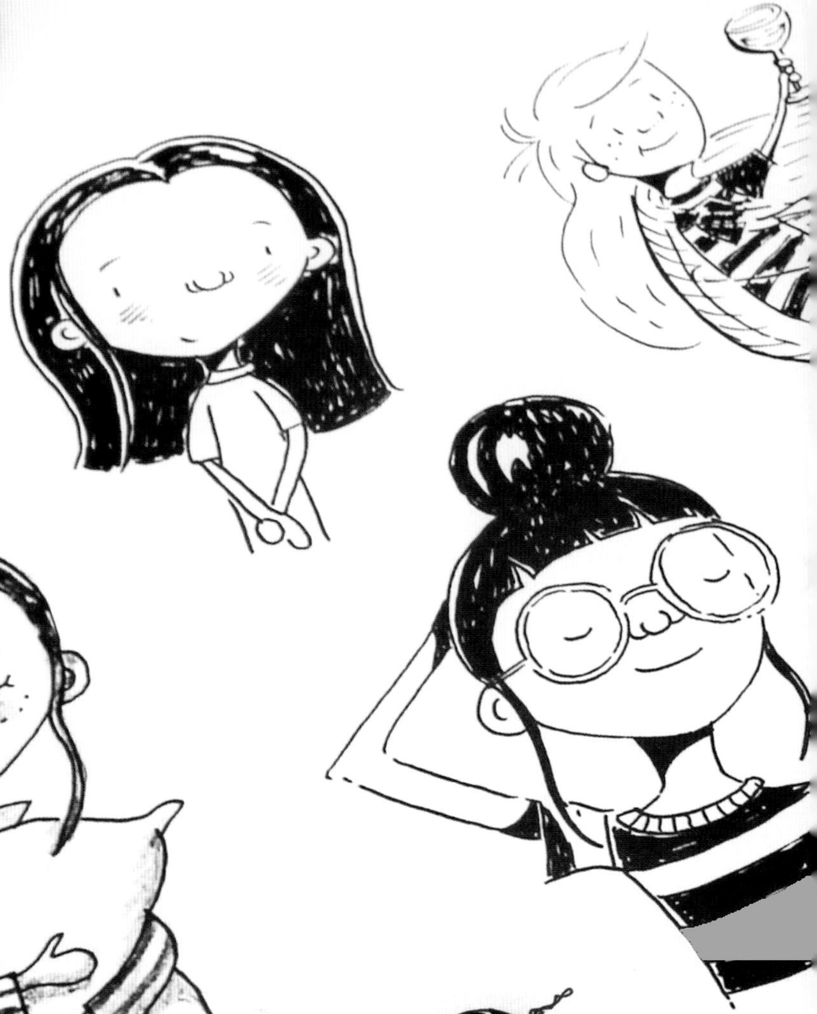

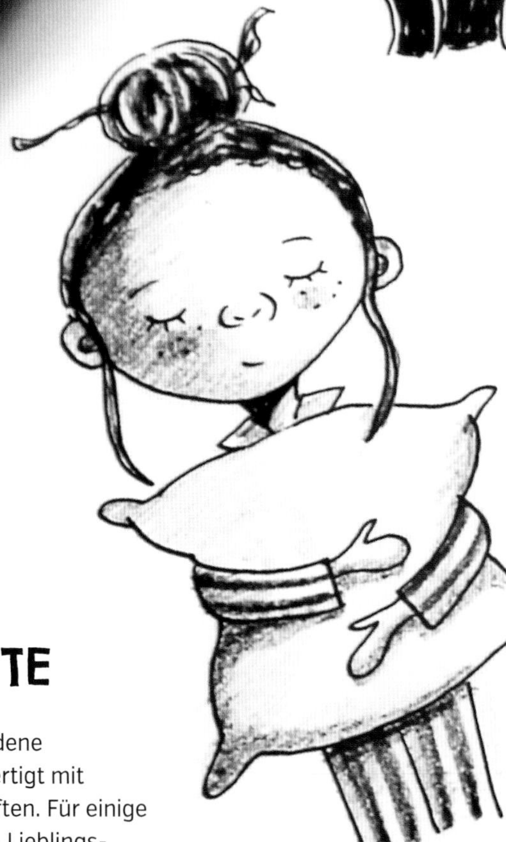

## EXPERIMENTE

Hier siehst du verschiedene Zeichnungen, angefertigt mit verschiedenen Stiften. Für einige habe ich meinen Lieblings-Fineliner verwendet, aber ich liebe auch die Wirkung eines einfachen grauen Bleistifts. Wenn du die Zeichnungen mit Alkoholmarkern ausmalst, werden sie viel gleichmäßiger und glatter. Mehr zu Alkoholmarkern findest du auf Seite 88. Probiere einfach alles aus – so findest du heraus, was am besten zu deinem Stil passt. Mir gefällt eine Mischung am besten, du brauchst dich nicht auf eine einzige Art von Stiften zu beschränken.

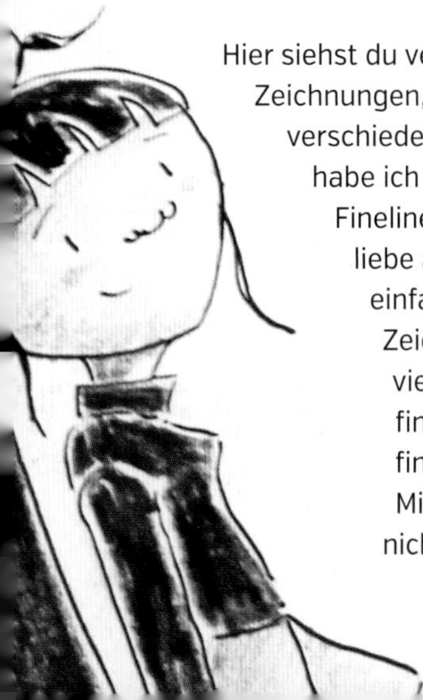

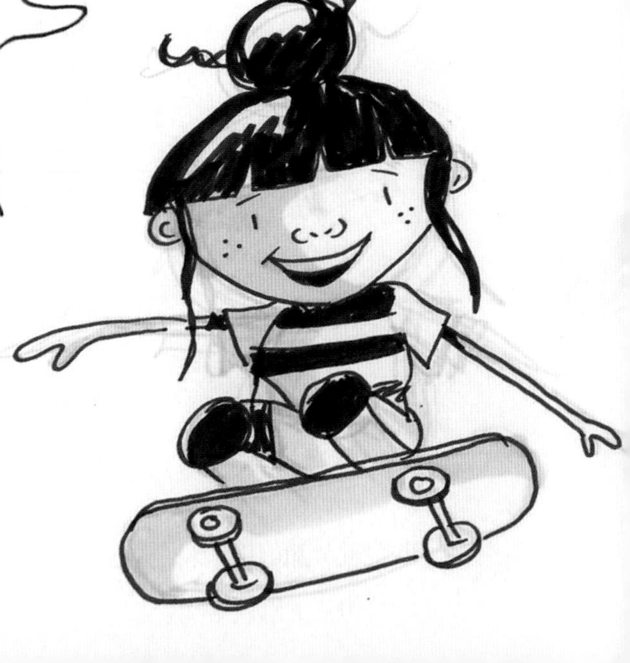

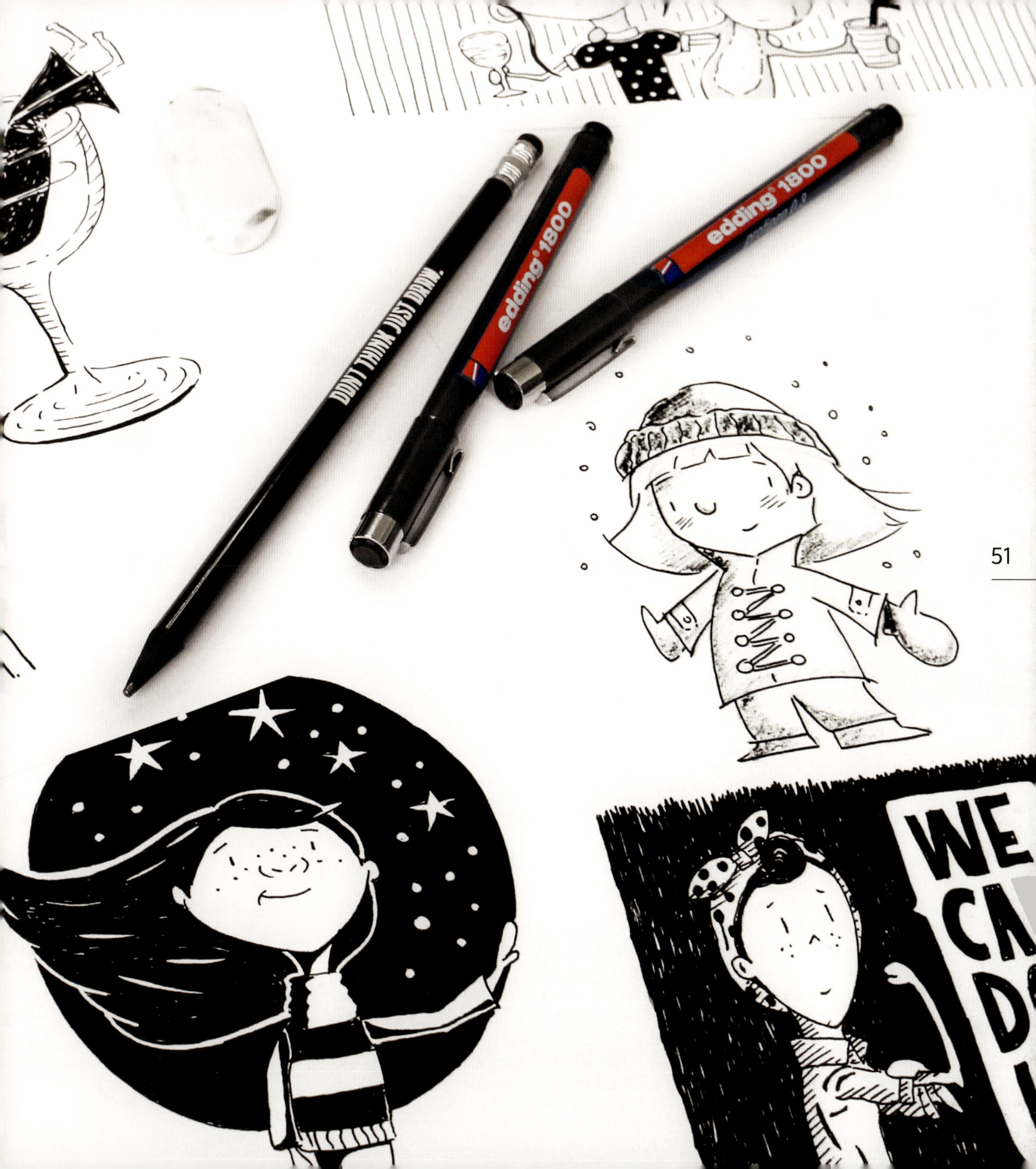
DON'T THINK JUST DRAW.
edding 1800
edding 1800
WE

## KOPF UND ARME ZEICHNEN

Das klingt schwieriger als es ist. Zeichne mit mir zusammen dieses Mädchen beim Heringsessen und du wirst sehen, wie gut es dir gelingt. Beginne mit einfachen Linien und baue diese zu ganzen Formen aus.

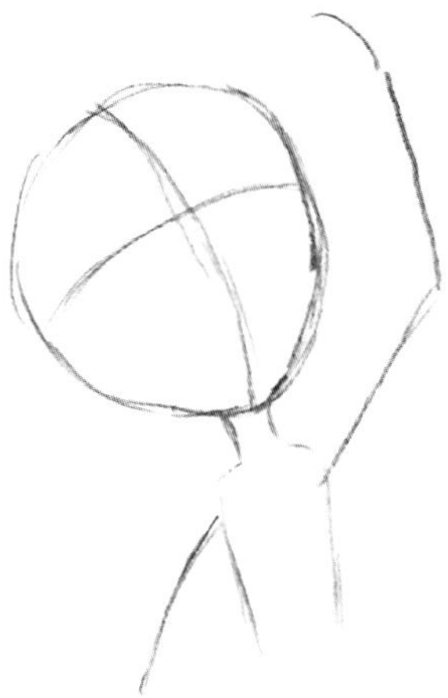

**1** Beginne mit dem Kopf. Darunter zeichnest du den Rumpf. Die Arme sind erst einmal nur zwei Striche.

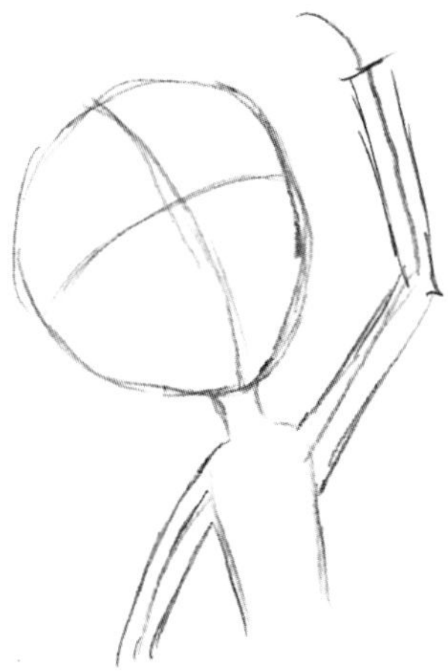

**2** Zeichne die Arme nun genauer, indem du oben und unten eine Linie um die Striche ziehst.

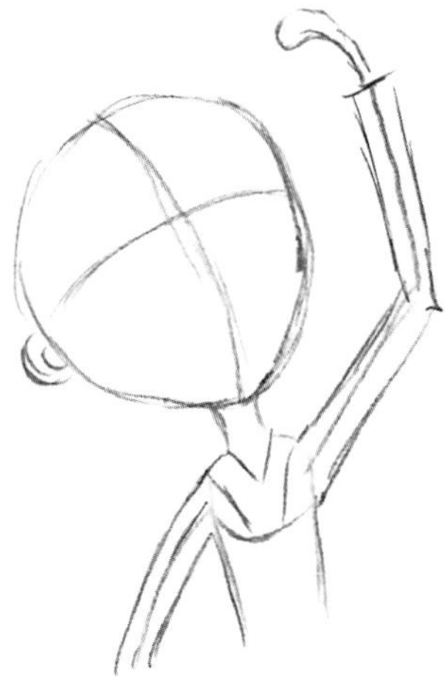

**3** An die linke Seite des Kopfs kommt ein Ohr, dann zeichnest du die Hand und ein paar Details am Rumpf.

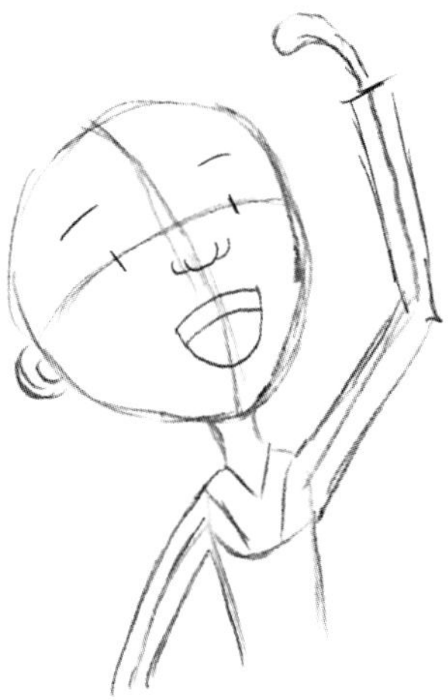

**4** Das Gesicht kannst du mit Hilfe der Hilfslinien ganz einfach einzeichnen.

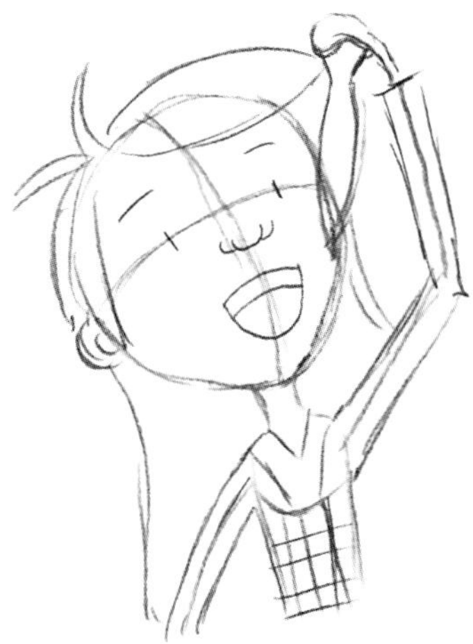

**5** Jetzt geht‘s am Kopf weiter, zeichne die Haare dazu und den Hering in die Hand.

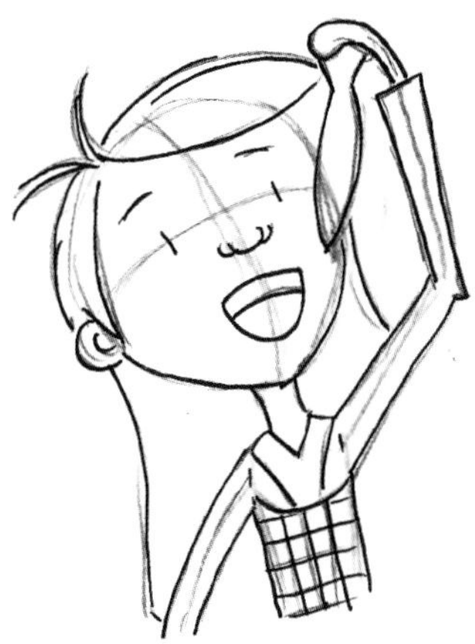

**6** Bist du mit deiner Skizze zufrieden? Dann ziehe die Linien mit dem Fineliner nach. Arbeite vom Vorder- zum Hintergrund: Zeichne also erst den Hering nach und dann das Gesicht.

Dieses Mädchen ist eine Erinnerung an unser Wochenende in Zandvoort im Lockdown im März! Alle Restaurants und Strandbuden hatten geschlossen, aber einen Hering konnten wir doch essen. Direkt am Boulevard, natürlich mit Zwiebeln. Guten Appetit!

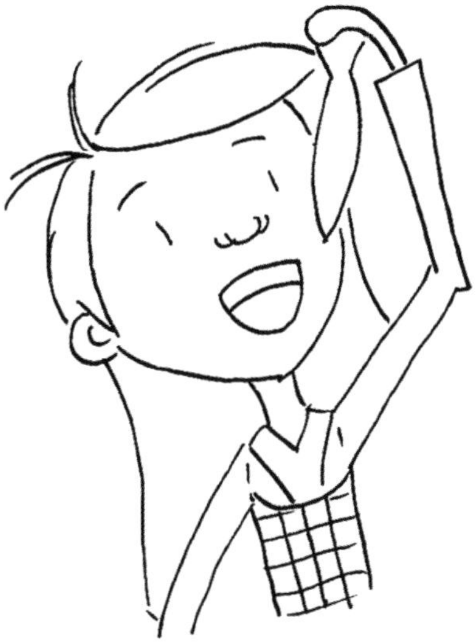

**7** Die Linien sind fertig. Radiere nun die Bleistiftlinien weg.

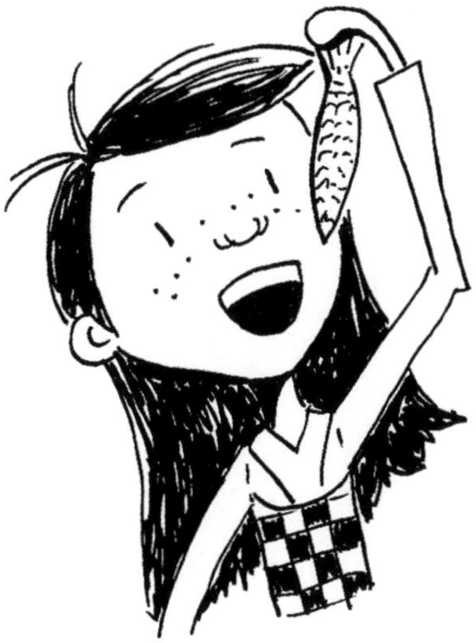

**8** Und ausmalen! Das muss nicht superordentlich werden. So wird die Zeichnung lebendig!

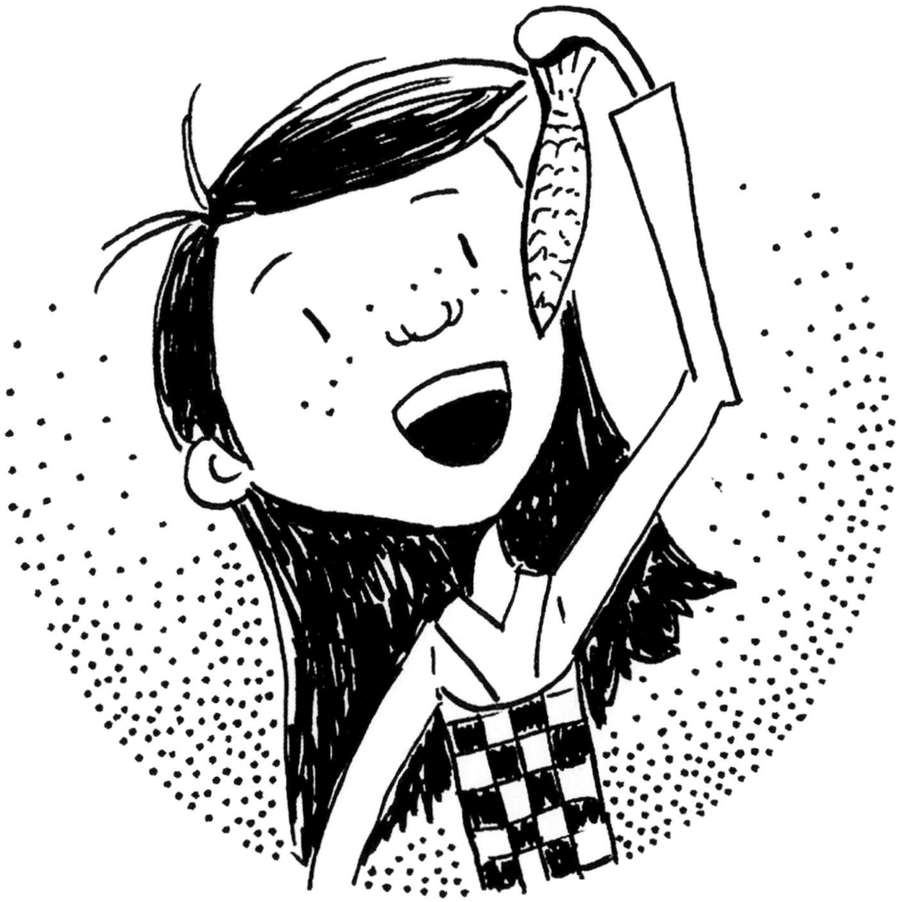

**9** Merkst du, wie schön die Zeichnung wird, wenn du sie mit einem Kreis einrahmst? Mit einer Tasse oder einem Zirkel wird der Kreis schön rund. Die Kreislinie zeichnest du nicht nach, aber du beginnst mit den Punkten nahe am Rand. Nach oben hin werden es immer weniger Punkte. Ein toller Effekt, oder? :-D

## NOCH MEHR INSPIRATIONEN

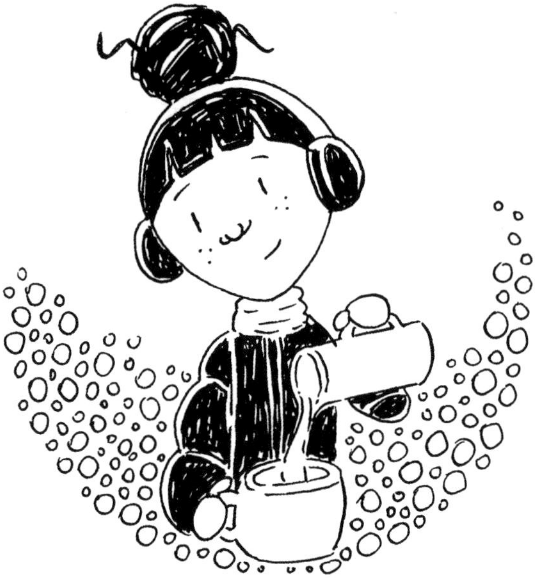

Hast du gemerkt, wie du mit unterschiedlichen Hintergründen wunderschöne und vollständige Bilder gestalten kannst?

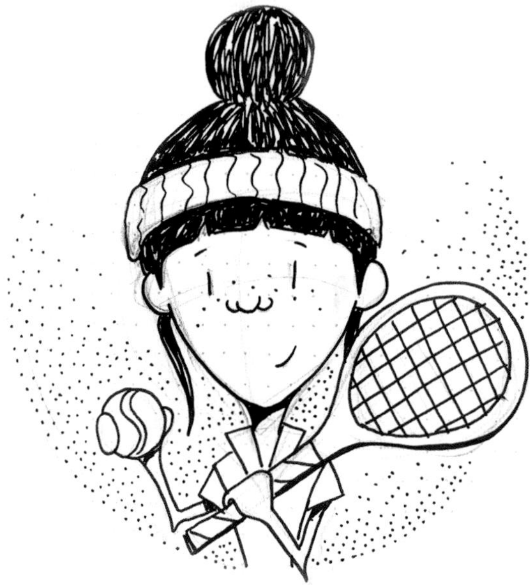

Du kannst auch viele, winzig kleine Pünktchen auftupfen. Mit wenigen Strichen verwandelst du ein Mädchen in eine Sportlerin.

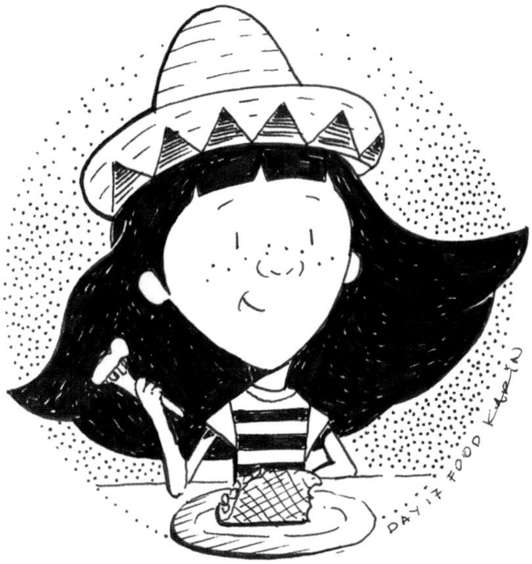

Oder sie wirkt eher mexikanisch. Gefällt mir am besten!

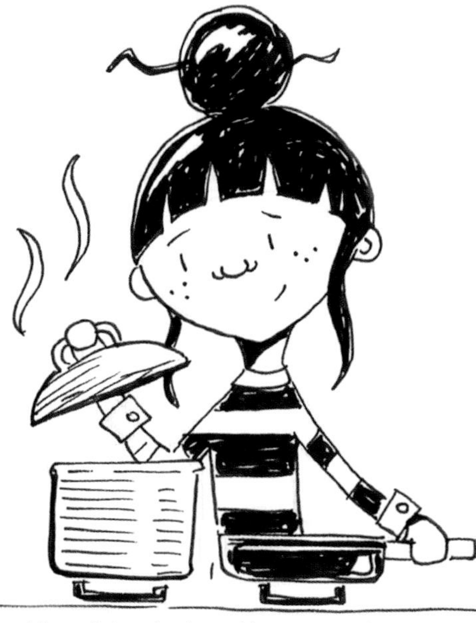

Hier gibt es leckere Hausmannskost.

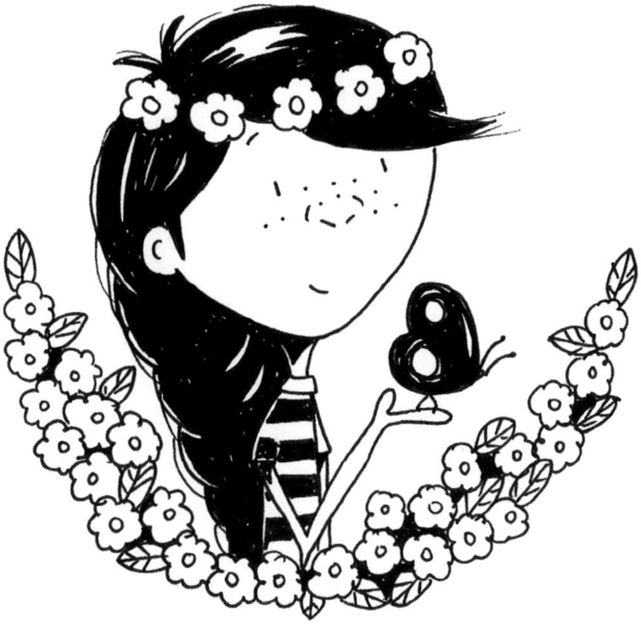

Die Zeichnung wird herrlich sommerlich, wenn du sie in einen kleinen Blumenrahmen einbettest.

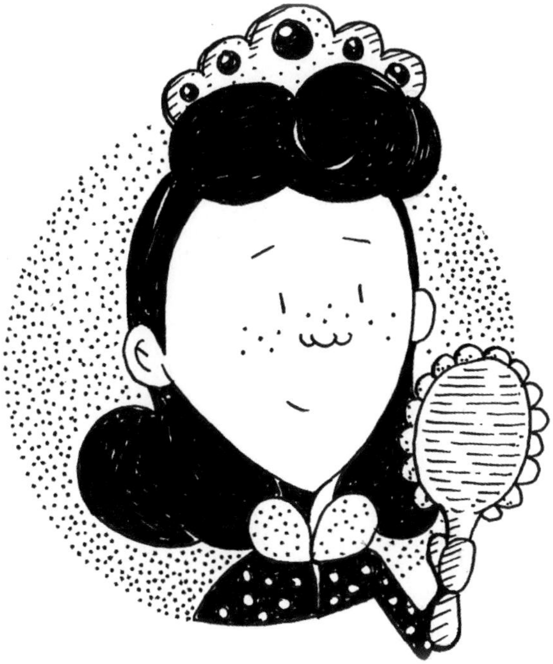

Spieglein, Spieglein an der Wand...

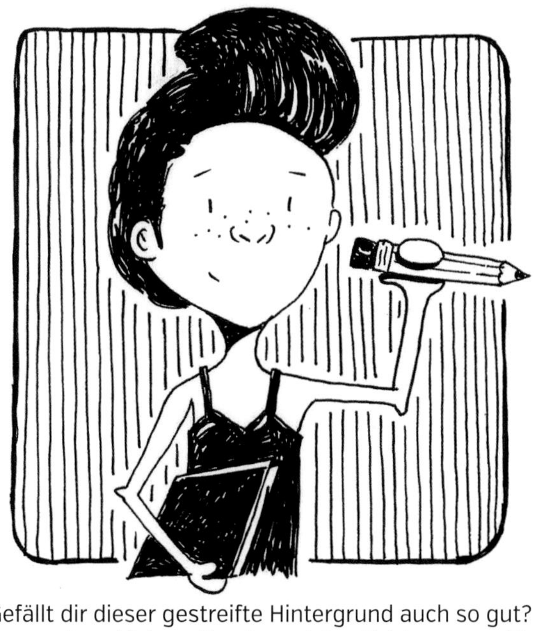

Gefällt dir dieser gestreifte Hintergrund auch so gut? Lasse einen kleinen Rand um deine Zeichnung weiß.

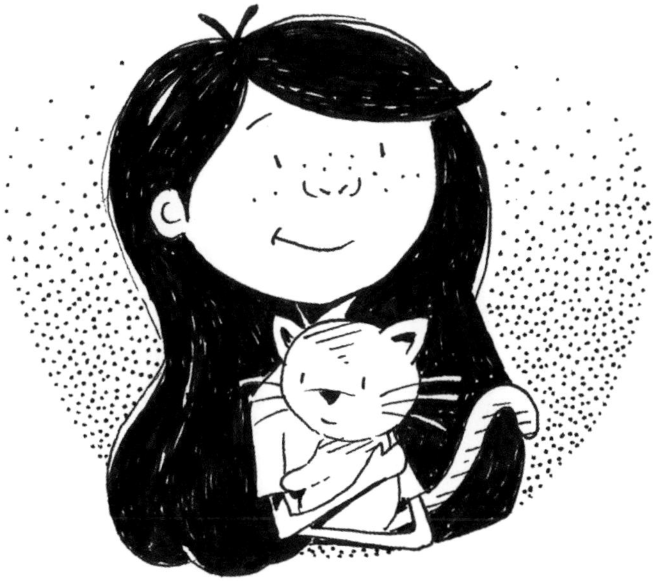

Ein Schätzchen mit Kätzchen!

# BLA, BLA, BLA

Mädchen, die viel plappern, sind herrlich zu zeichnen! Das ist praktisch, wenn du einen kurzen Comic kreieren möchtest. Dann zeichnest du einfach noch eine Sprech- oder Denkblase dazu.

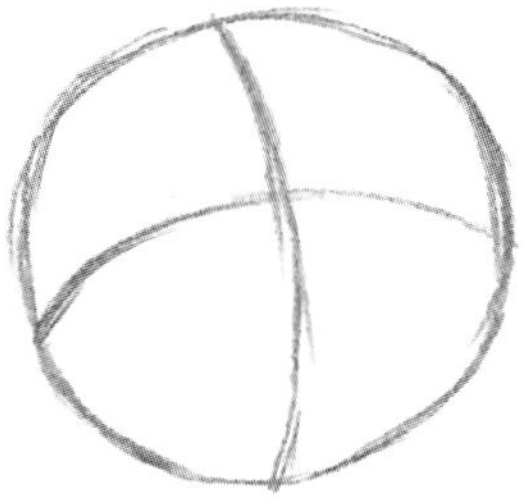

**1** Beginne wieder mit einem Kreis für den Kopf.

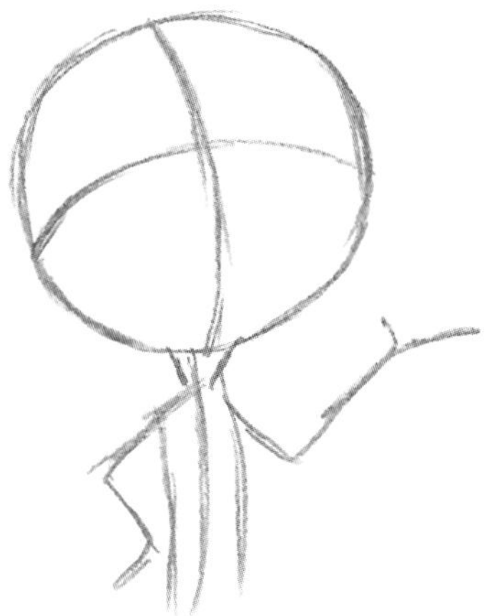

**2** Setze einen kurzen Hals darunter und einen schmalen Körper. Die Arme sind mit wenigen Strichen gezeichnet.

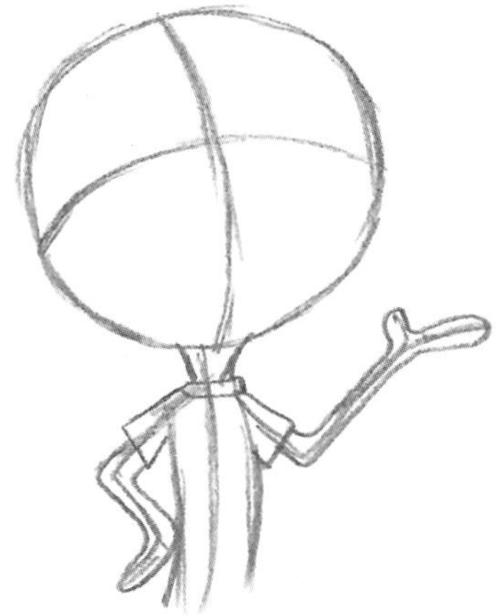

**3** Jetzt wird der Körper genauer ausgearbeitet. Zeichne ein T-Shirt oder einen Pulli und zeichne doppelte Linien um die Arme.

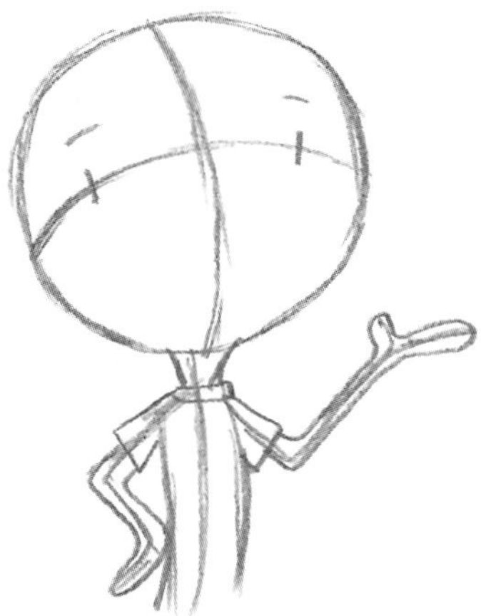

**4** Die Augen hast du mittlerweile schon ganz oft geübt! Zeichne sie auf die Hilfslinien und darüber einen Strich als Augenbrauen.

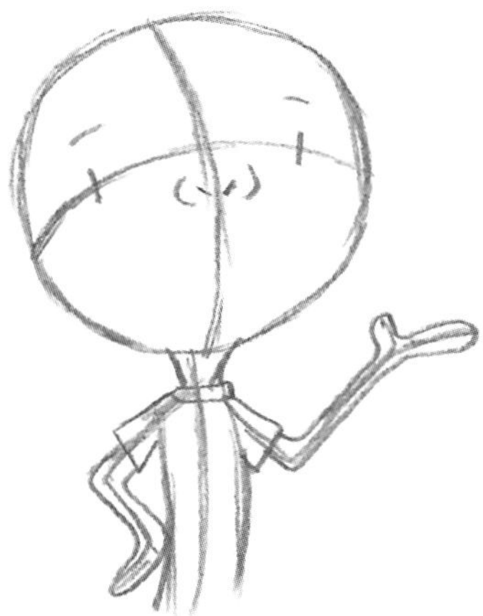

**5** Du kannst dir selbst eine Nase ausdenken. Diese hier finde ich immer süß. Beginne mit den Strichen für die Nasenlöcher und zeichne zwei kleine Bögen an der Seite.

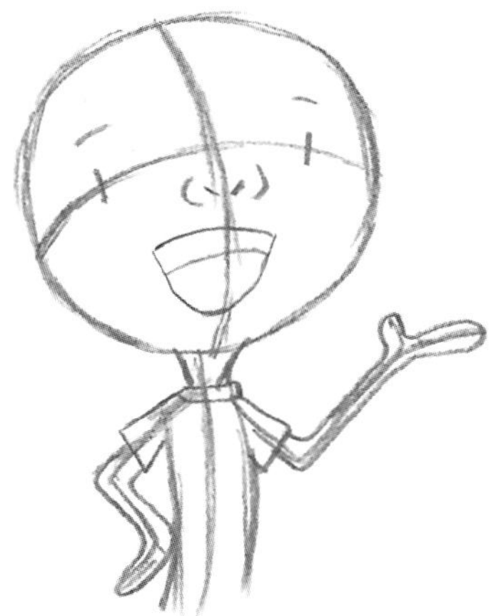

**6** Und jetzt … das plappernde Mündchen!

## AUFGABE:

Zeichne eine kleine Geschichte mit dieser Figur. Probiere verschiedene Emotionen aus und variiere die Haltung der Arme. Übe erst einmal mit Skizzen auf einzelnen Blättern. Das macht Spaß!

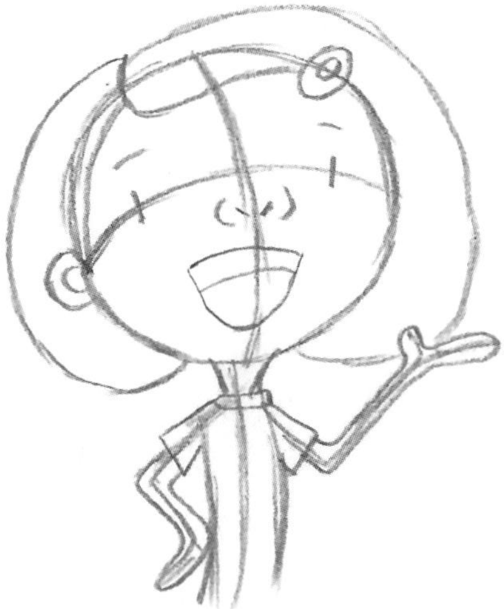

**7** Zeichne die Haare wie immer etwas über dem Kreis. Wir lassen nur das Ohr an der linken Seite frei.

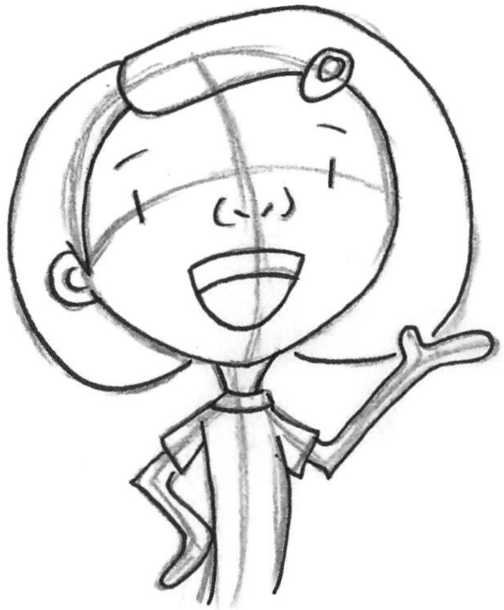

**8** Ziehe nun alle Linien mit dem Fineliner nach.

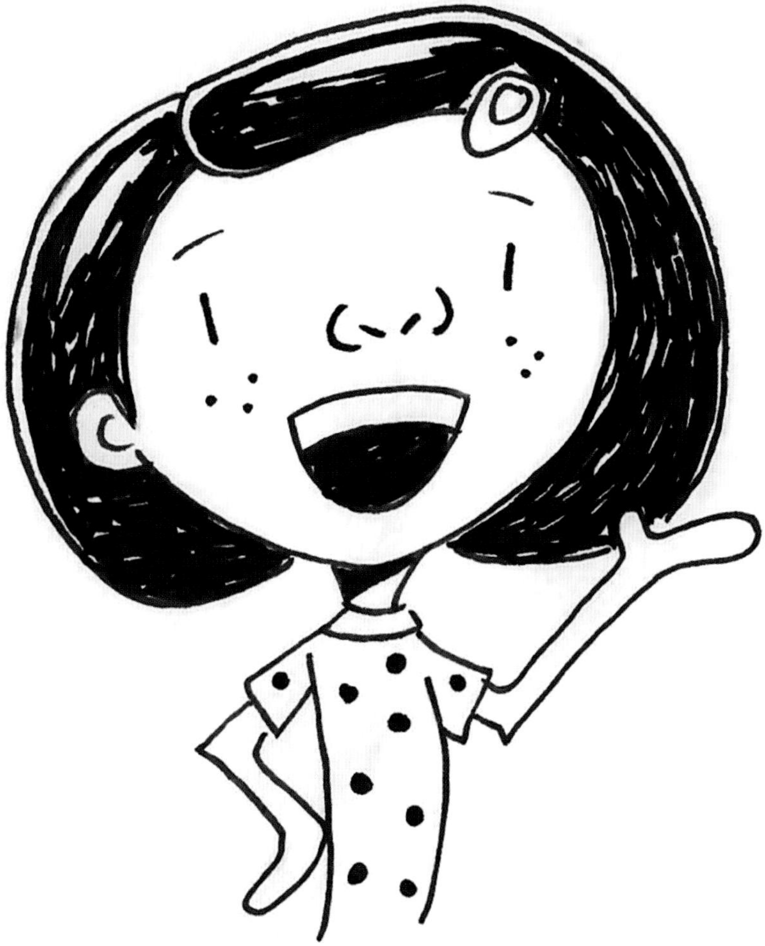

**9** Radiere zuerst alle Bleistiftlinien weg und male dann den Rest des Mädchens aus. Achte beim Ausmalen der Haare darauf, mit dem Stift immer in die Richtung zu zeichnen, in der die Haare liegen. Auf diese Weise wirkt die Frisur richtig echt!

# ALLTÄGLICHES

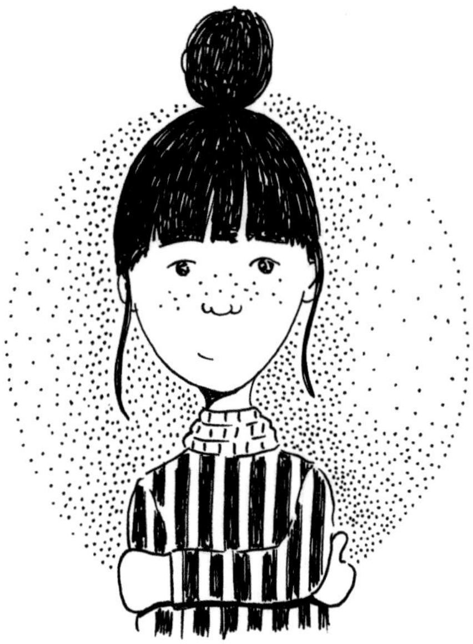

Die Arme verschränkt – das ist ganz einfach zu zeichnen!

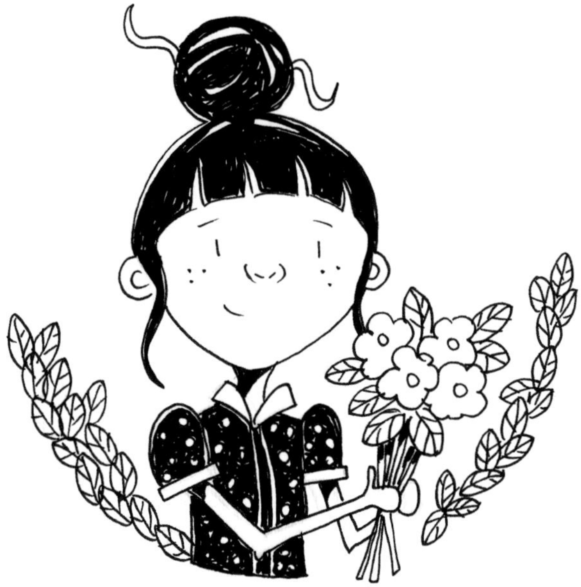

Ändere die Kleidung und sofort bist du in einer anderen Jahreszeit. Nichts leichter als das!

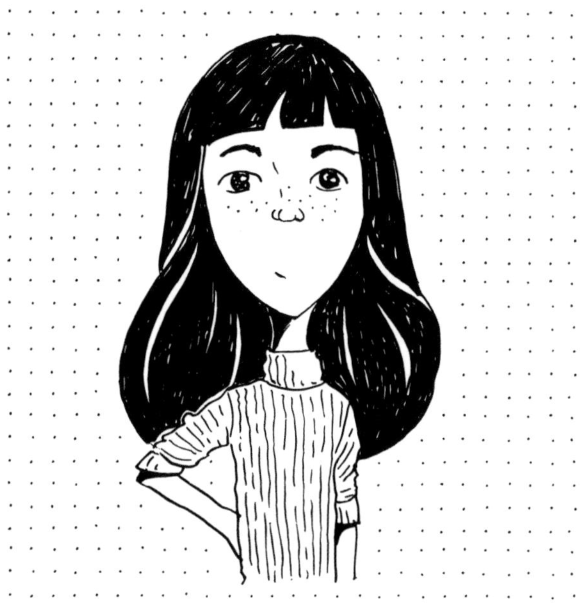

Wenn die Hand auf die Hüfte gestützt ist, zeichnest du den Arm einfach als Dreieck. Probiere es selbst einmal aus!

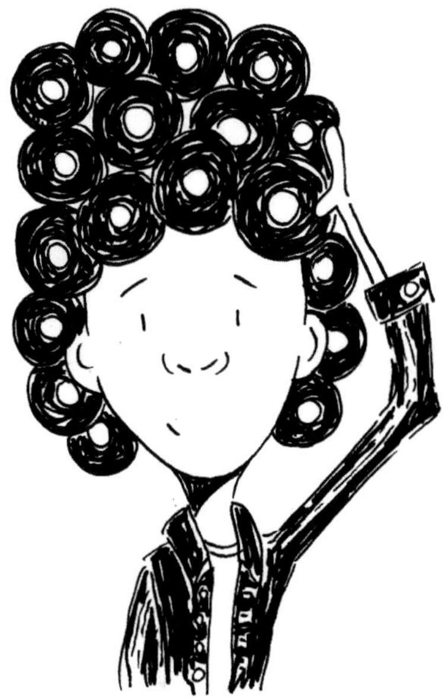

Diese Zeichnung erinnert mich daran, wie im Frühjahr 2020 Toilettenpapier gehamstert wurde. Weißt du noch?

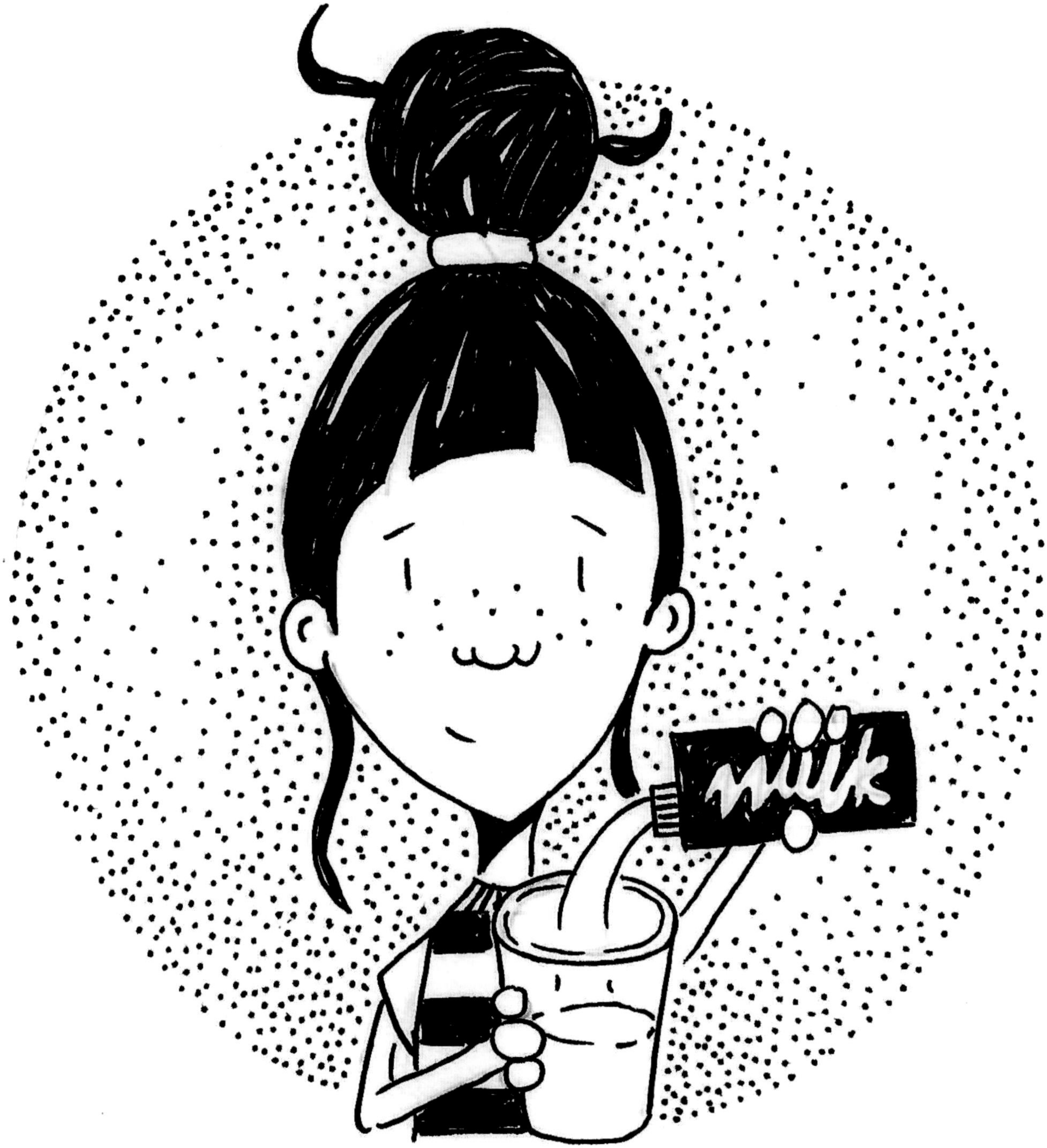


Wie du siehst, kannst du dich überall inspirieren lassen: beim T-Shirt-Anziehen oder beim Öffnen des Kühlschranks, um eine Packung Milch herauszunehmen. Ich hoffe, dass du immer die Augen offenhältst und in allem, was dir passiert, Inspirationen findest! Es macht viel Spaß, auch Alltägliches auf Papier festzuhalten.

## WAS GEHT, MÄDELS?

Arme und Gesichtsausdrücke – da gibt es ungezählte Möglichkeiten. Kannst du es gar nicht abwarten, alle auszuprobieren? Zeichne erst die Mädchen hier nach und denke dir dann eigene Zeichnungen aus. Oder mache ein paar verrückte Selfies, die du anschließend nachzeichnest.

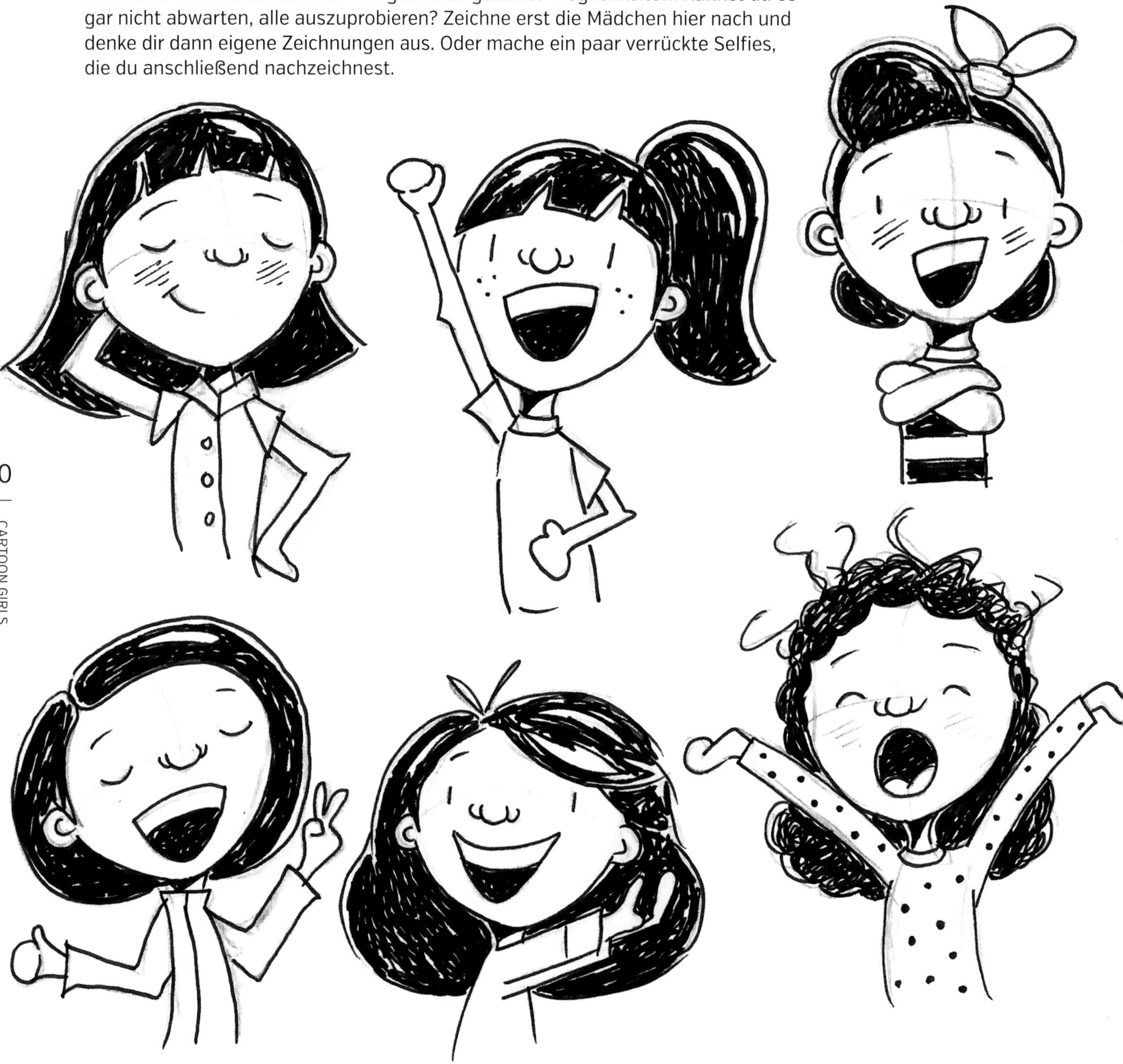

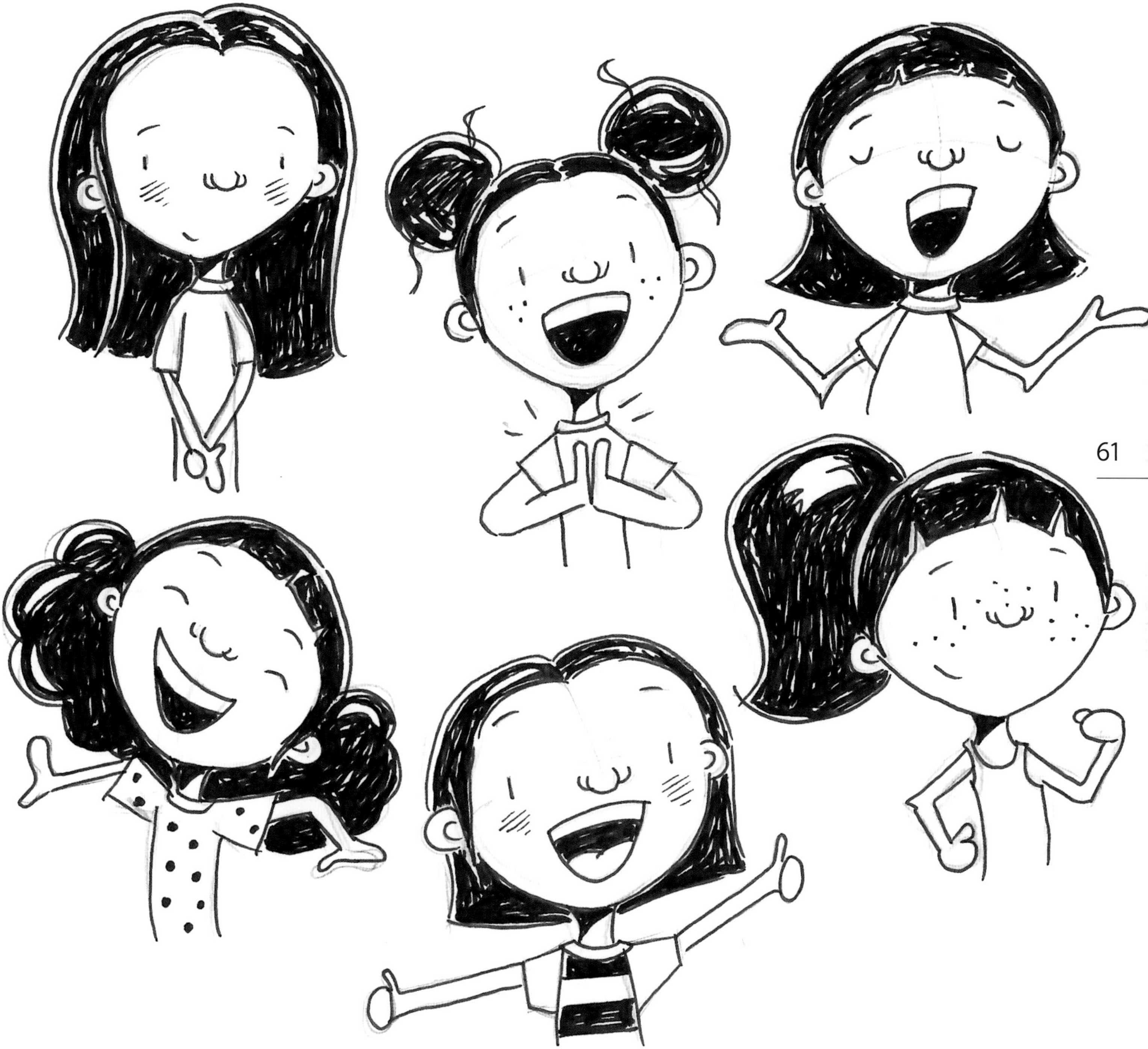

# MIT LIEBLINGSKUSCHELTIER

Deinen süßen Mädels kannst wirklich alles in den Arm drücken. Ich zeige dir auf diesen Seiten, wie das mit einem Kuscheltier geht. Probiere auch aus, das Kuscheltier durch etwas anderes zu ersetzen – ein weiteres Übungsfeld!

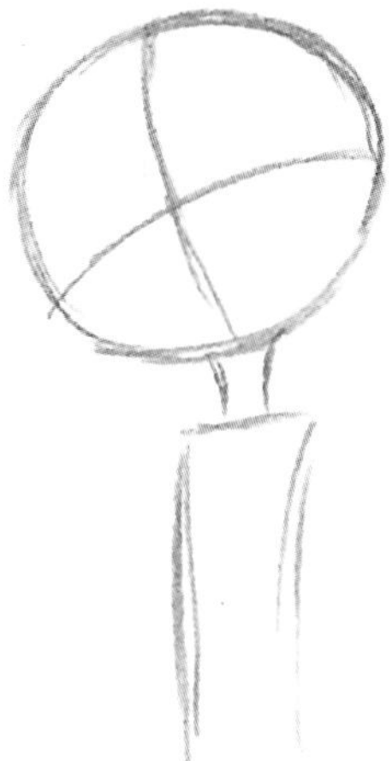

**1** Zeichne das Kreuz im Kopf gleich ein wenig schräg. Füge den Hals und den Rumpf an.

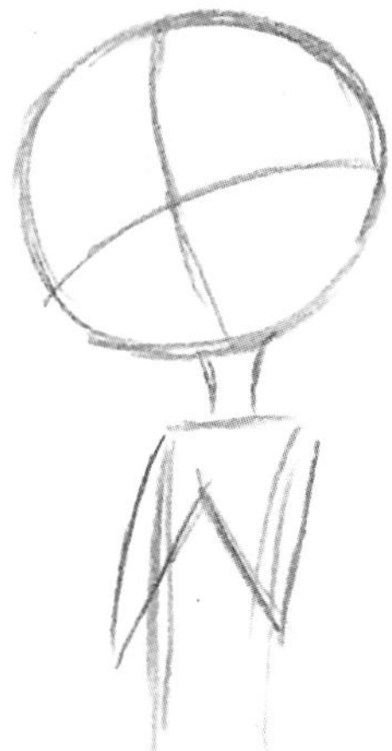

**2** Die Arme sind wieder einzelne Striche. So einfach ist das!

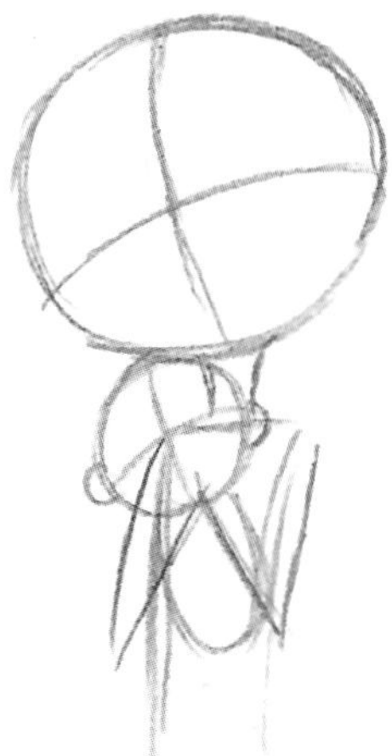

**3** Der Kopf des Kuscheltiers kommt unter das Kinn, und darunter sein Rumpf.

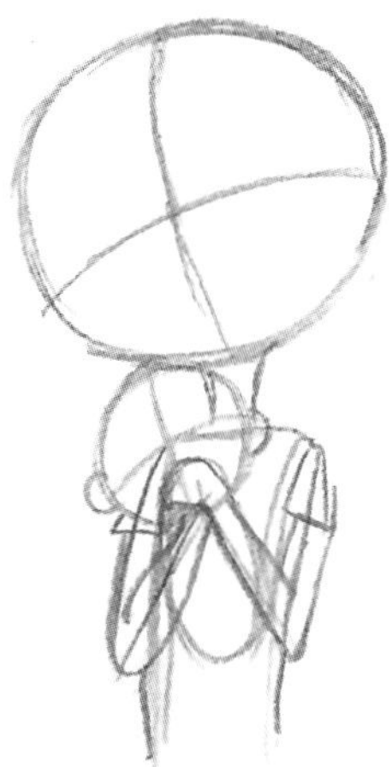

**4** Jetzt zeichnen wir erst die Arme fertig. Verdopple die Linien und zeichne die Hand daran.

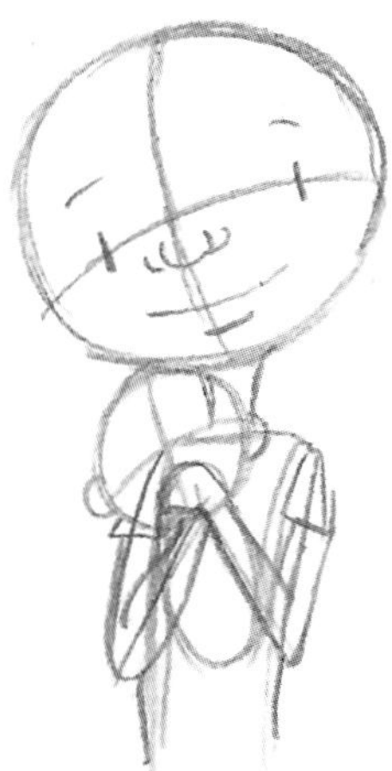

**5** Die Augen kommen wieder auf die Hilfslinie, die Nase hat die Form eines Kreises mit zwei kleineren Kreisen daneben. Diese Kreise bleiben alle nach oben offen. Für den Mund ziehst du einen langen und einen etwas kürzeren Strich.

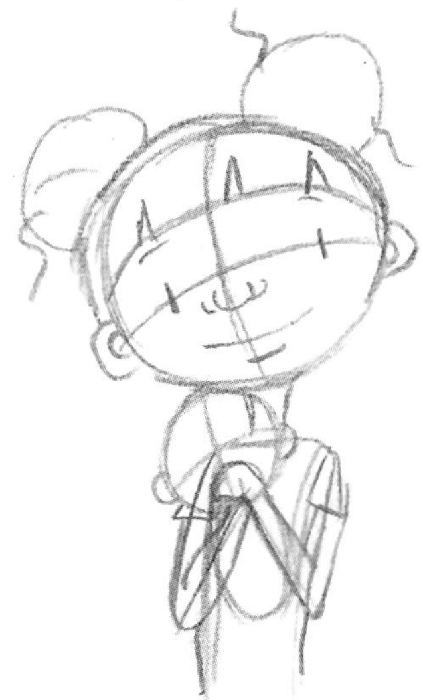

**6** Jetzt geht's weiter mit der Frisur. Ich habe für dieses Mädchen zwei kleine Haarknoten gewählt. Zeichne den Pony erst als eine gebogene Linie und ergänze dann die Dreiecke.

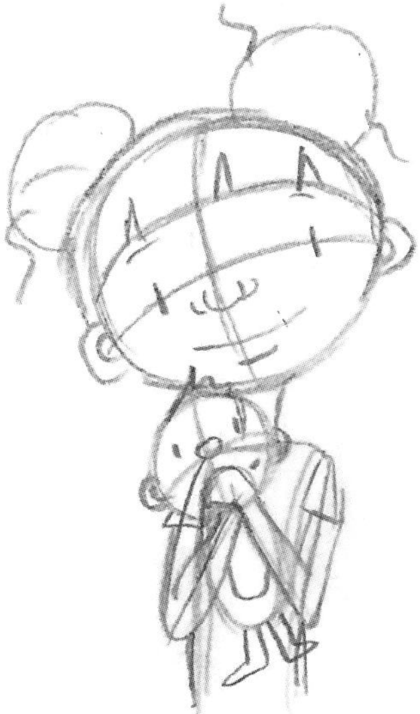

**7** Zeichne jetzt das Gesicht des Kuscheltiers. Anschließend bekommt es noch Beine an der Unterseite.

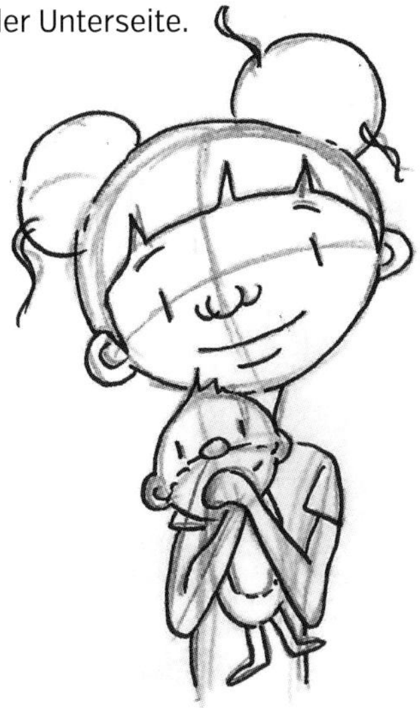

**8** Mit einem Fineliner ziehst du jetzt alle Linien nach. Lasse die Farbe kurz trocknen.

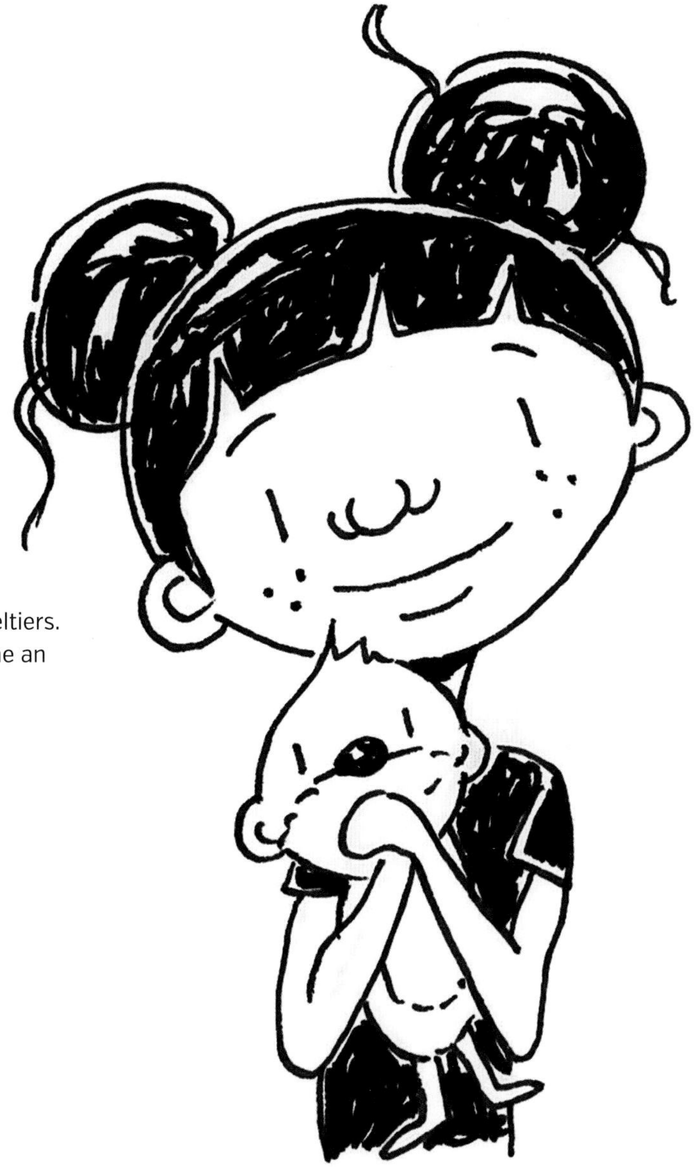

**9** Und wegradieren! Jetzt kannst du die Haare und das T-Shirt ausmalen. Ich bin nicht sehr ordentlich beim Ausmalen, wie du hier sehen kannst. Du kannst das natürlich ganz anders machen. Auch könnte das Kuscheltier etwas Farbe vertragen.

## QUER DURCH DIE JAHRESZEITEN

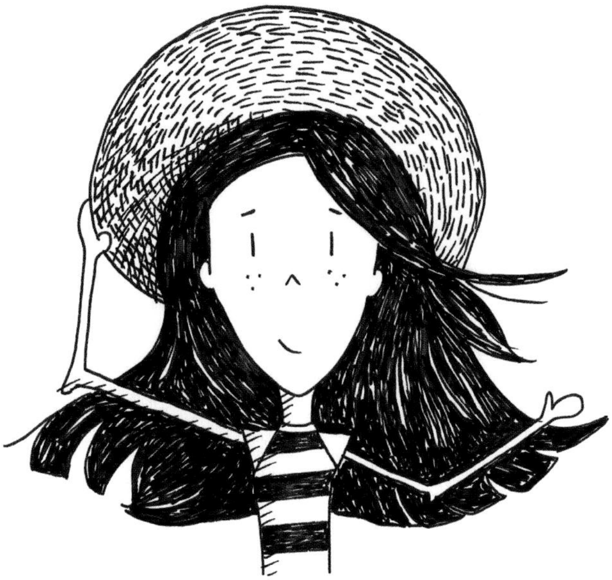

Eine sommerliche Brise …

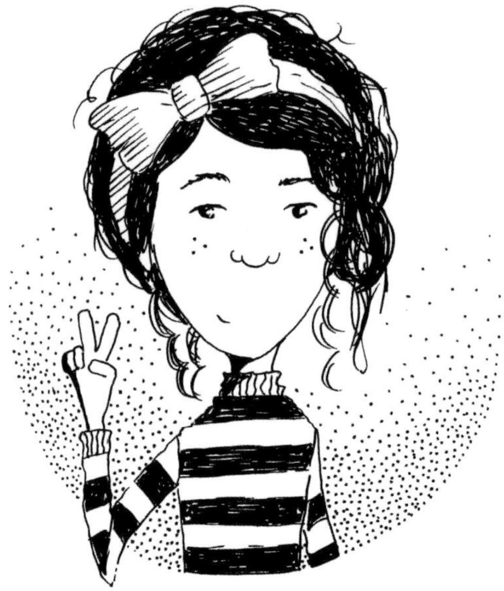

Ein hübsches Haarband ist schnell gezeichnet.

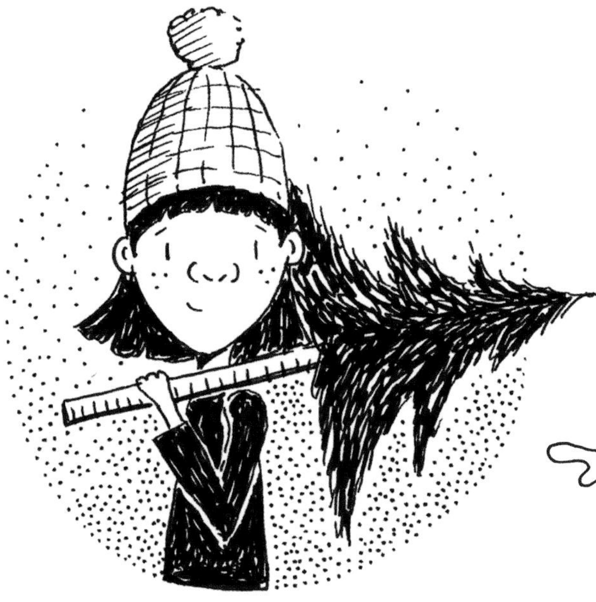

Weihnachten steht vor der Tür!

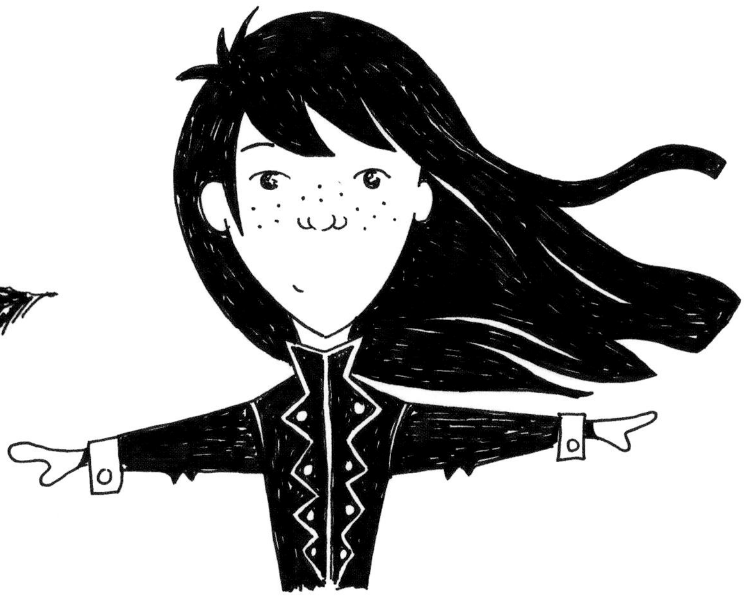

Sie erinnert mich an *Titanic*, aber eigentlich wollte ich nur etwas zum Thema „stürmisches Wetter“ zeichnen.

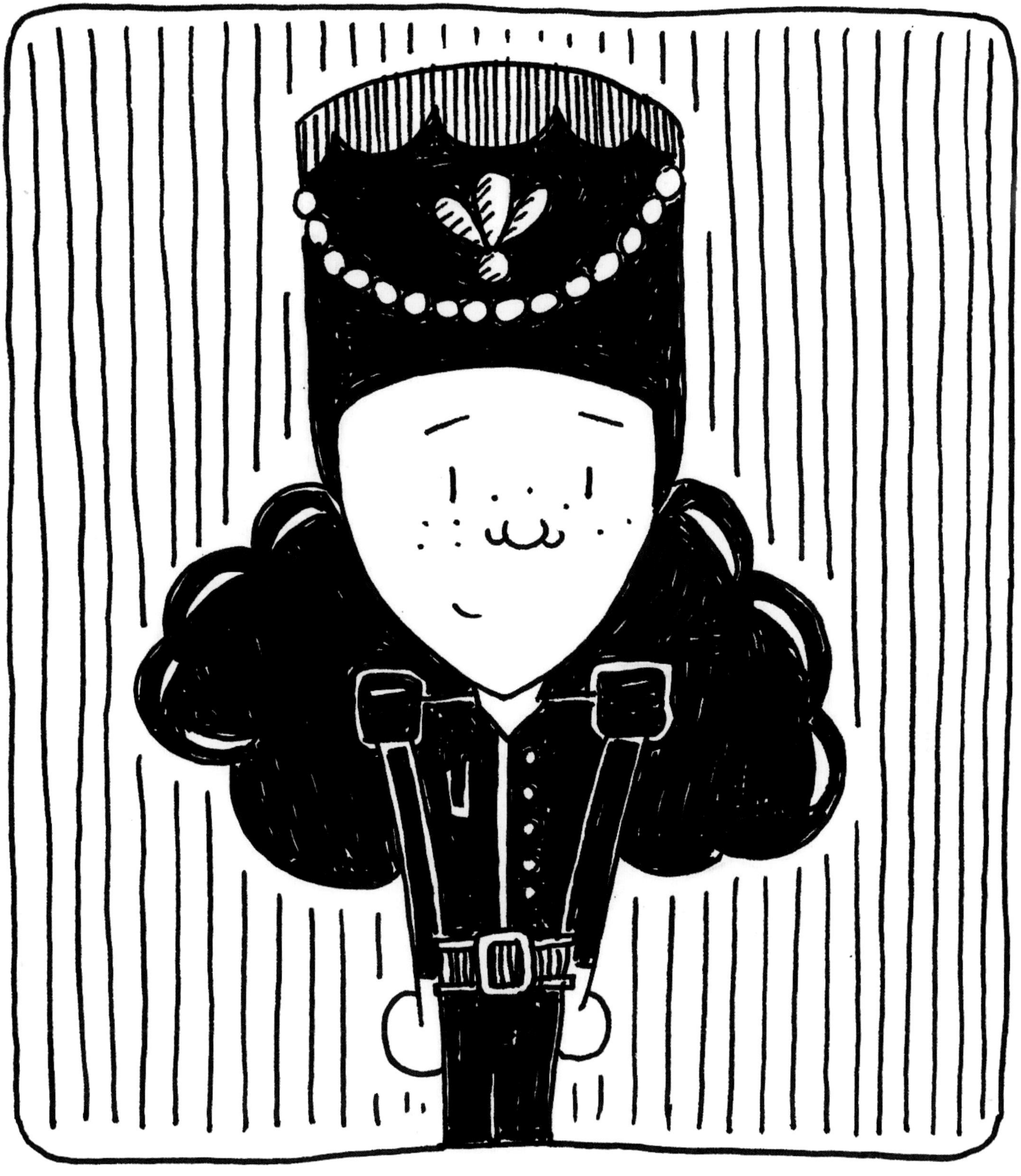

# Proportionen

Wie verhält es sich eigentlich mit den Proportionen eines Menschen? Das erkläre ich dir auf dieser Seite, und dann verstehst du auch gleich, welche Proportionen meine Cartoon Girls haben.

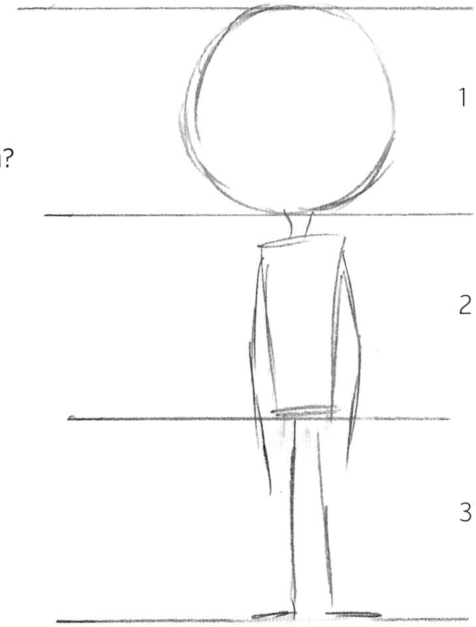


## PROPORTIONEN EINES ERWACHSENEN

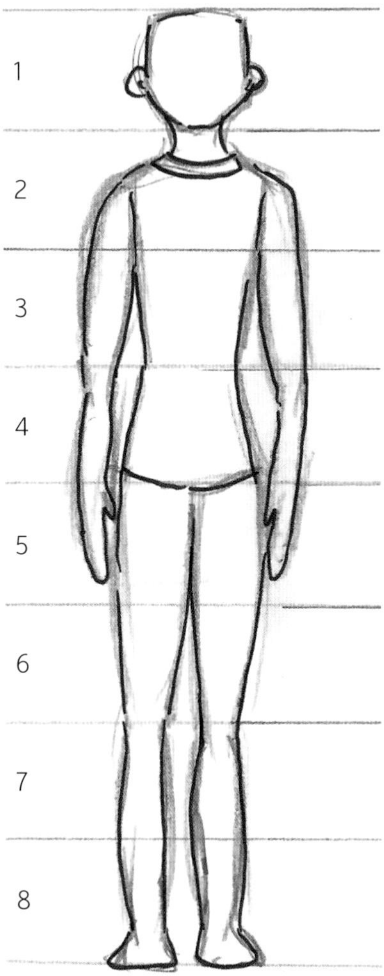


Der Körper eines erwachsenen Manns ist durchschnittlich 8-mal so hoch wie sein Kopf.

## TEENIE-MÄDCHEN

Hier siehst du ein Teenie-Mädchen. Dafür verwende ich die Höhe von drei Köpfen. Meistens haben sie einen ziemlich schmalen, schlaksigen Rumpf.

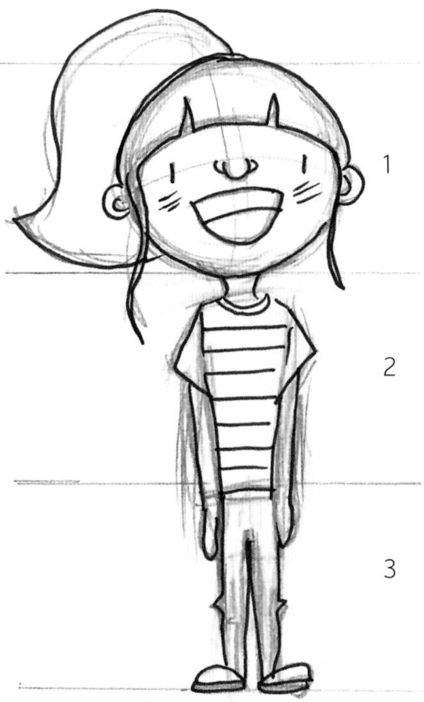

## DIE SÜSSEN MÄDELS

Die jüngeren von mir gezeichneten Mädchen haben diese Proportionen. Hier siehst du sofort, dass der Kopf im Verhältnis zum Rumpf ziemlich groß ist. Dadurch wirkt deine Zeichnung besonders niedlich. Hier siehst du ein Mädchen, deren Arme und Beine etwas voller gezeichnet sind.

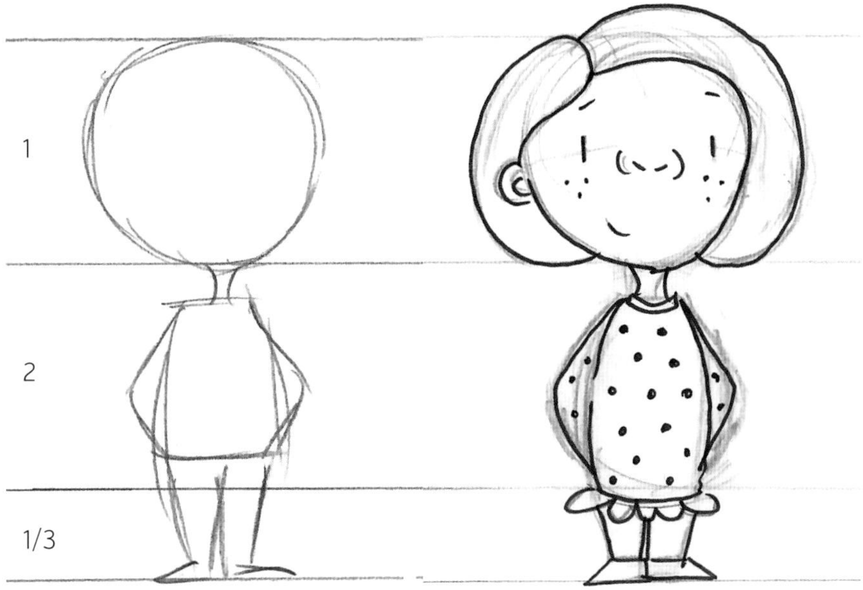


Das ist auch eine meiner Lieblingsfiguren. Bei diesem Mädchen sind die Arme und Beine eher wie dünne Stöcke gezeichnet.

Probiere selbst aus, welche Proportionen dir beim Zeichnen am besten gefallen, damit du daraus deine Standardfiguren entwickeln kannst. Versuche, deinen eigenen Stil zu finden.

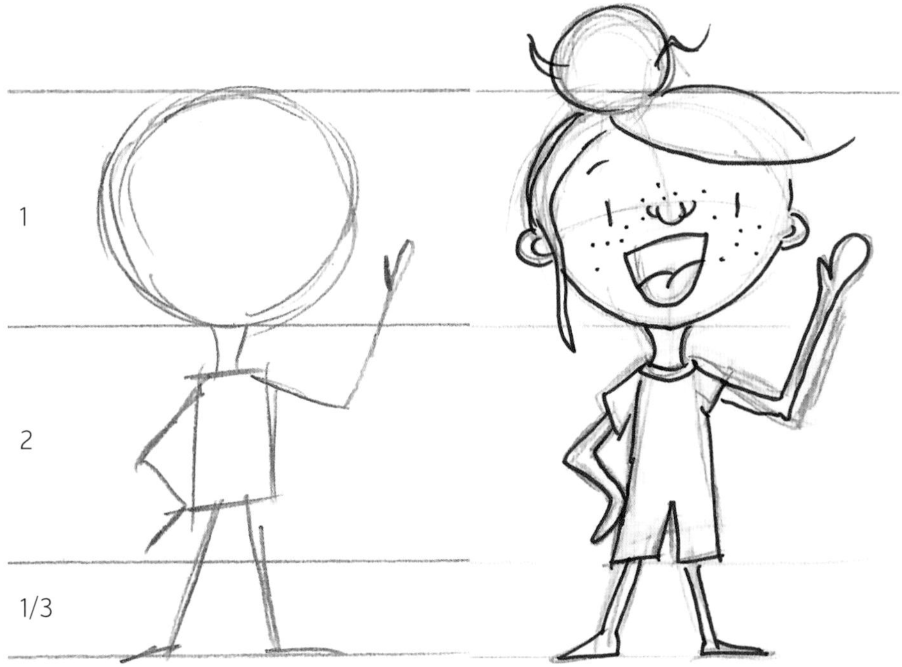

## GANZES MÄDCHEN ZEICHNEN

Dieses fröhliche Mädel ist zu allem bereit. Sie wirkt toll auf einer Glückwunschkarte. Gleich wirst du sehen, wie du aus einer einfachen Grundform ganz problemlos auch so ein Mädchen zeichnest. Du beginnst mit einfachen Linien und arbeitest diese immer weiter aus.

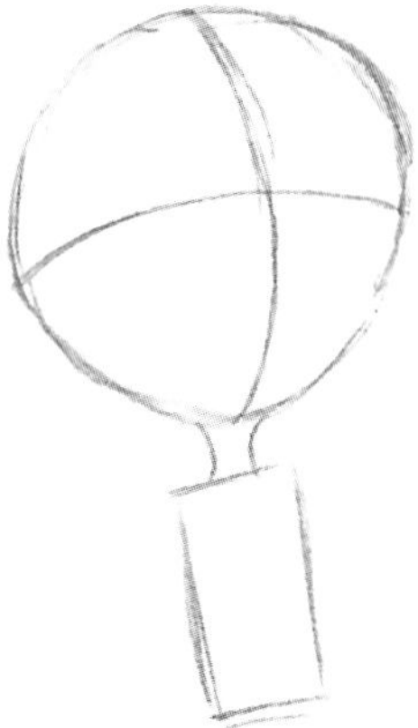

**1**

Beginne wieder mit dem Kopf. Neige ihn ein wenig nach hinten, ebenso wie den Rumpf.

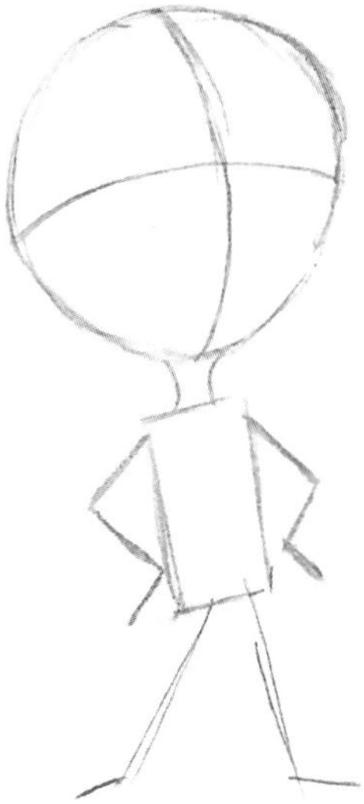

**2**

Arme und Beine setzt du als Streichholz-linien an.

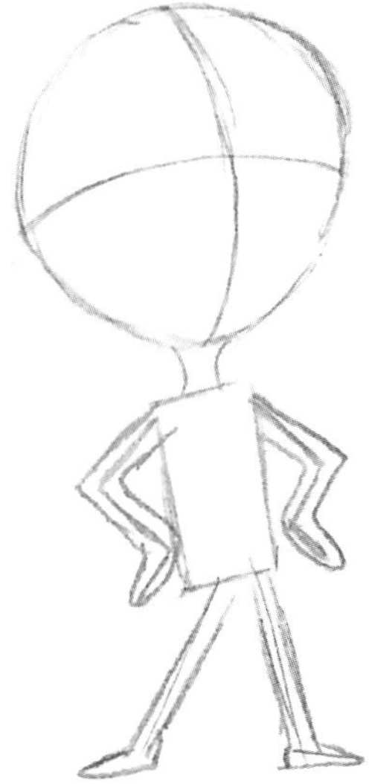

**3**

Zeichne nun erst die Arme detaillierter, indem du eine doppelte Linie um die Striche ziehst.

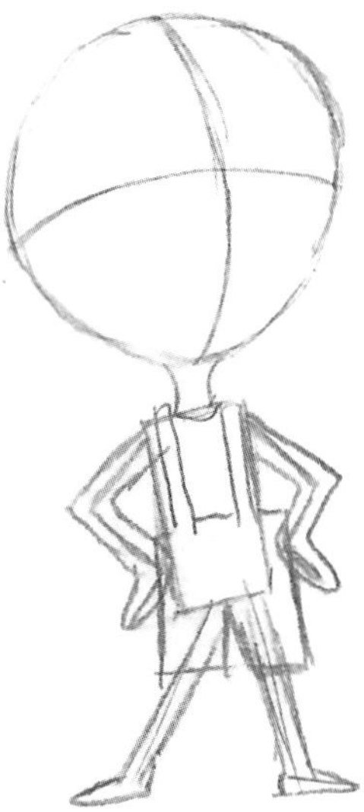

**4**

Jetzt ziehst du das Mädchen an. Hier habe ich mich für eine freche Latzhose entschieden.

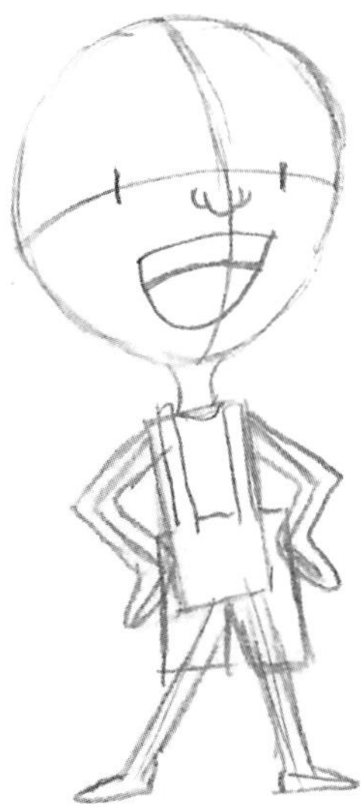

**5**

Augen, Nase und Mund kommen auf die bereits gezeichneten Hilfslinien.

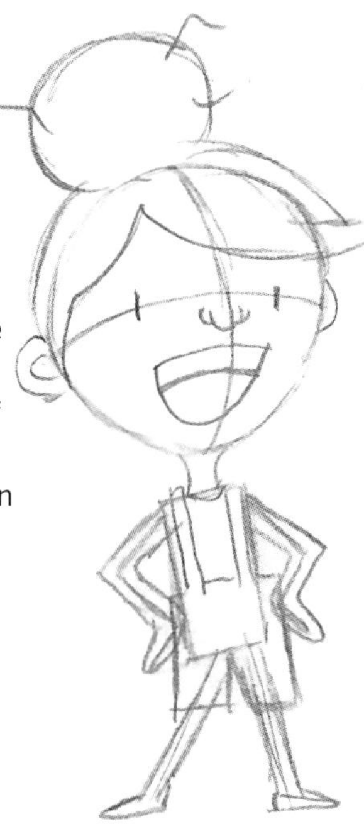

**6**

Zeichne die Ohren in Höhe der waagerechten Hilfslinie. Das Haar sitzt etwas über dem Kreis und oben kommt noch ein kesser Haarknoten dazu.

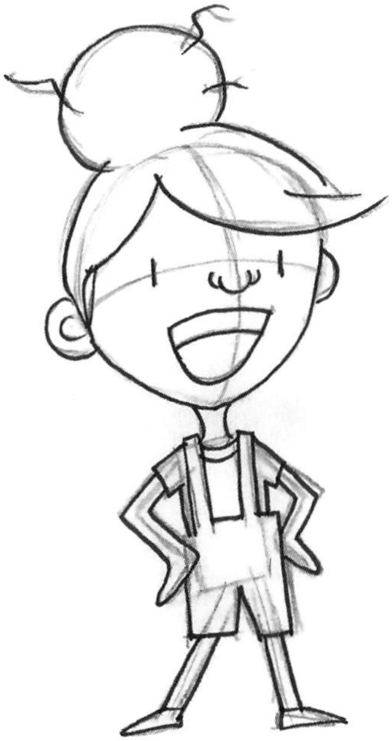

**7**

Deine Skizze ist fertig, ziehe jetzt die Linien mit dem Fineliner nach.

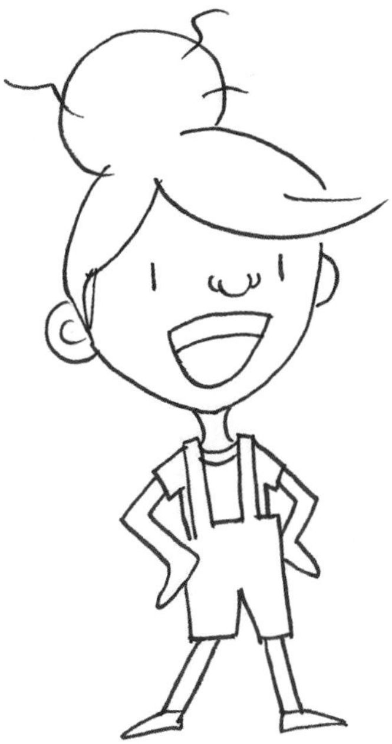

**8**

Radiere alle Bleistiftlinien weg, bevor du deine Zeichnung ausmalst.

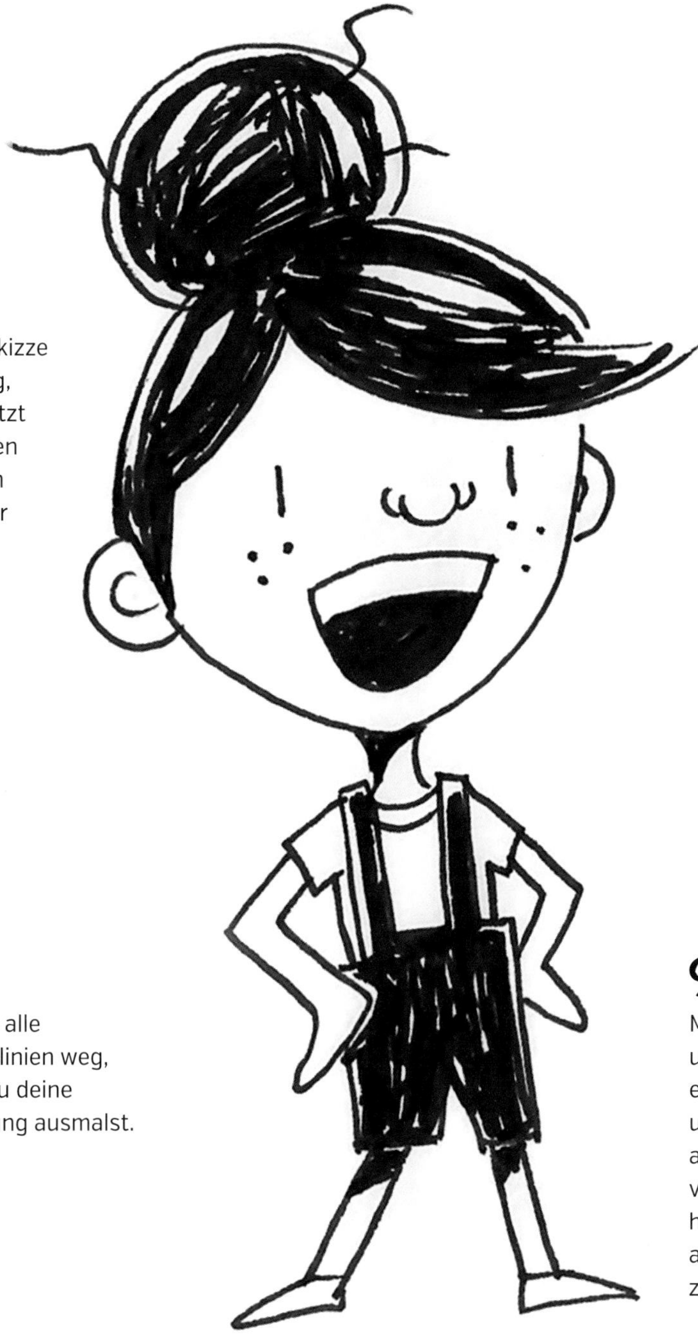

**9**

Male die Haare und die Frisur ein wenig unordentlich aus. Du kannst vielleicht noch ein hübsches Muster auf die Hose zeichnen.

# PYJAMA-MÄDCHEN

Ein Mädchen mit verschränkten Armen zu zeichnen, klingt ziemlich schwierig, aber da wir die Arme als einfache Linien zeichnen, ist das kein Problem. Hier zeige ich dir, wie es geht.

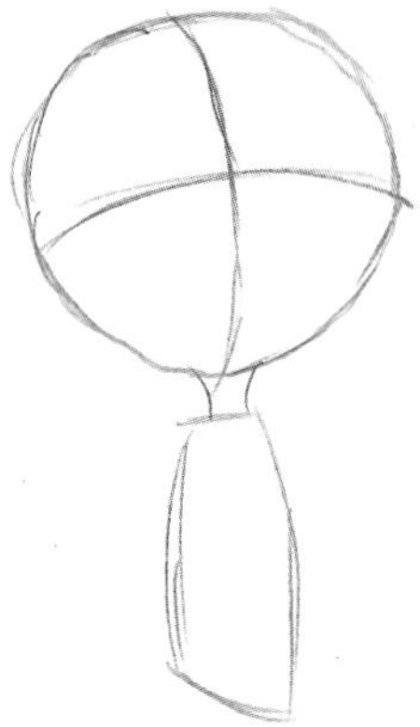

**1**

Du weißt Bescheid: Beginne mit dem Kreis für den Kopf. Darunter ein kurzer Hals und ein Rechteck für den Oberkörper.

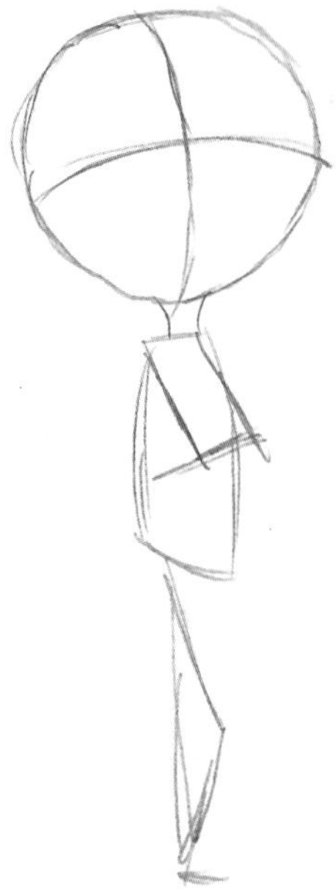

**2**

Zeichne die Arme und Beine zunächst als einfache Striche, damit die Proportionen stimmen.

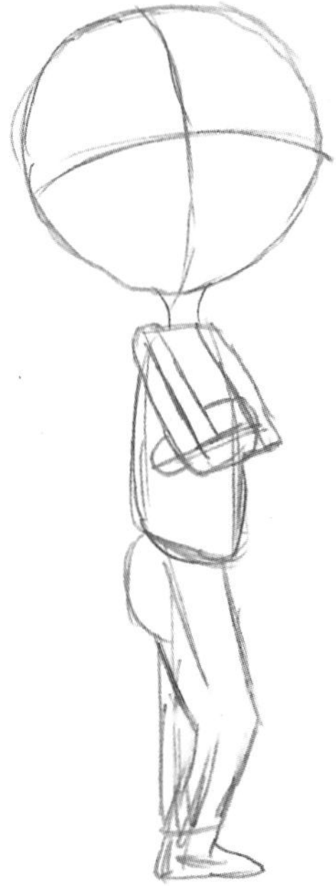

**3**

Arbeite zuerst die Arme und Beine aus. Zeichne doppelte Linien um die Striche. Stelle dich ruhig mit verschränkten Armen hin und mache ein Foto davon, um es abzuzeichnen.

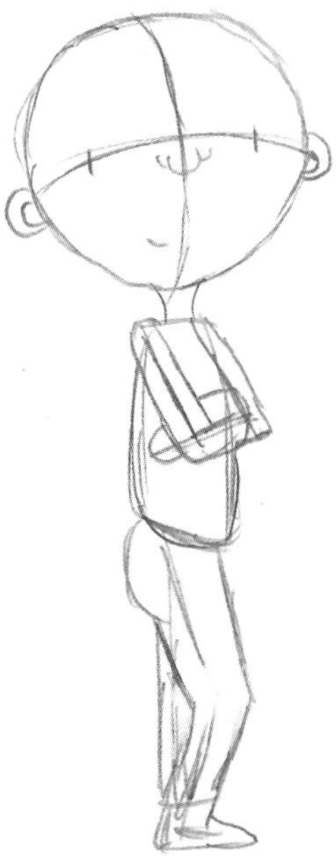

**4**

Auf die Hilfslinien kommen die Augen, direkt unter die Mitte die Nase und ganz unten der Mund.

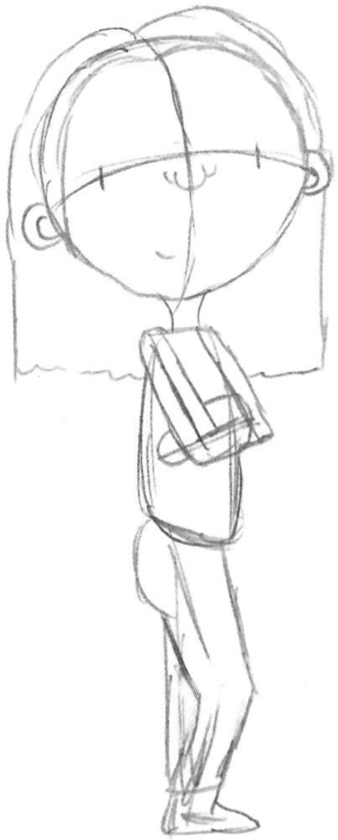

**5**

Die Haare sitzen etwas über dem Kreis für den Kopf. Unten lässt du es ein wenig fransig.

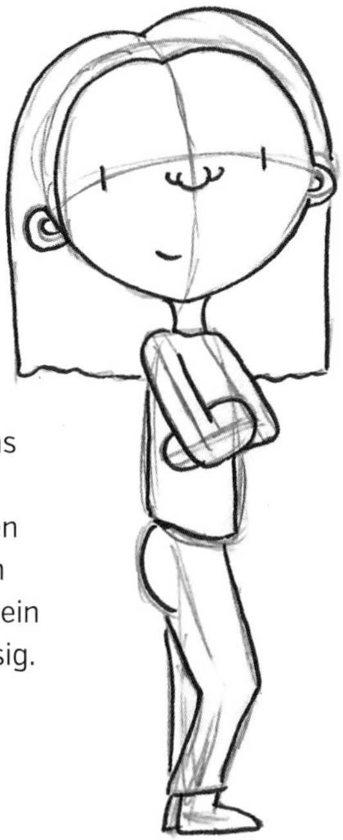

**6**

Ziehe jetzt die Linien mit dem Fineliner in Stärke 0,5 nach. Warte kurz, bevor du mit dem Ausmalen beginnst.

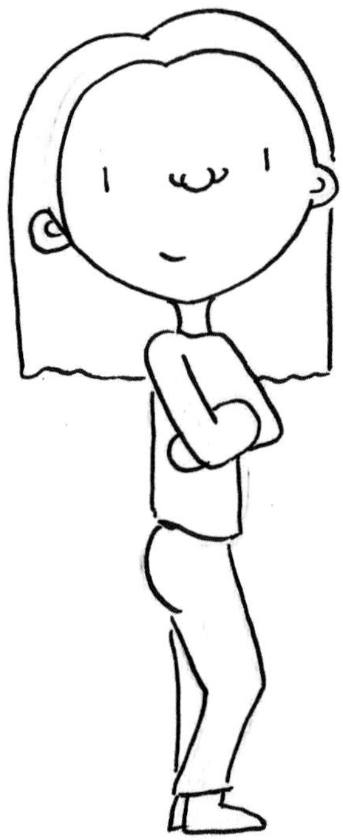

**7**

Sobald der Finelinerauftrag gut getrocknet ist, radierst du die Bleistiftlinien weg.

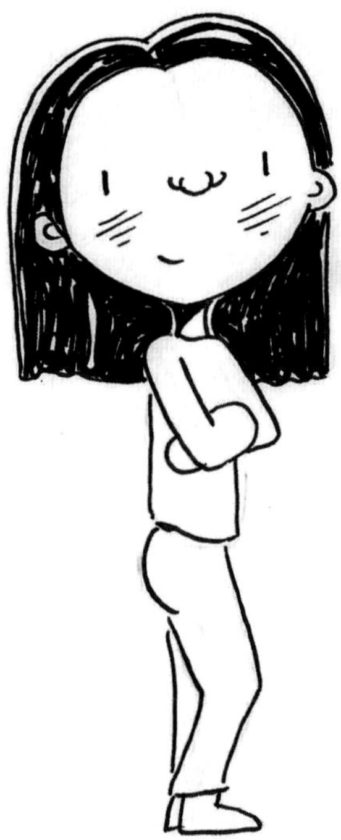

**8**

Die Frisur kannst du mit einem dickeren Fineliner ausmalen. Lasse oben am Haar einen kleinen weißen Rand frei. Deute noch die roten Wangen mit einem Fineliner 0,3 an.

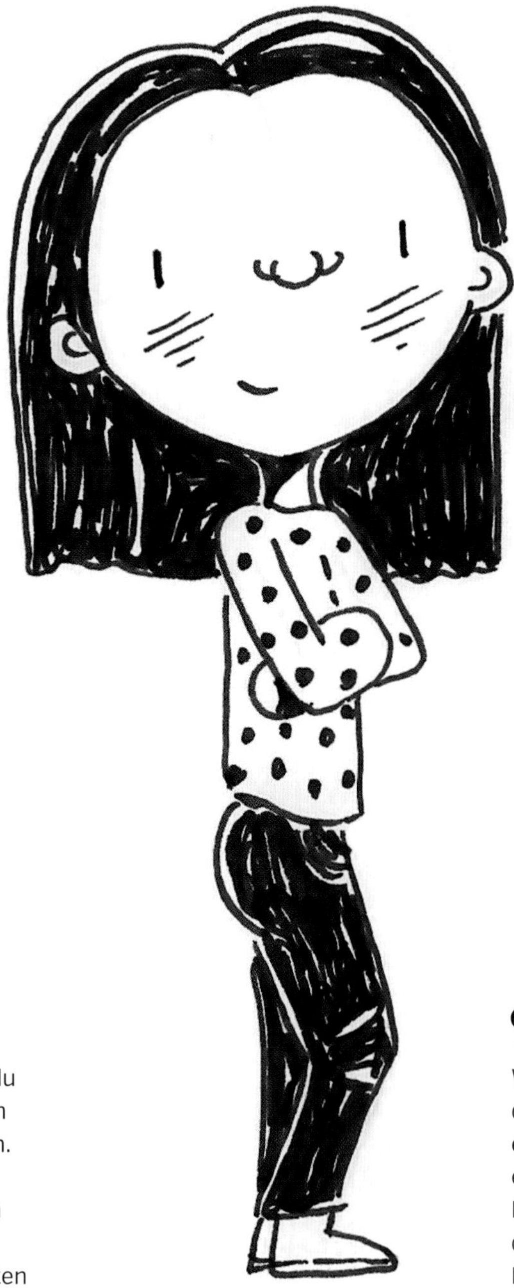

Probiere einmal, eine Bluse zu zeichnen – schon geht's los auf eine große Party. Vielleicht noch andere Schuhe? Lasse deiner Fantasie freien Lauf!

**9**

Wenn du die Hose und das Oberteil ausmalst, entsteht auf einmal ein Pyjama-Look. Natürlich kannst du dir auch ganz andere Muster für die Kleidung ausdenken.

# EIN BISSCHEN ZEN

Jetzt zeichnen wir ein Mädchen im Schneidersitz. Dieses Mädchen ist ein bisschen kräftiger gebaut. Mit der Kleidung bekommt sie sofort einen ganz anderen Look!

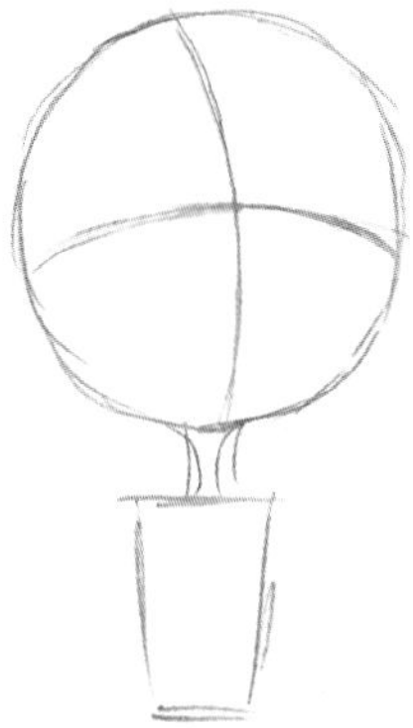

**1** Beginne den Kopf mit einem Kreis, setze einen kleinen Hals an und als Rumpf ein kleines Rechteck.

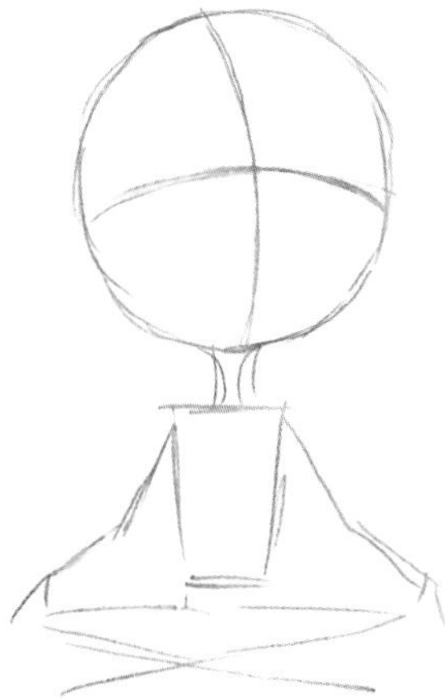

**2** Zeichne Arme und Beine wieder als Streichholzlinien.

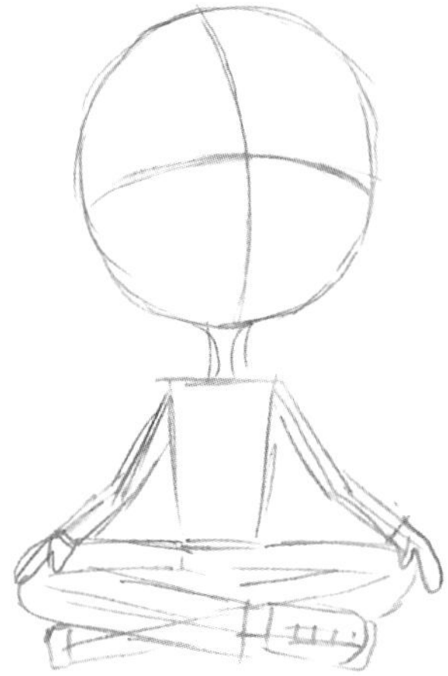

**3** Arbeite sie gleich weiter aus. Das rechte Bein liegt vor dem linken Bein.

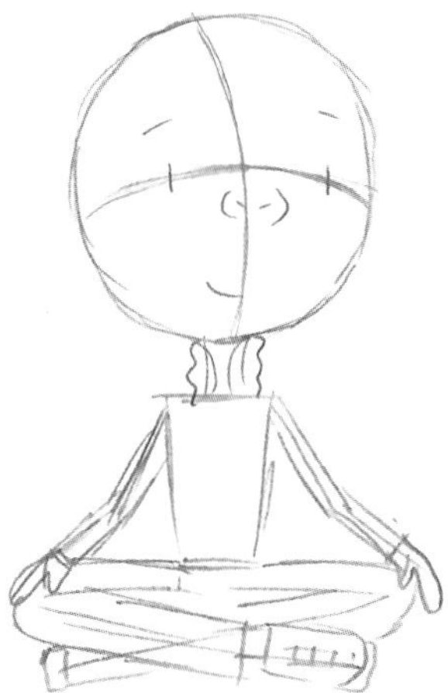

**4** Jetzt noch das Gesicht und einen Rollkragen am Hals. Schön warm!

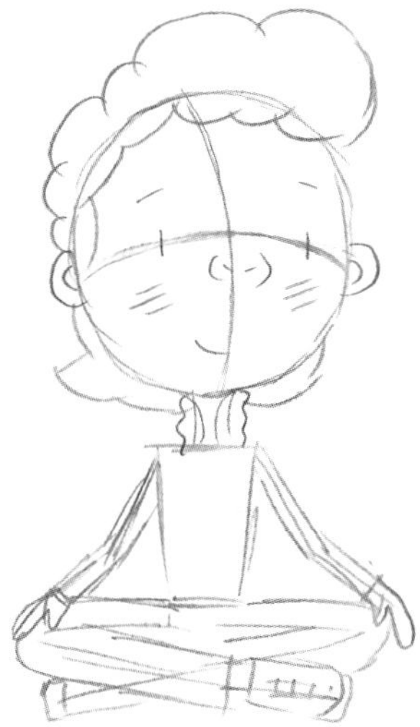

**5** Dieses Mal habe ich einen Lockenkopf gezeichnet. Sieht fast wie meine eigenen Haare aus. Jetzt kommen noch die Ohren seitlich an den Kopf.

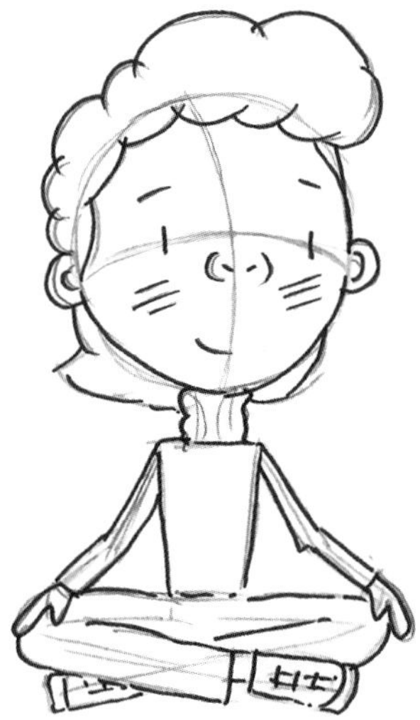

**6** Alle Linien sind gezeichnet, jetzt kannst du alles mit Fineliner nachziehen. Ich habe dieses Mal den Edding 1800 mit Strichbreite 0,5 verwendet.

TIPP

Indem du die Arme und Beine als Streichholzlinien zeichnest, ist es leichter, die gesamte Form der Figur zu sehen.

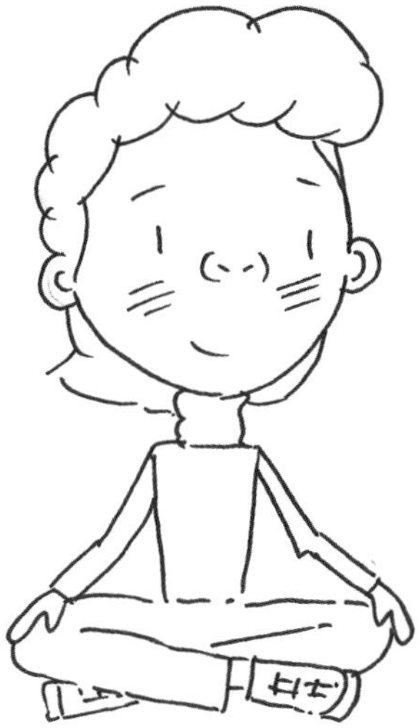

**7** Noch alles wegradieren, bevor es weitergeht.

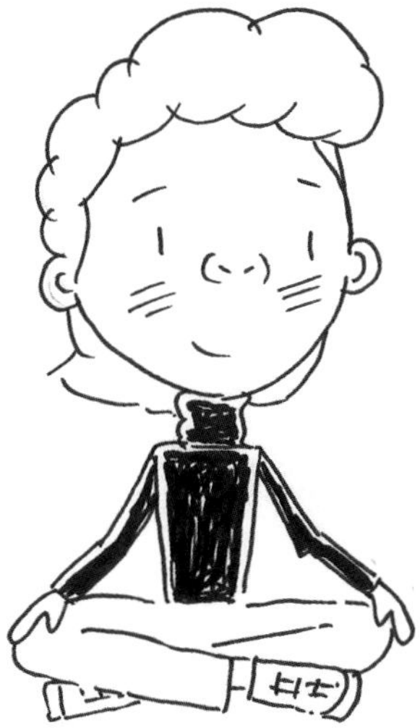

**8** Du kannst auch nur den Rollkragenpulli ausmalen und die Haare blond lassen. Hier noch eine Variante mit dunklen Haaren.

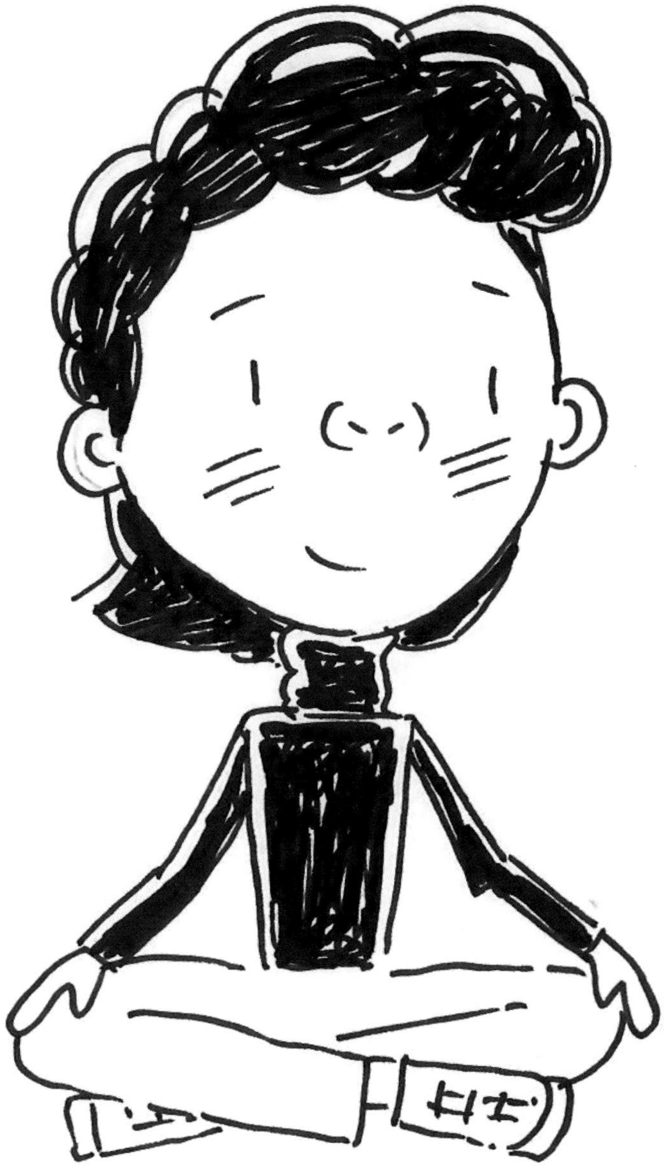

## UNTERWEGS

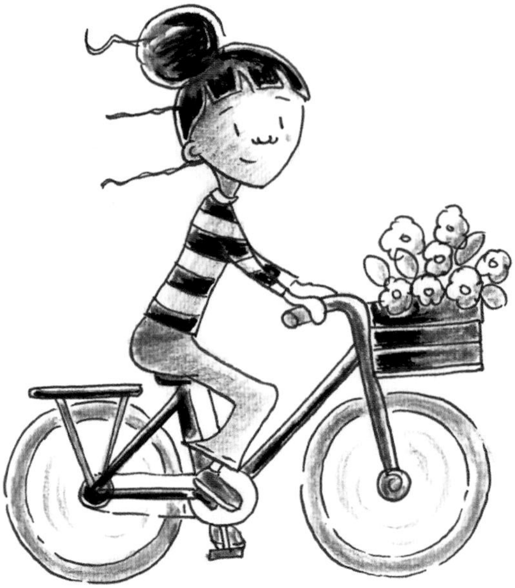

Eine herrliche Radtour im Frühling.

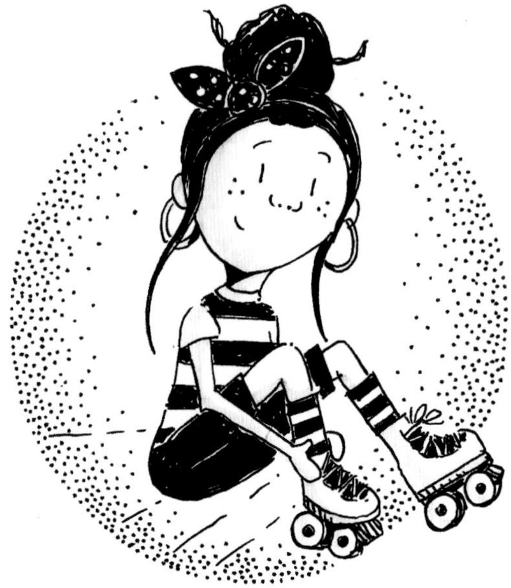

Tipp: Zeichne eine Haltung von einem Foto ab.

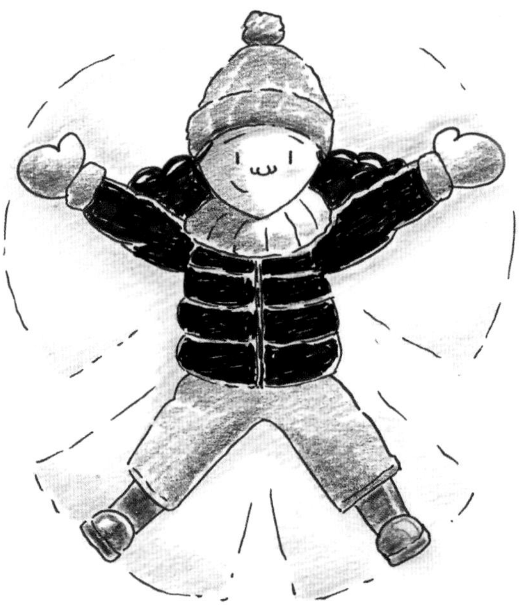

Das ist toll: ein echter Schnee-Engel!

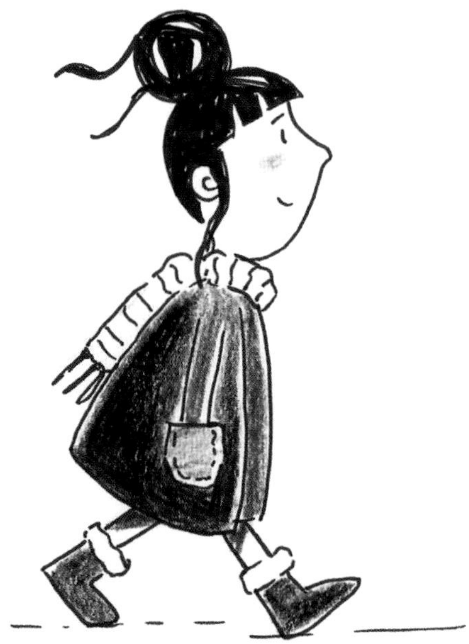

Mein täglicher Spaziergang als Zeichnung.

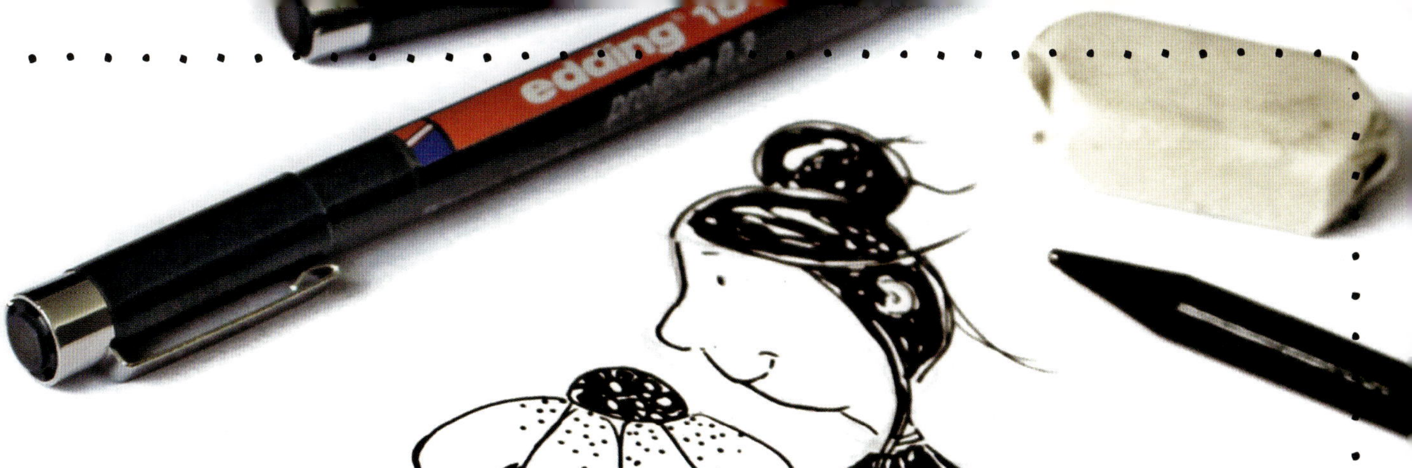

Bei der Zeichnung hier unten beginnst du mit dem Mädchen. Wenn sie gut liegt, kommt die große Blüte dahinter. Du kannst die Blüte auch durch ein Handtuch oder ein Bett ersetzen.

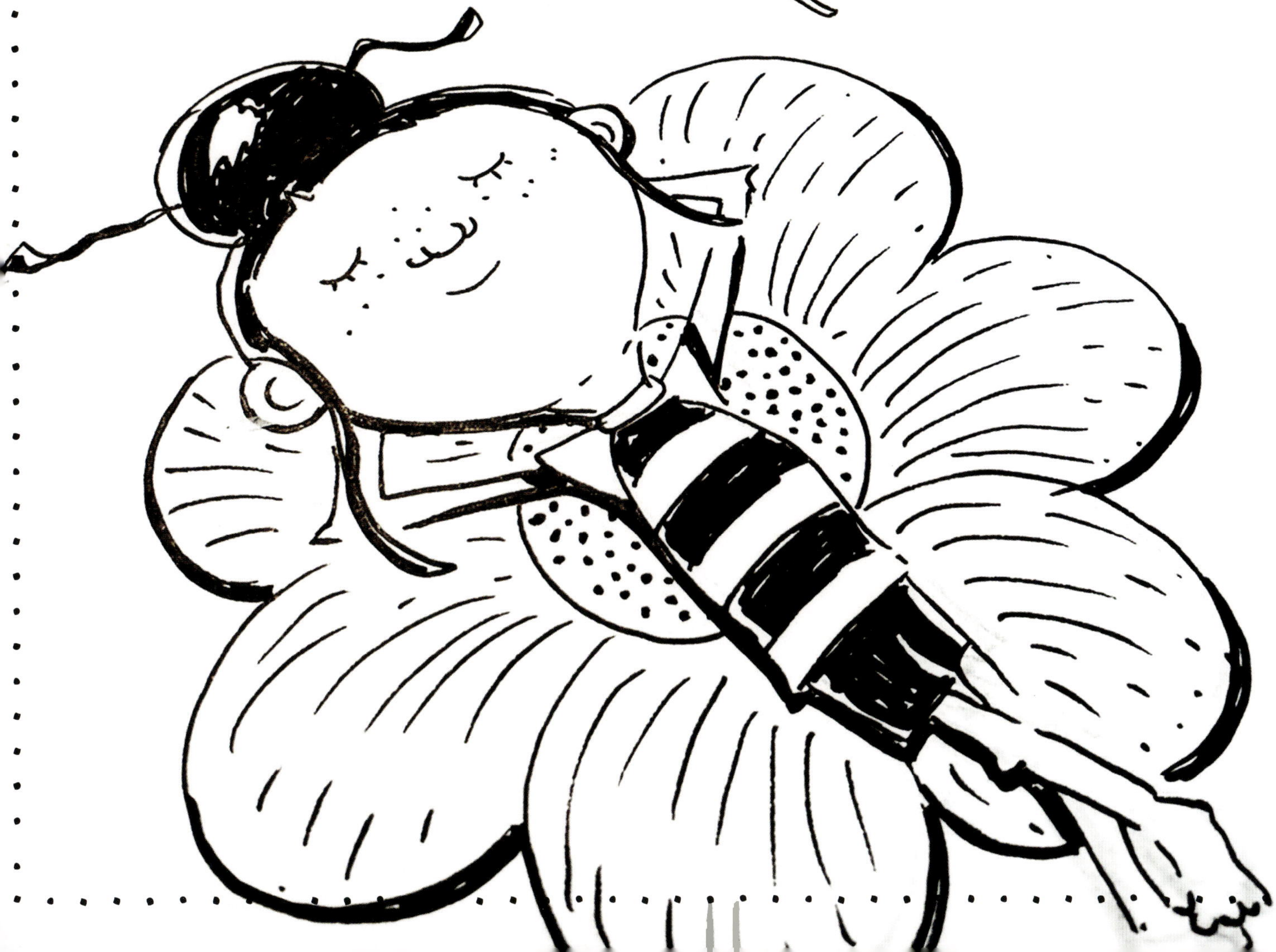

# POS(IER)EN

Bist du auf den Geschmack gekommen? Versuche jetzt, mehr Bewegung in deine Mädchen zu bekommen. Dazu arbeitest du mit gebogenen Linien. Zeichnest du mit mir mit?

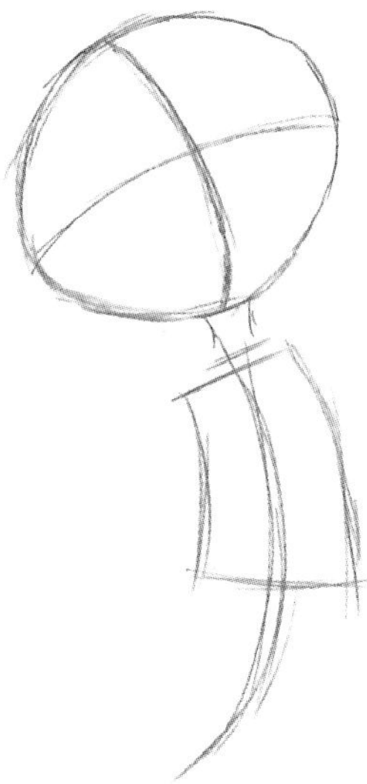

**1**

Der Kopf ist leicht geneigt. Darunter kommt eine gebogene Linie für den Rumpf.

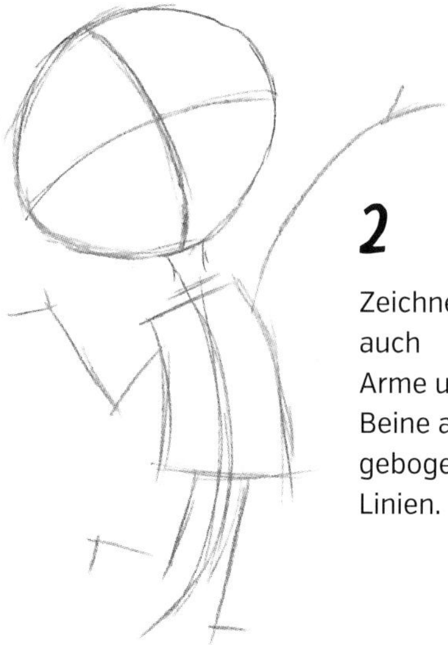

**2**

Zeichne auch Arme und Beine als gebogene Linien.

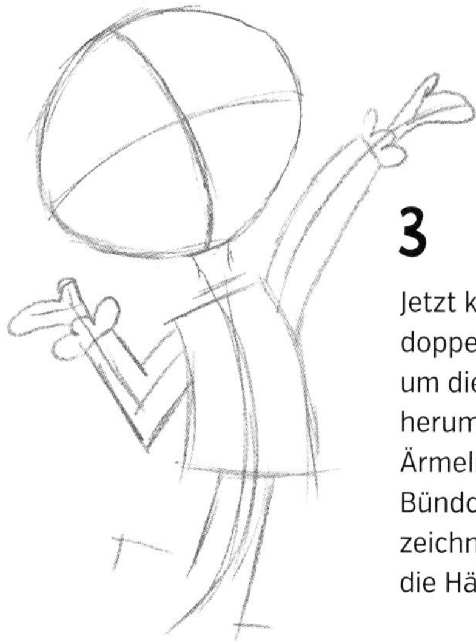

**3**

Jetzt kommen doppelte Linien um die Arme herum. Gib den Ärmeln hübsche Bündchen und zeichne dann die Hände.

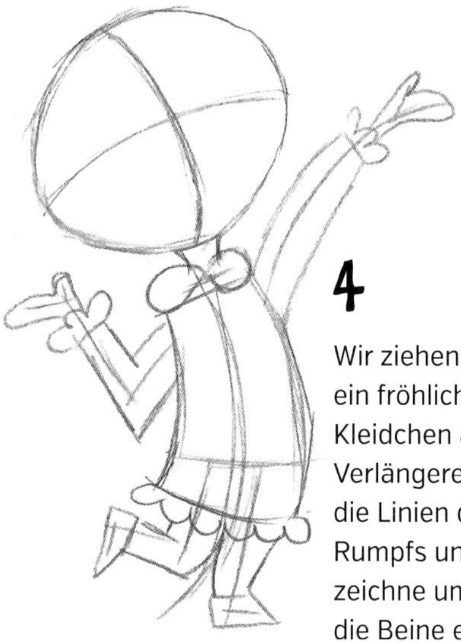

**4**

Wir ziehen ihr ein fröhliches Kleidchen an. Verlängere die Linien des Rumpfs und zeichne um die Beine eine doppelte Linie.

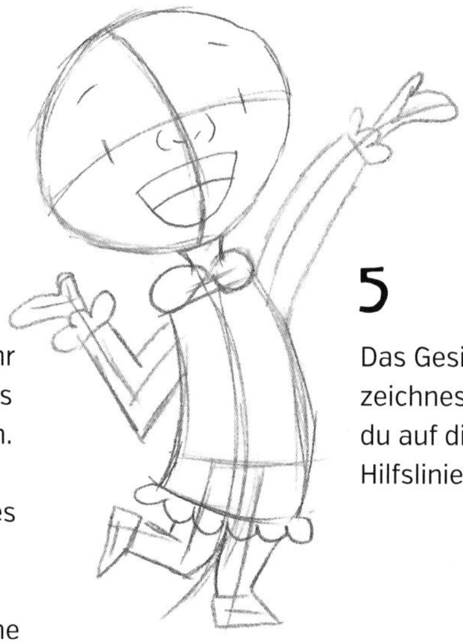

**5**

Das Gesicht zeichnest du auf die Hilfslinien.

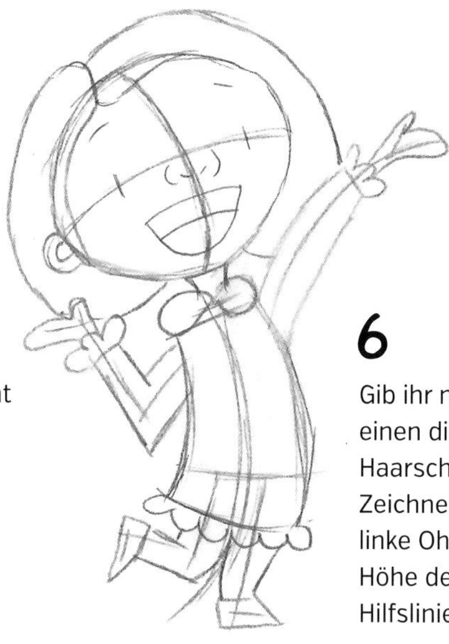

**6**

Gib ihr noch einen dicken Haarschopf. Zeichne das linke Ohr in Höhe der Hilfslinie.

## AUFGABE:

Versuche, diesem Mädchen andere Kleidung anzuziehen und eine andere Frisur zu geben. Die Grundform kann unverändert bleiben.

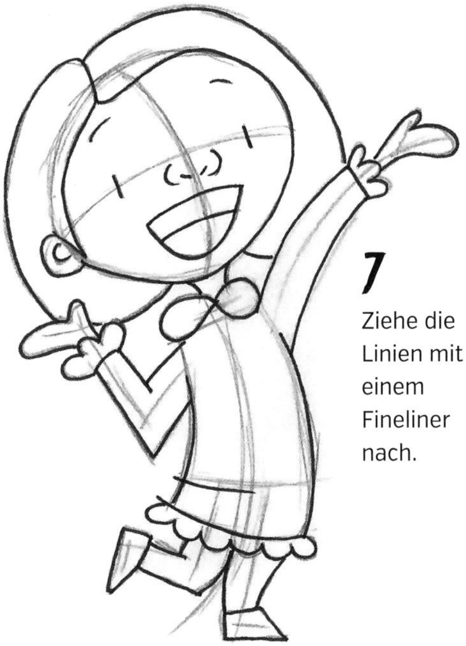

**7**

Ziehe die Linien mit einem Fineliner nach.

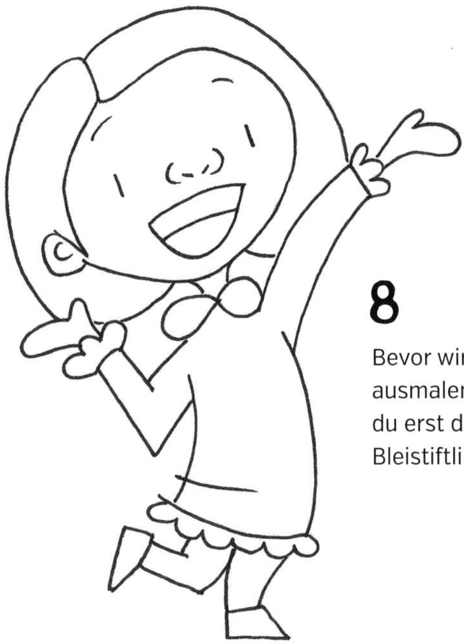

**8**

Bevor wir alles ausmalen, radierst du erst die Bleistiftlinien weg.

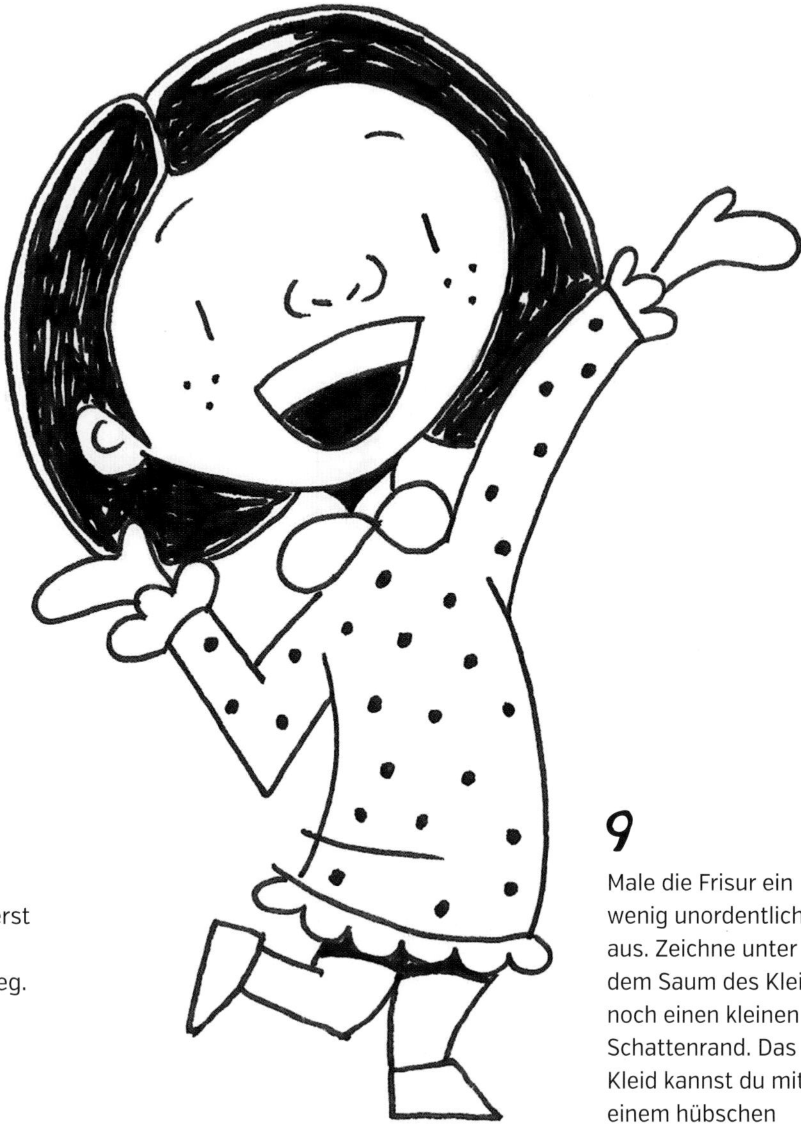

**9**

Male die Frisur ein wenig unordentlich aus. Zeichne unter dem Saum des Kleids noch einen kleinen Schattenrand. Das Kleid kannst du mit einem hübschen Muster verzieren. Ich habe mich für Punkte entschieden. *Du kennst mich!* ;-]

## MÄDCHEN AUF DER MAUER

Wieder etwas anderes: ein sitzendes Mädchen! Auf diese Weise kannst du jede Körperhaltung zeichnen.

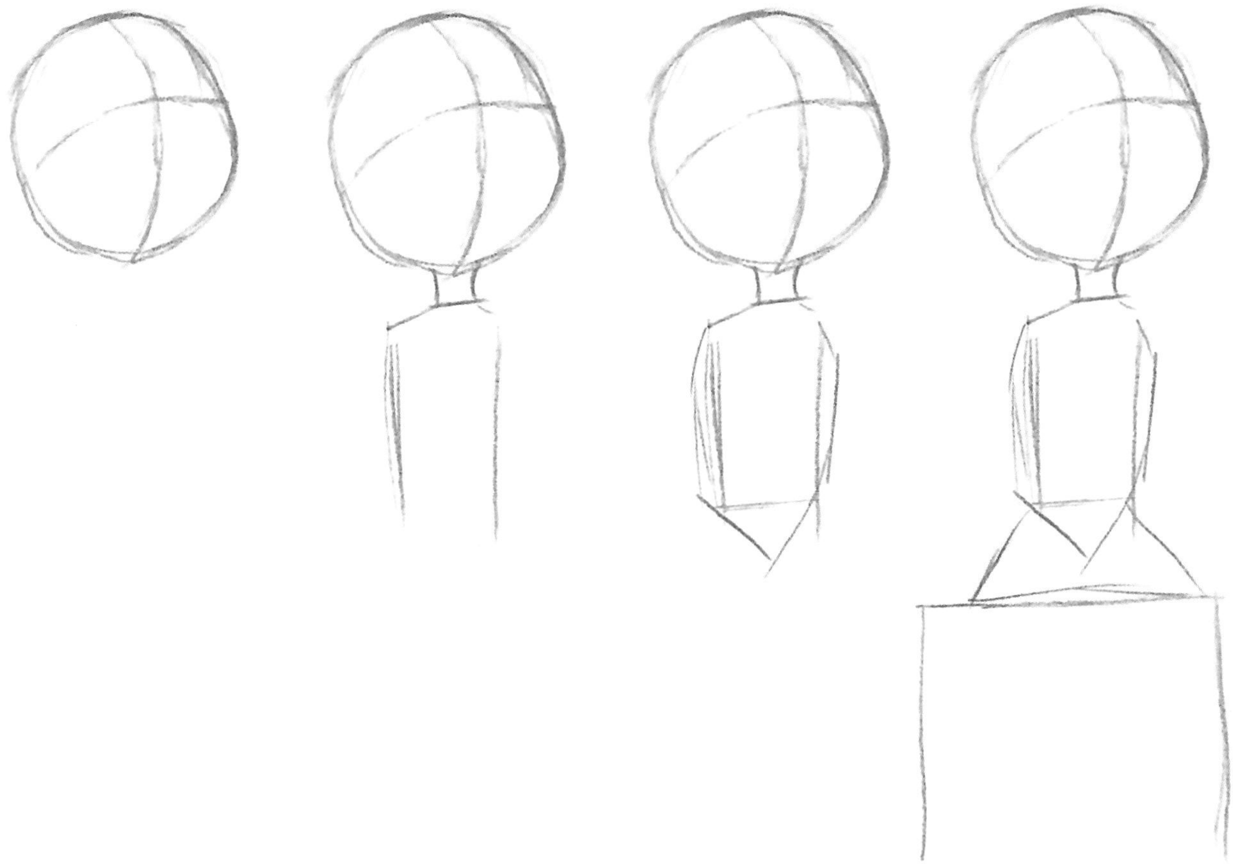



**1** Der Kreis für den Kopf wird ein wenig schräg.

**2** Darunter kommen der Hals und ein Rechteck für den Rumpf.

**3** Jetzt zeichnest du die Arme als Striche daran. Unser Mädchen hat die Hände vor dem Körper in den Schoß gelegt.

**4** Zeichne auf die Mauer, auf der sie sitzt, ein Dreieck für ihren Rock. So nimmt sie langsam Gestalt an!

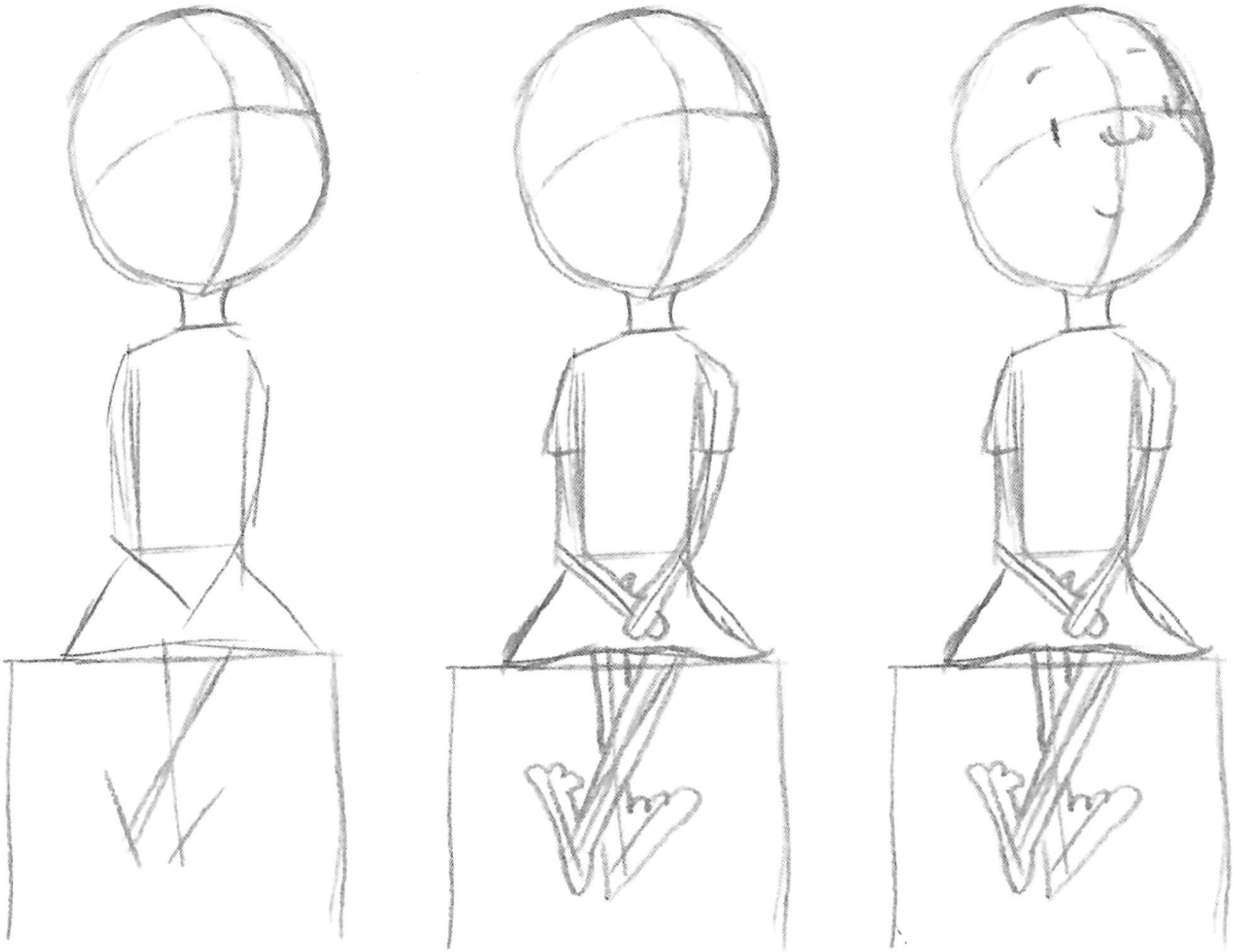

**5** Die Beine zeichnest du zunächst auch als zwei Striche. Die Enden bilden die Füße. Merkst du, wie einfach diese Grundform ist?

**6** Die Grundform ist fertig! Vervollständige jetzt die Arme, indem du eine doppelte Linie um die Striche ziehst. Die Füße bekommen Zehen.

**7** Jetzt kannst du das Gesicht zeichnen. Die Augen kommen wieder auf die waagerechte Hilfslinie und Nase und Mund auf die senkrechte Hilfslinie.

## ANDERE MATERIALIEN

Zum Ausmalen nehme ich bei diesem Mädchen diesmal Bleistifte. Durch die raue Struktur bekommst du sofort einen ganz anderen Look. Noch eine Idee: Nutze das Grau für die Schatten und verwende eine einzige Akzentfarbe, beispielsweise Rot oder Gelb für das T-Shirt.

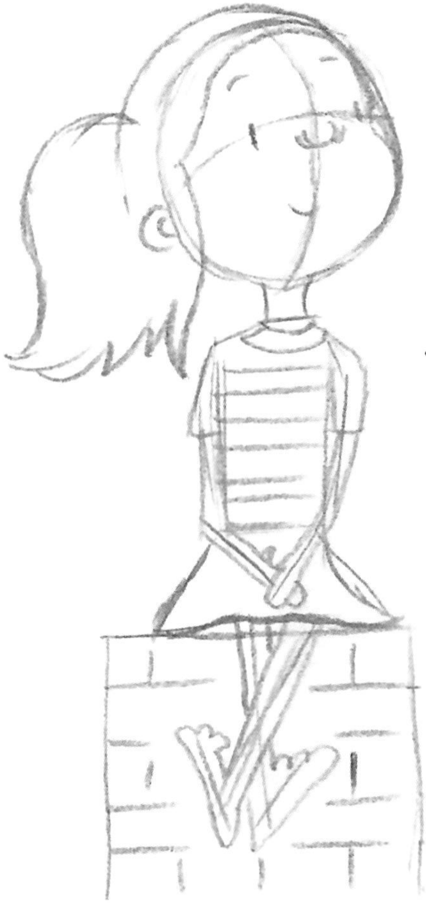

**8** Zeichne eine hübsche Frisur mit einem dicken Pferdeschwanz. Jetzt sieht es schon ganz anders aus. Das T-Shirt kannst du so gestalten, wie du möchtest. Deute auch ein paar Mauersteine an.

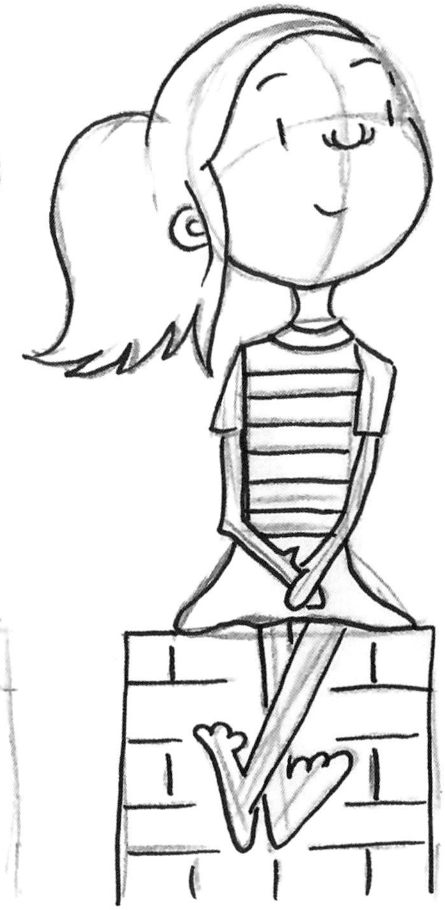

**9** Wenn du alles fertig skizziert hast, kannst du die Linien mit einem Fineliner in Stärke 0,5 nachziehen. Bevor du alles ausmalst, radierst du erst die Bleistiftlinien weg.

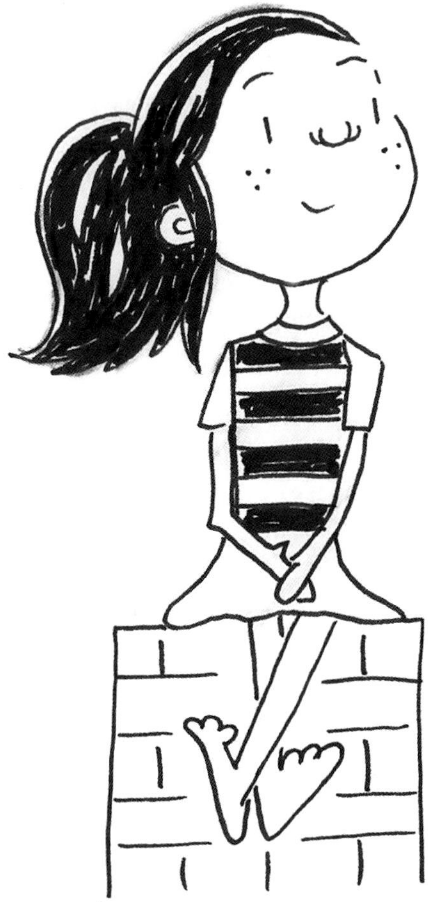

**10** Das Haar habe ich schwarz ausgemalt. Lasse dabei ein paar glänzende Stellen weiß. Du weißt, dass ich gestreifte T-Shirts liebe, also ran an die Stifte!

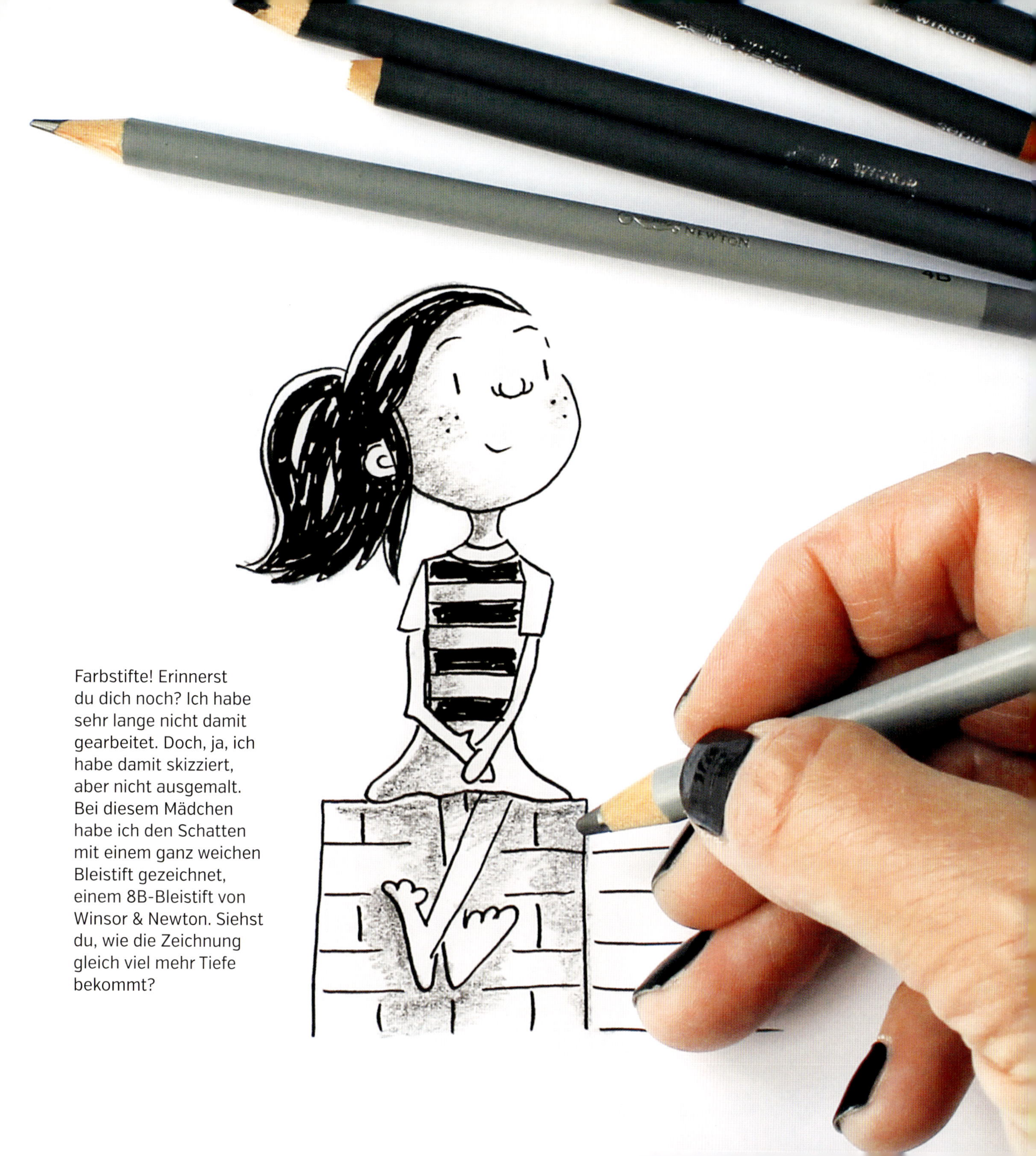


Farbstifte! Erinnerst du dich noch? Ich habe sehr lange nicht damit gearbeitet. Doch, ja, ich habe damit skizziert, aber nicht ausgemalt. Bei diesem Mädchen habe ich den Schatten mit einem ganz weichen Bleistift gezeichnet, einem 8B-Bleistift von Winsor & Newton. Siehst du, wie die Zeichnung gleich viel mehr Tiefe bekommt?

## DIE KLEINE BALLERINA

Diese Ballerina ist schnell gezeichnet. Es ist praktisch, wenn du ein Foto neben dein Zeichenblatt legst, um die Stellung von Händen und Füßen genauer sehen zu können.

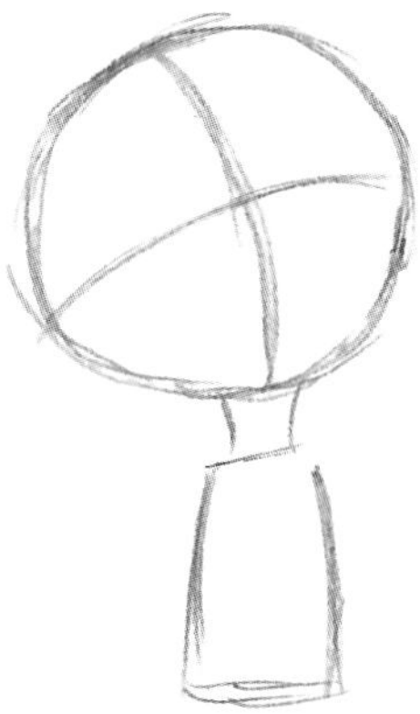

**1**

Beginne wieder mit dem Kopf und setze darunter den Rumpf als Rechteck.

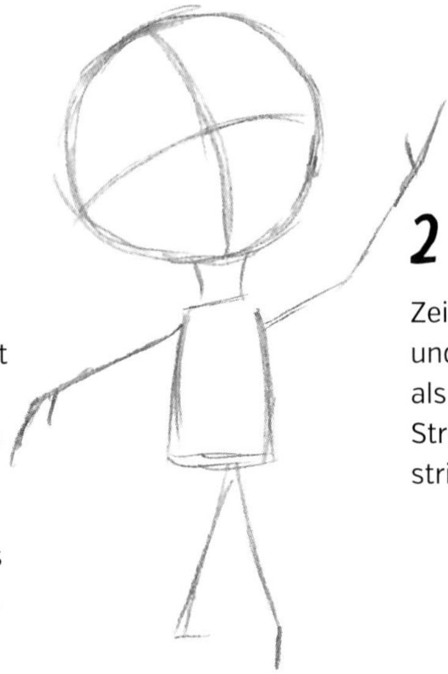

**2**

Zeichne Arme und Beine als dünne Streichholzstriche.

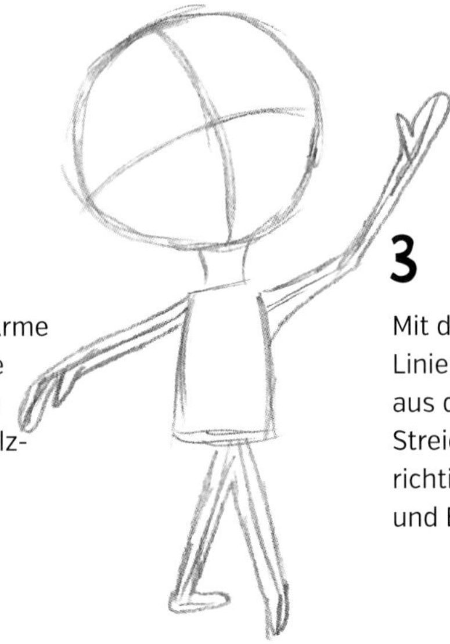

**3**

Mit doppelten Linien werden aus den Streichhölzern richtige Arme und Beine.

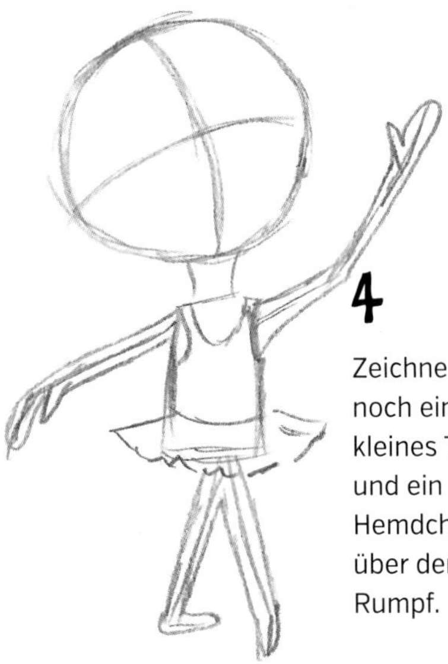

**4**

Zeichne noch ein kleines Tutu und ein Hemdchen über den Rumpf.

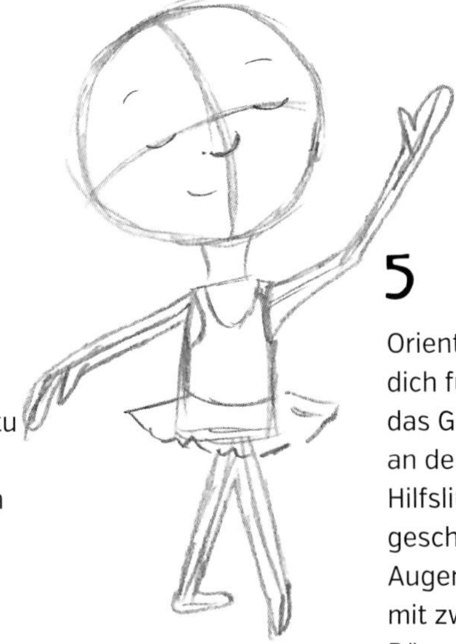

**5**

Orientiere dich für das Gesicht an den Hilfslinien. Die geschlossenen Augen deutest du mit zwei kleinen Bögen an.

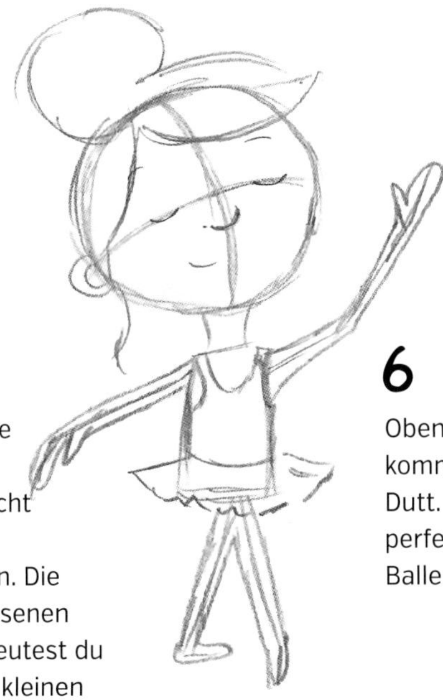

**6**

Oben auf den Kopf kommt ein dicker Dutt. Der passt perfekt zu einer Ballerina, oder?

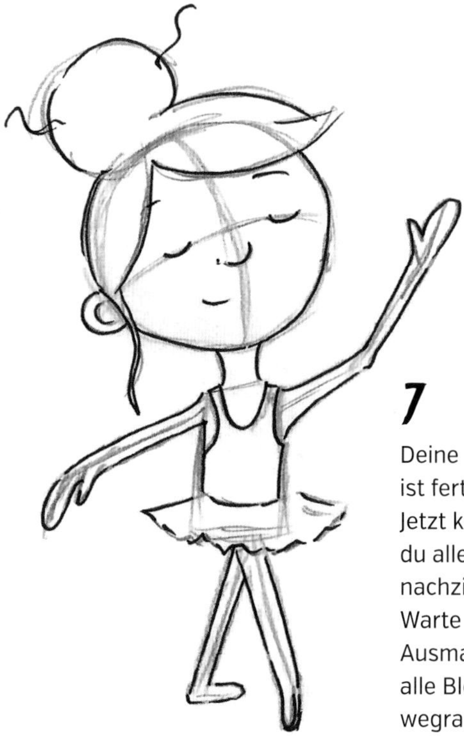

## 7

Deine Skizze ist fertig. Jetzt kannst du alle Linien nachziehen. Warte mit dem Ausmalen, bis du alle Bleistiftlinien wegradiert hast.

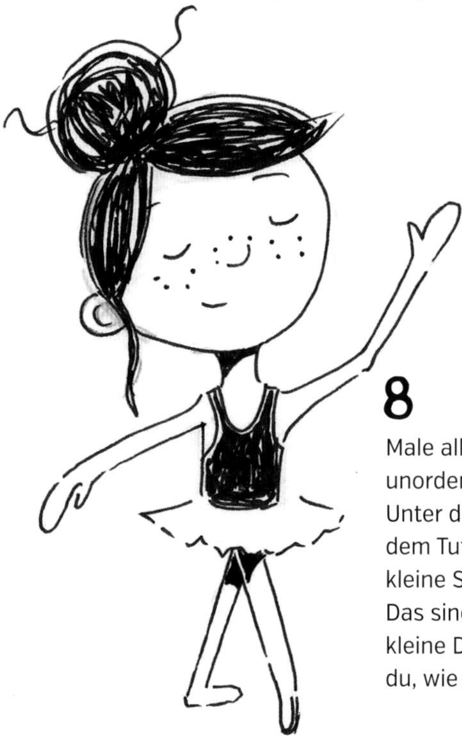

## 8

Male alles ein wenig unordentlich aus. Unter dem Kinn und dem Tutu zeichnest du kleine Schlagschatten. Das sind eigentlich nur kleine Dreiecke. Siehst du, wie es geht?

Was man mit einem grauen Blei- oder Farbstift bewirken kann! Das sieht toll aus, oder? Die Zeichnung bekommt so viel mehr Tiefe!

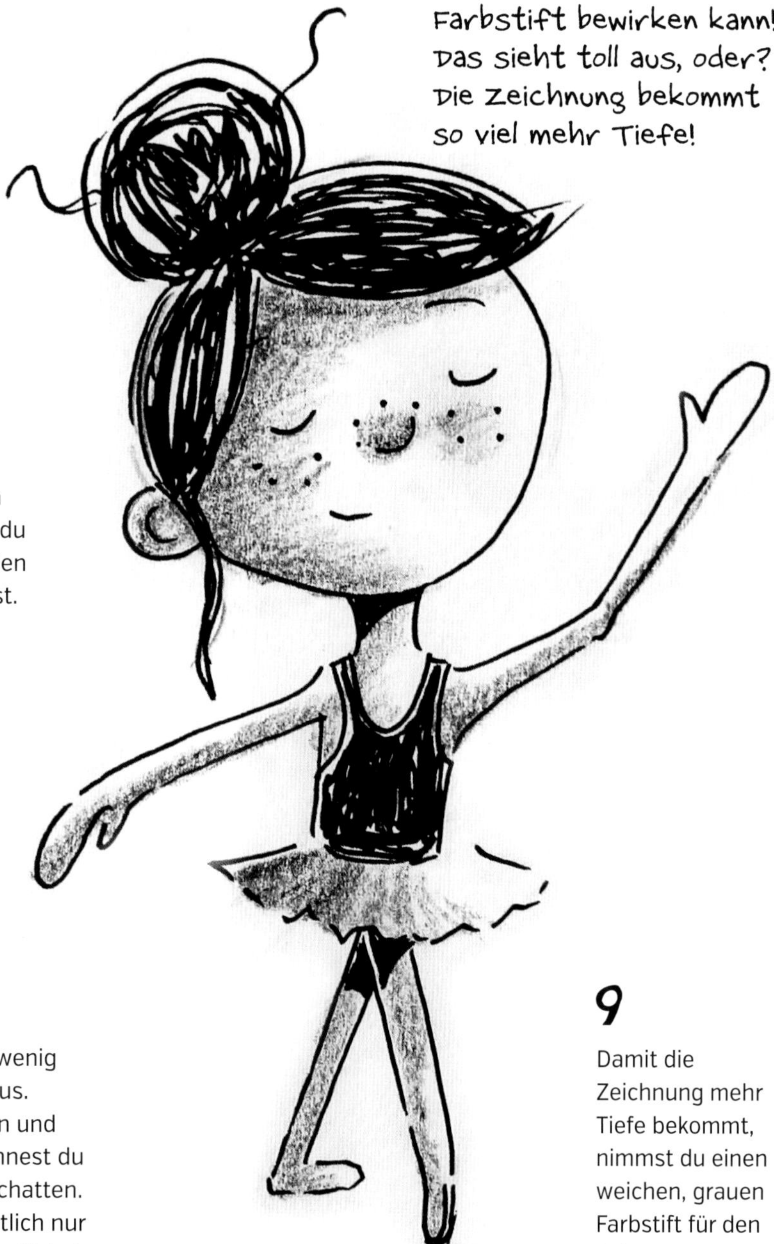

## 9

Damit die Zeichnung mehr Tiefe bekommt, nimmst du einen weichen, grauen Farbstift für den Schatten.

## SO VIELE MÖGLICHKEITEN

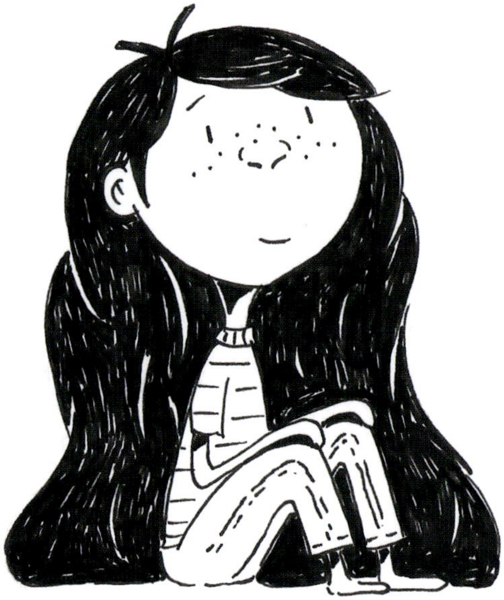

Hier sorgt das wallende Haar für einen tollen, starken Kontrast!

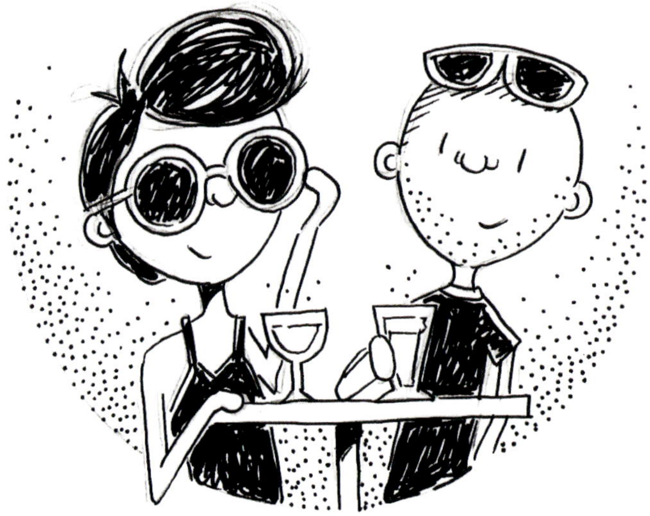

Edwin und ich in einem Café in Utrecht nach einer Live-Übertragung von KreaDoe.

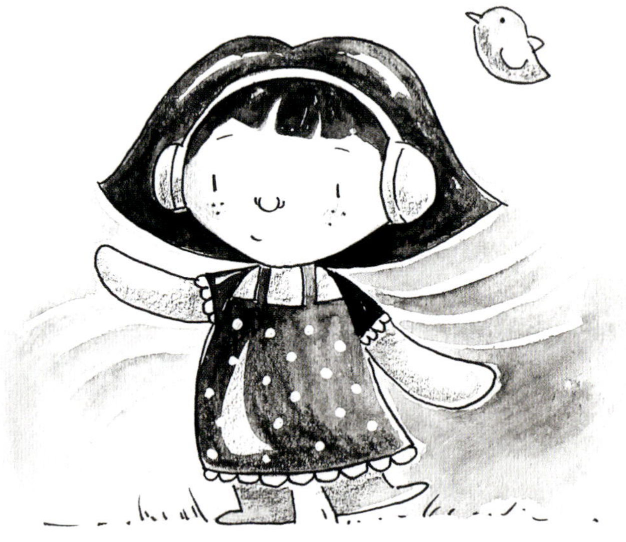

Hier habe ich Aquarellfarben mit grauem und schwarzem Bleistift kombiniert.

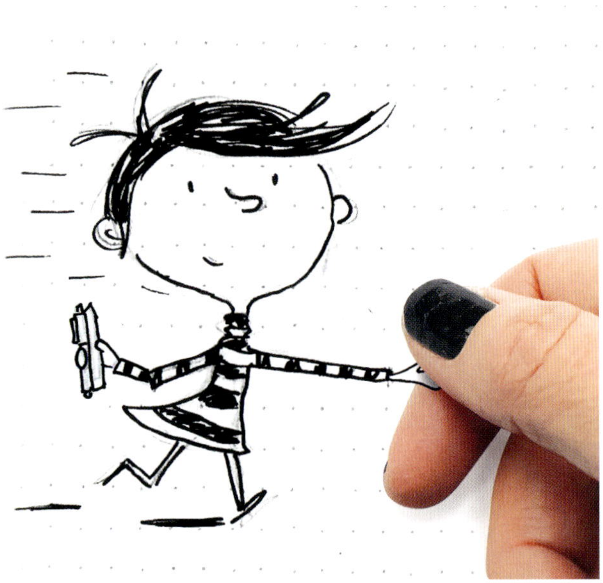

Wenn du mit Photoshop umgehen kannst, gelingen dir solche Tricks mit deinen Zeichnungen!

Was du im Kopf hast, sieht auf dem Papier nicht immer gut aus. Das merkt man gleich! ;-) Darum zeichne ich manchmal schnell eine Skizze, um zu sehen, wie es wirkt. Manchmal erstelle ich auch mehrere Skizzen, um anschließend zu entscheiden, welche davon ich auf dickeres Papier oder in mein Journal zeichnen möchte.

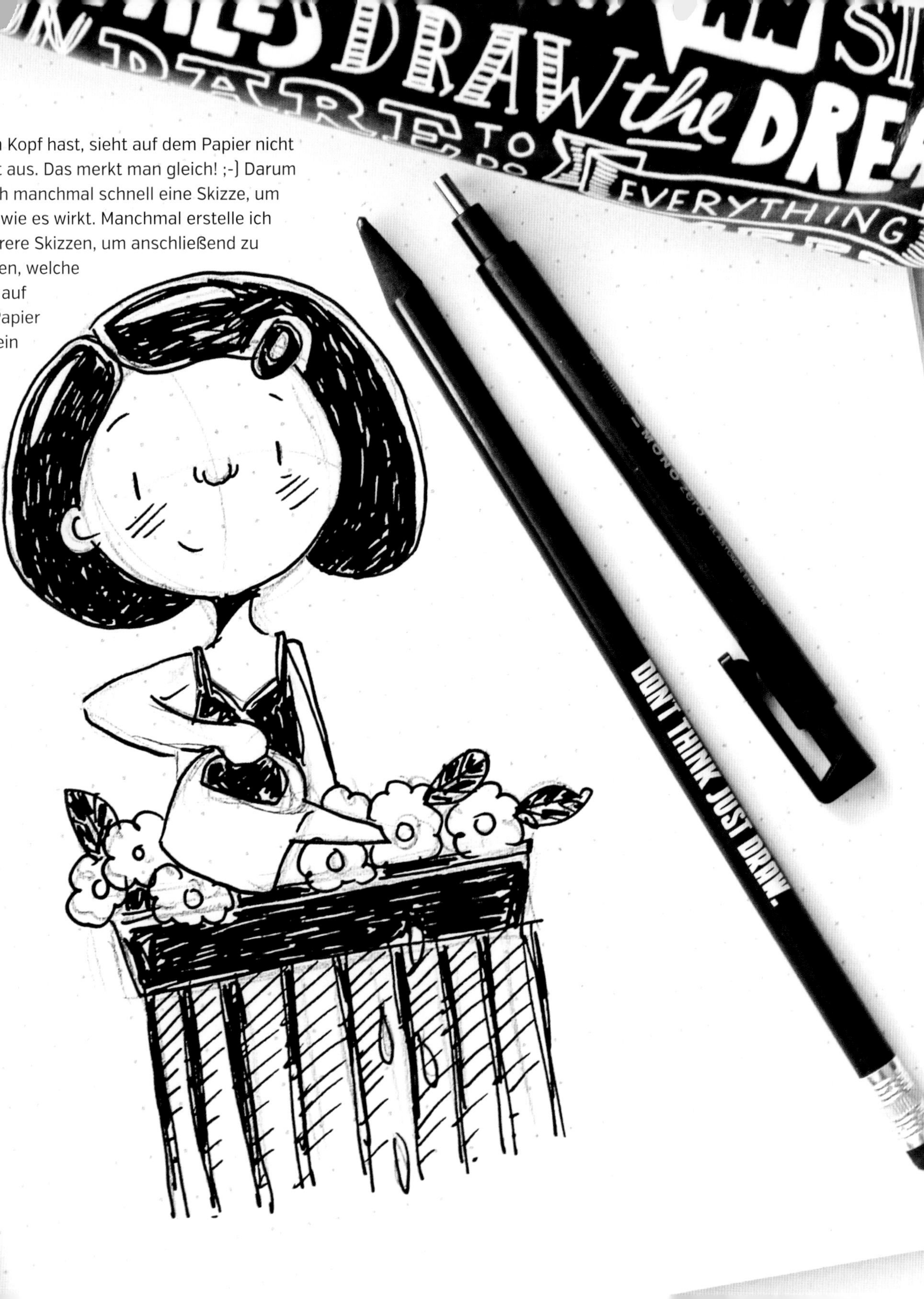

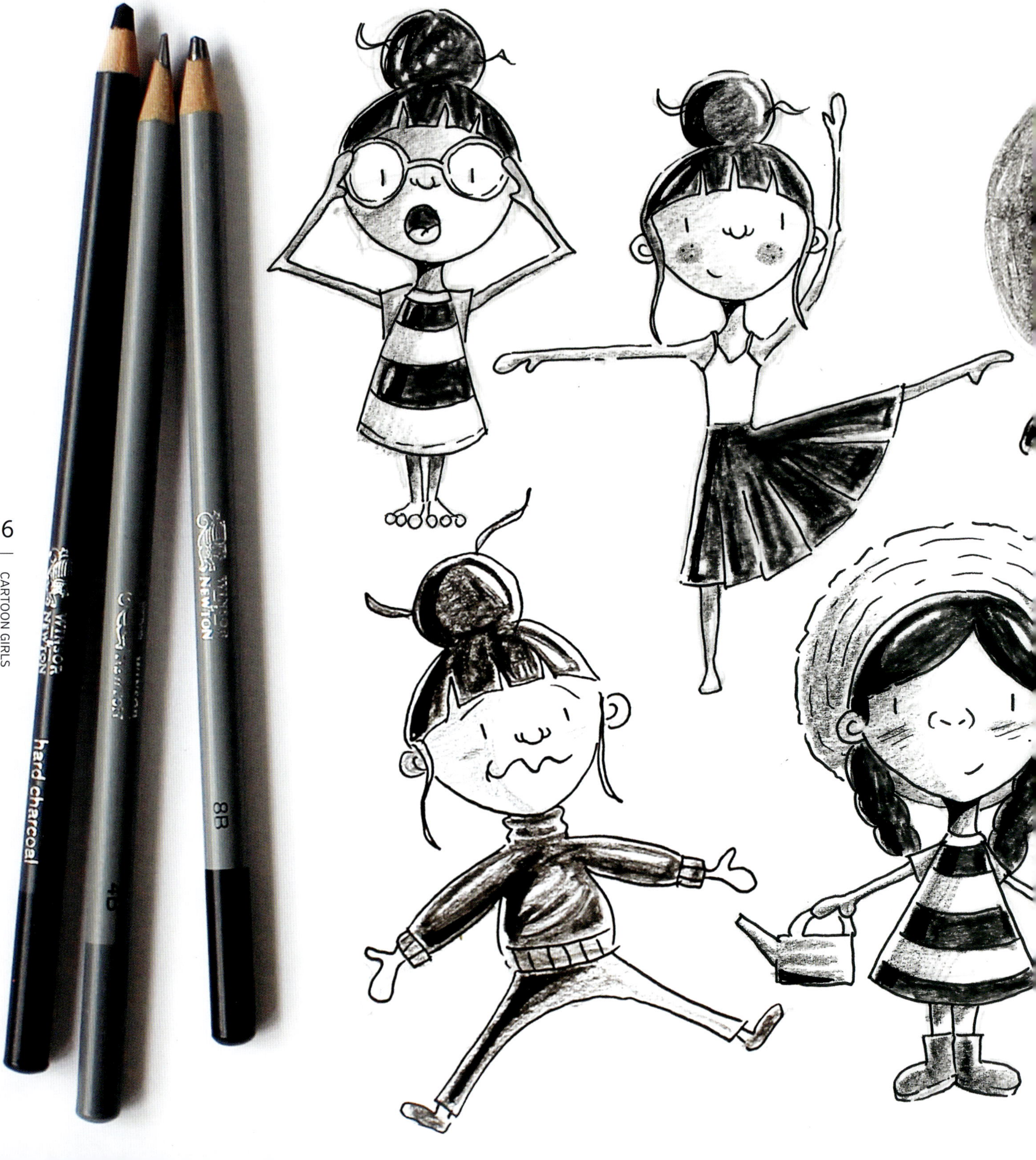
hard charcoal
4B
8B

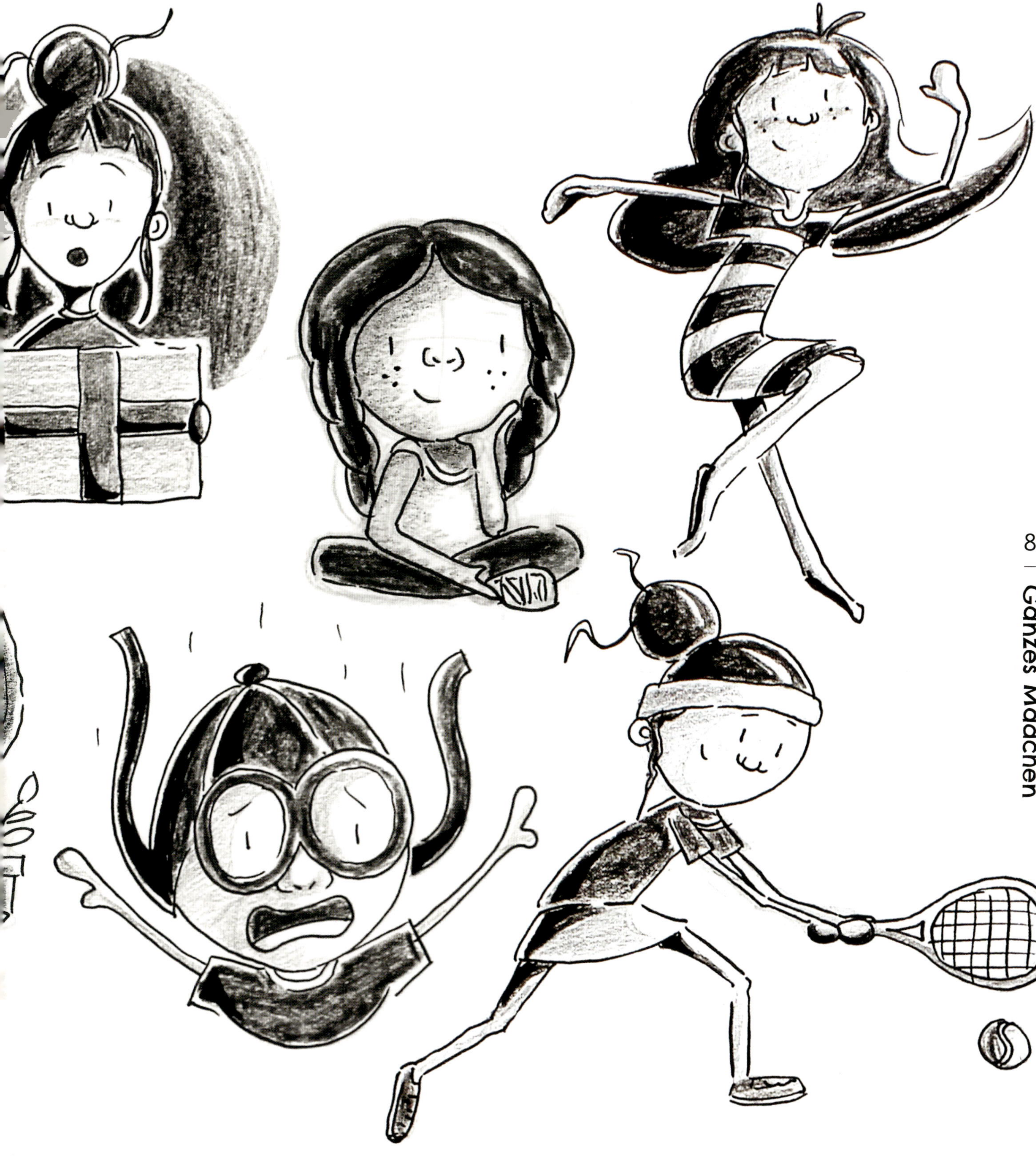

## FRIENDS FOREVER: MATHILDE & MR. CUDDLES

Auf vielfachen Wunsch habe ich Mr. Cuddles auch in dieses Buch aufgenommen. Ich zeige dir in einfachen Schritten, wie du ihn zeichnen und anschließend mit den Alkoholmarkern von Winsor & Newton ausmalen kannst.

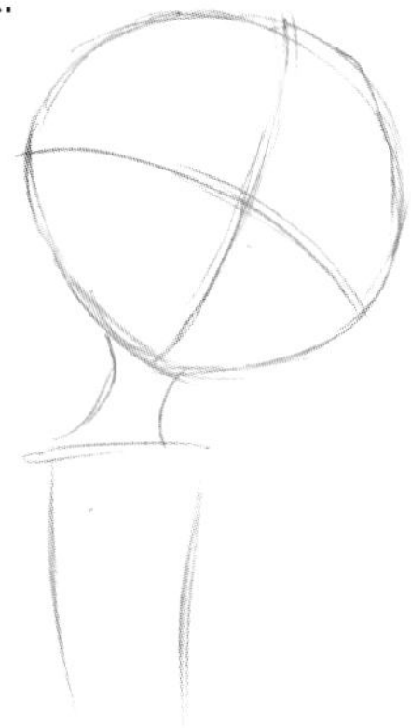

**1** Du beginnst mit Mathildes Kopf. Neige ihn ein wenig schräg und setze darunter den Hals und den Rumpf.

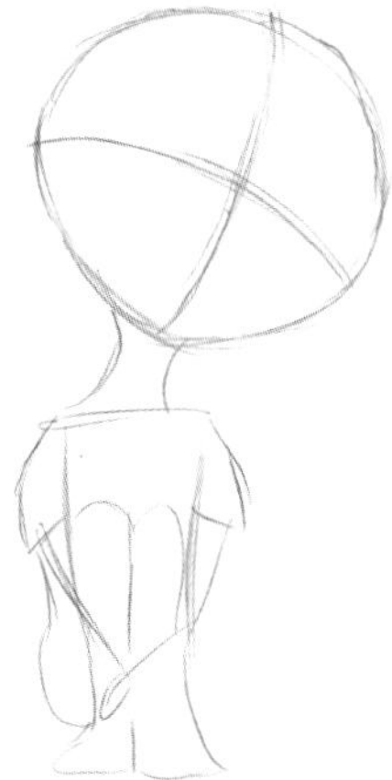

**2** Zeichne jetzt die Ärmel mit den Armen und danach die Beine.

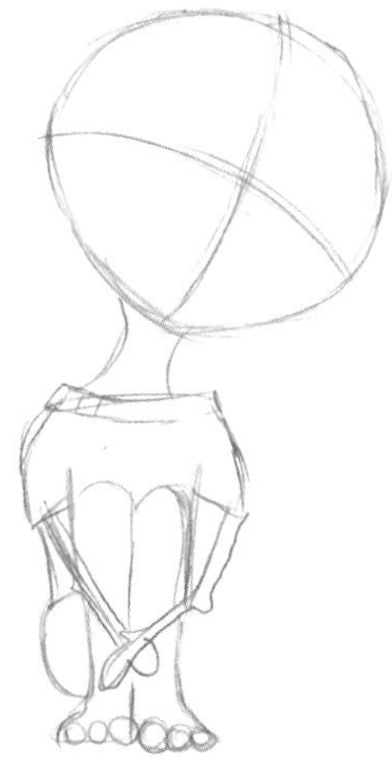

**3** Jetzt wird alles genauer ausgearbeitet. Die Arme zeichnest du als doppelte Linien.

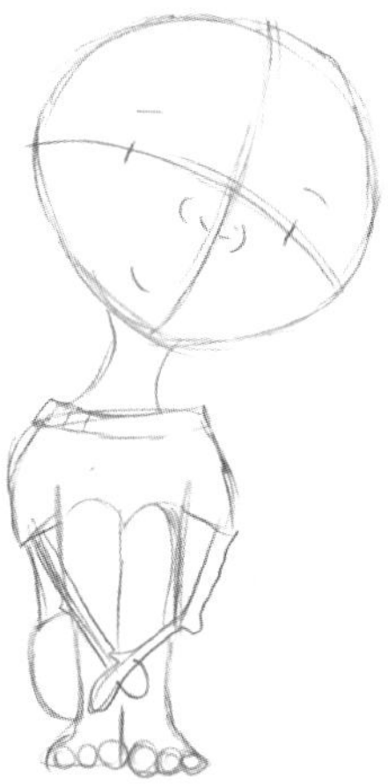

**4** Nachdem du die Zehen gezeichnet hast, skizzierst du das Gesicht. Die Augen kommen auf die waagerechte Hilfslinie und die Nase etwas unter die Mitte.

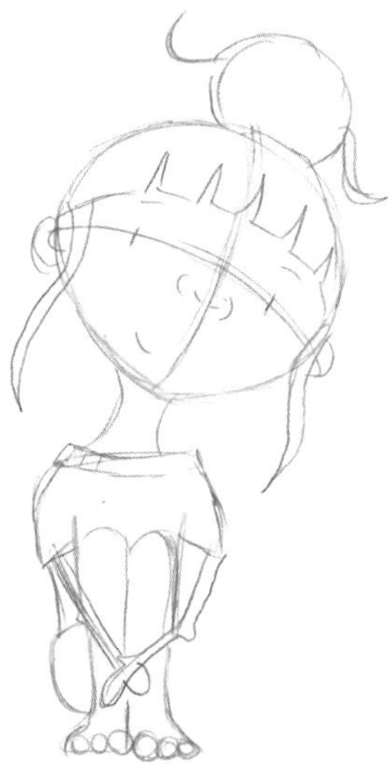

**5** Und jetzt die Frisur! Zeichne einen dicken Haarknoten oben auf den Kopf und lasse ein paar einzelne Strähnen entlang des Gesichts fallen.

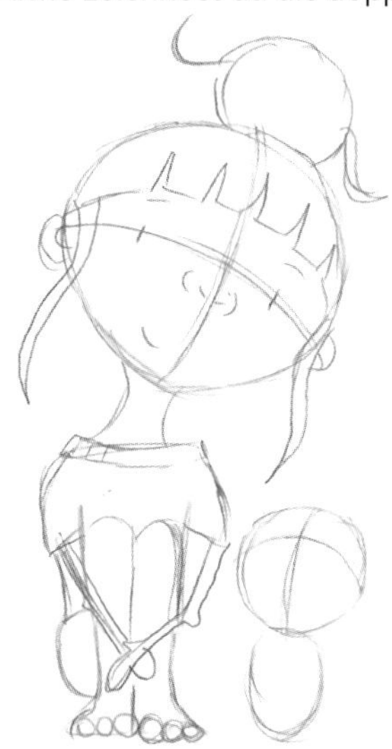

**6** Jetzt ist es Zeit für Mr. Cuddles, das Äffchen. Beginne mit dem Köpfchen, darunter zeichnest du ein kleines Oval für den Rumpf. Das Kreuz im Kopf sollte eher nach oben gerichtet sein.

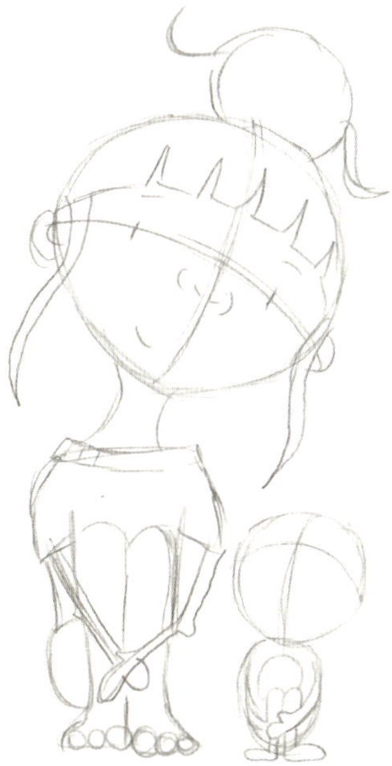

**7** Zeichne nun die Arme am Körper entlang. Die Beinchen sehen genauso aus wie die Beine des Mädchens.

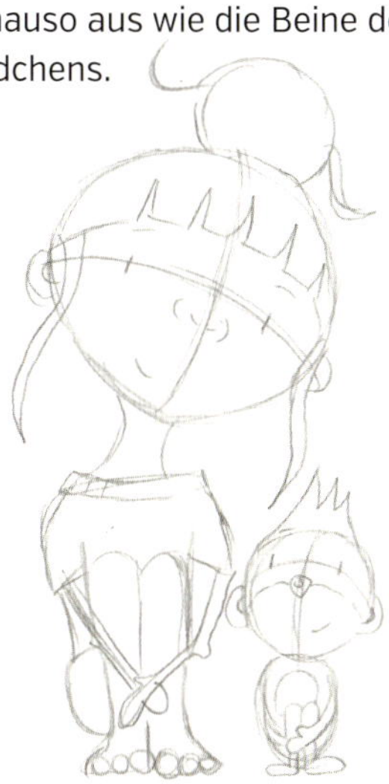

**8** Jetzt kommt das Köpfchen an die Reihe. Die Nase sitzt knapp unter dem Schnittpunkt der Hilfslinien, und oben auf den Kopf kommt noch ein fransiger Haarschopf.

**9** Sind alle Linien fertig, kannst du sie jetzt mit einem Fineliner nachziehen. In Kombination mit Alkoholmarkern wählst du am besten einen mit wasserfester Tinte. Ich verwende gern den Fineliner von Stabilo, damit die Linien nicht gleich verwischen.

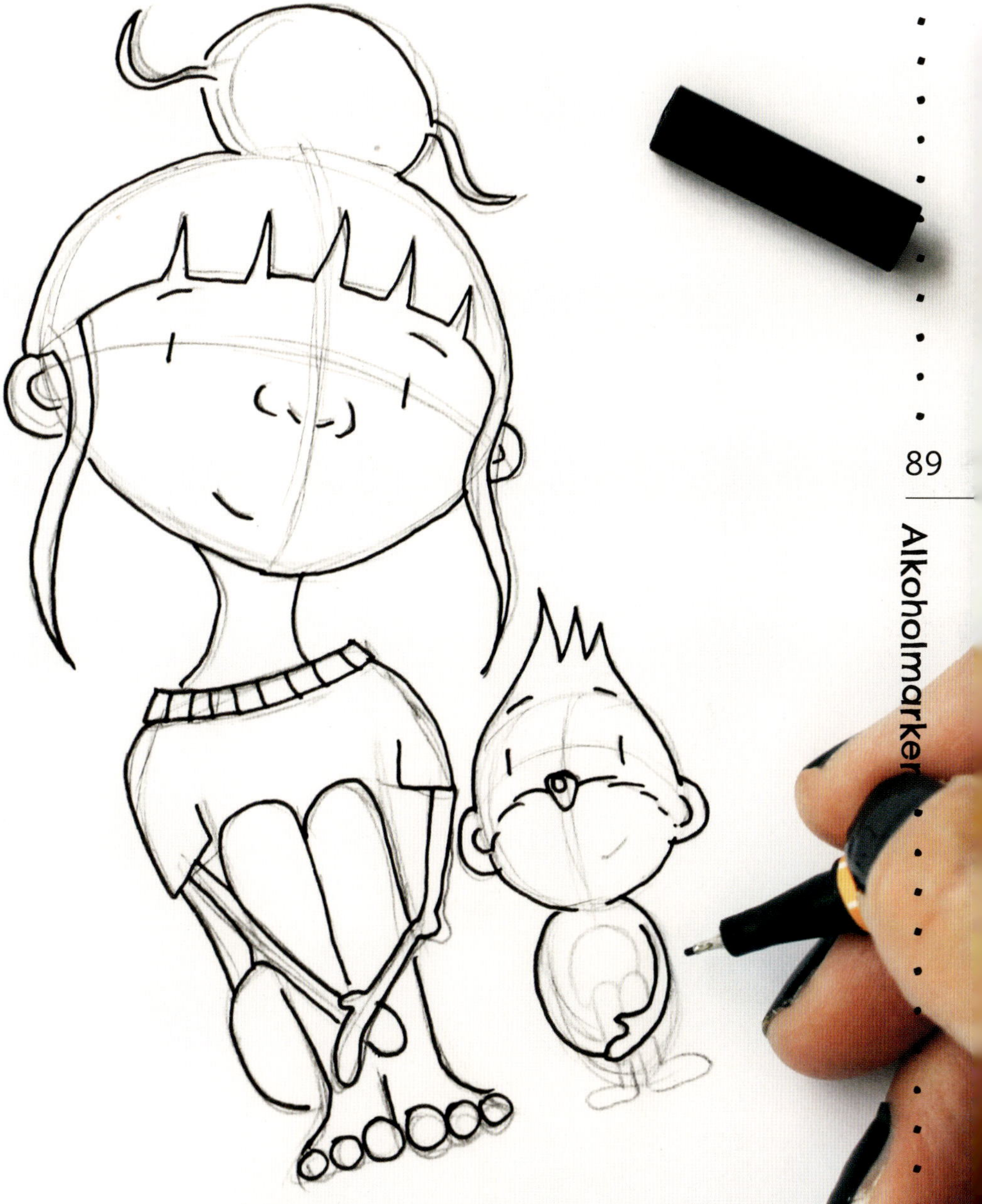

Diane van Tongeren dachte sich den Namen für den süßen Mr. Cuddles aus!

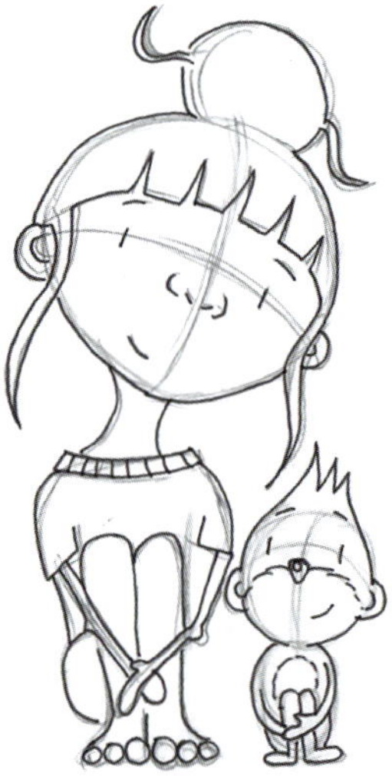

**10** Noch kurz trocknen lassen, dann kannst du die Bleistiftlinien wegradieren.

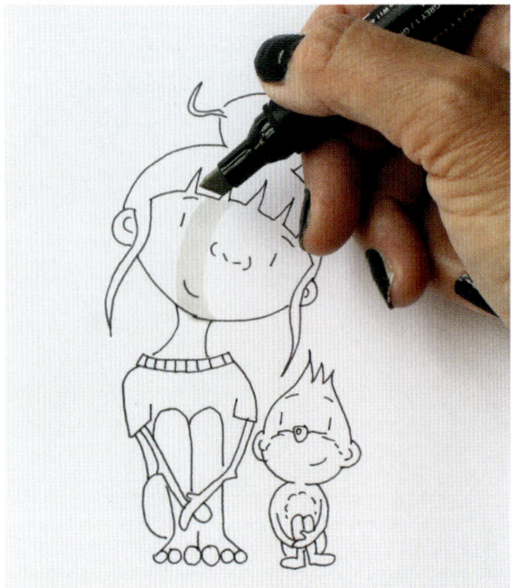

**11** Nimm für den Schatten im Gesicht den Marker in Cool Grey 1. Beginne mit einem Halbkreis, um die Rundung zu unterstreichen.

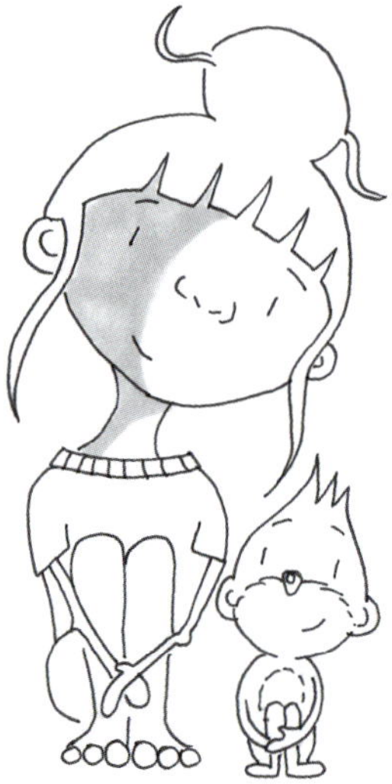

**12** Der Schatten liegt über der linken Hälfte des Gesichts und teilweise über dem Hals.

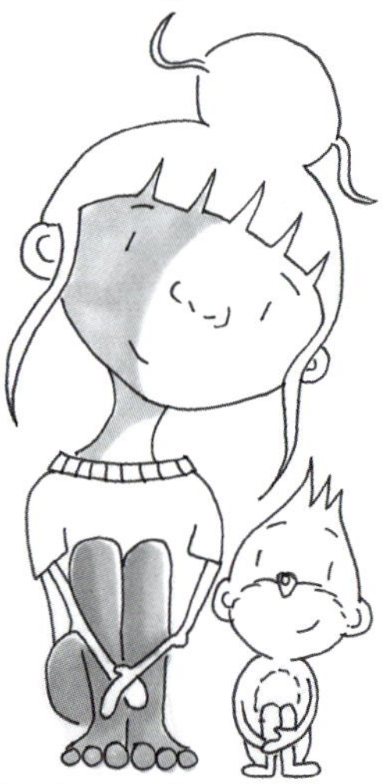

**13** Beginne mit dem Ausmalen der rechten Hälfte an den Beinen mit Cool Grey 1, und male anschließend die linke Seite mit Cool Grey 2 aus. Achte darauf, dass sich die Farben überlappen, damit sie ineinander verlaufen können.

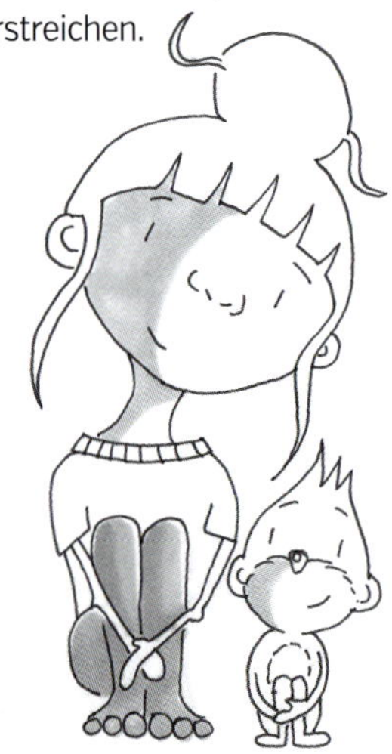

**14** Zeichne denselben Halbmond in das Gesicht des Äffchens.

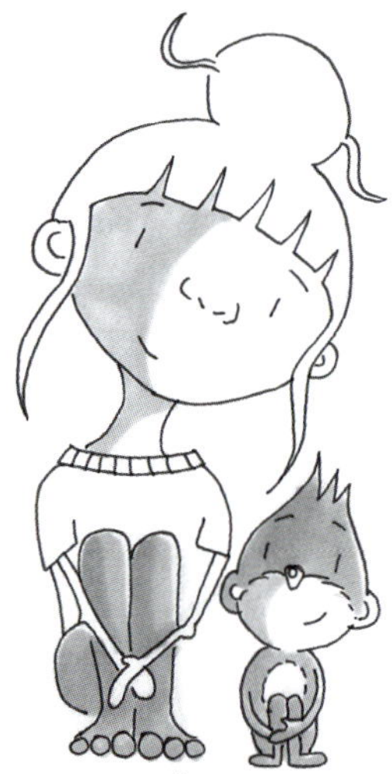

**15** Den Rest des Äffchens malst du rechts mit Cool Grey 1 und links mit Cool Grey 2 aus. Da es so kleine Flächen sind, siehst du schnell, wie die Farben schön ineinander verlaufen.

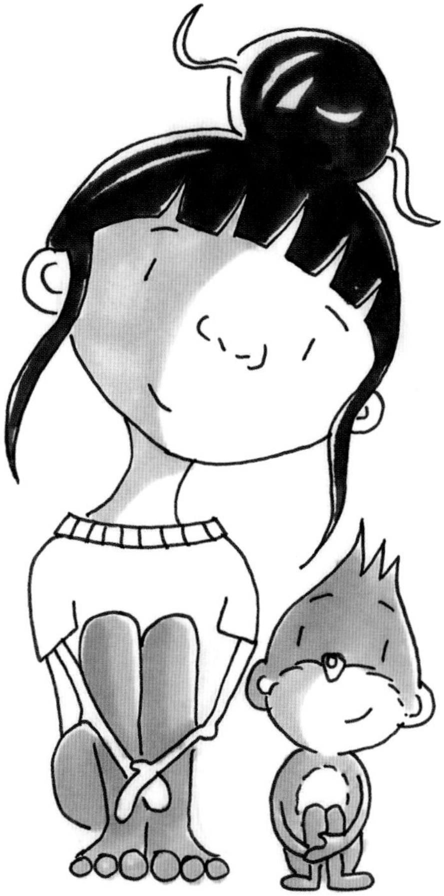

**16** Male Mathildes Haare mit Cool Grey 6 aus. Achte darauf, links ein paar schmale Ränder weiß zu lassen.

## Alkoholmarker

- Das sind Stifte mit Tinte auf Alkoholbasis. Ich bevorzuge die ProMarker von Winsor & Newton.
- Der Vorteil besteht darin, dass sie wunderschön streifenfrei verlaufen.
- Du kannst damit praktisch endlos Schichten übereinander auftragen, und das Papier geht dabei nicht kaputt.
- Du brauchst spezielles Markerpapier, ansonsten drückt die Farbe durch. Ich empfehle Canson The Wall 200 Gramm oder Canson XL Marker 70 Gramm.

**17** Mathildes Shirt malst du ebenfalls mit Cool Grey 6 aus, wobei du eine kleine Falte weiß lässt. Das Näschen des Affen wird schwarz, und Mathilde bekommt noch ein paar Sommersprossen auf die Wangen. Jetzt sind sie Freunde fürs Leben!

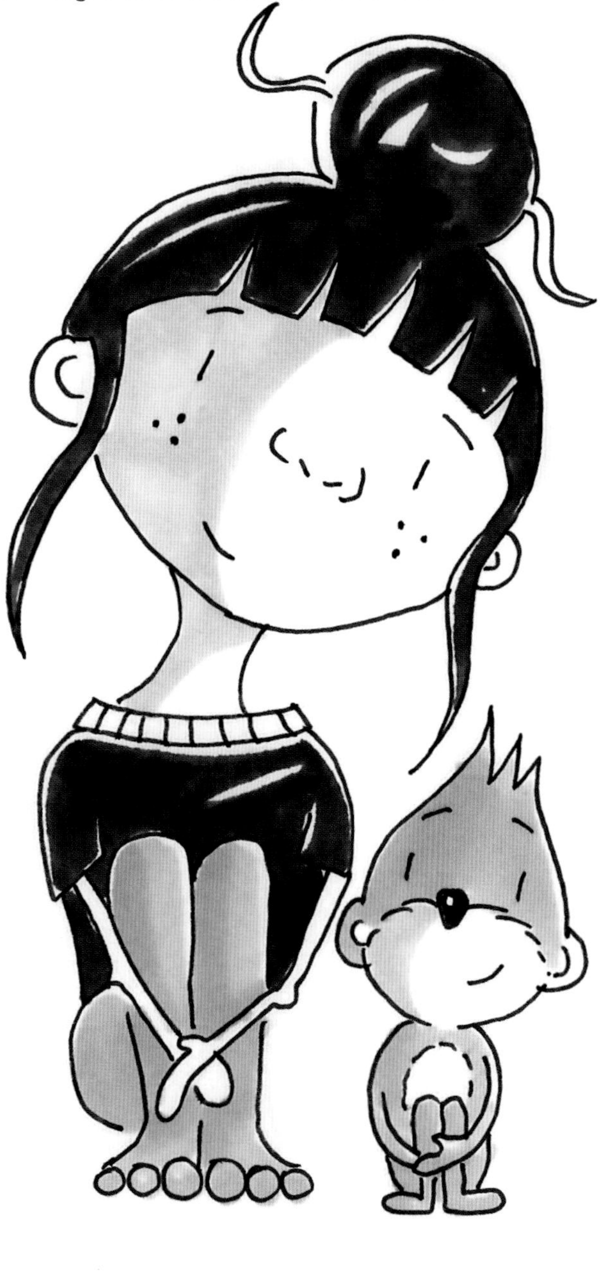

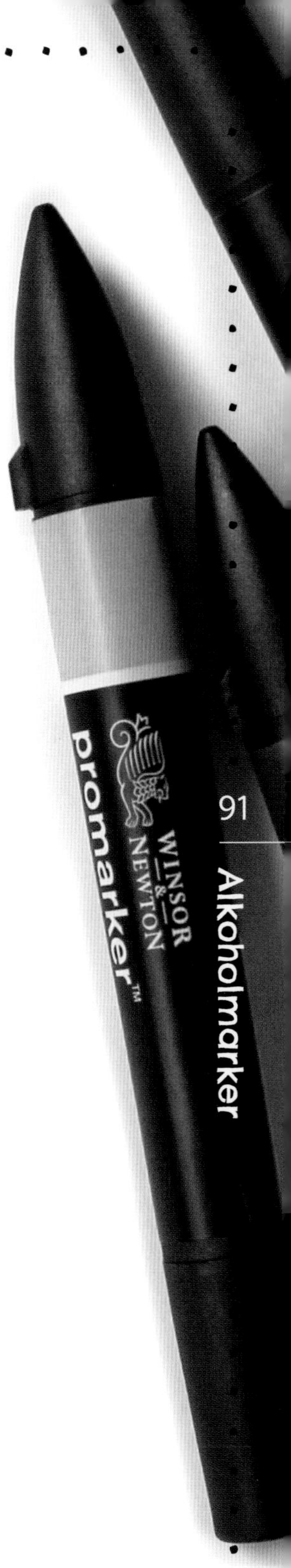

## DIE MAGIE VON ALKOHOLMARKERN

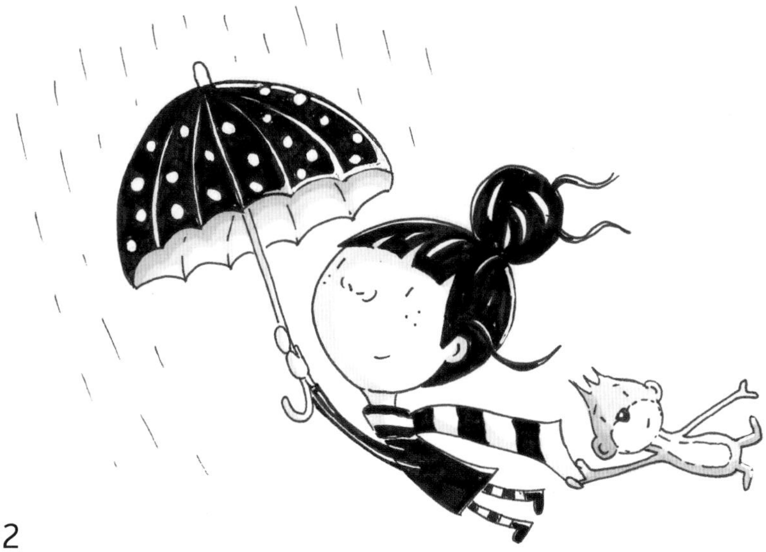

Diese Zeichnung wurde von Sturm Bella inspiriert, der über unser Land hinwegbrauste!

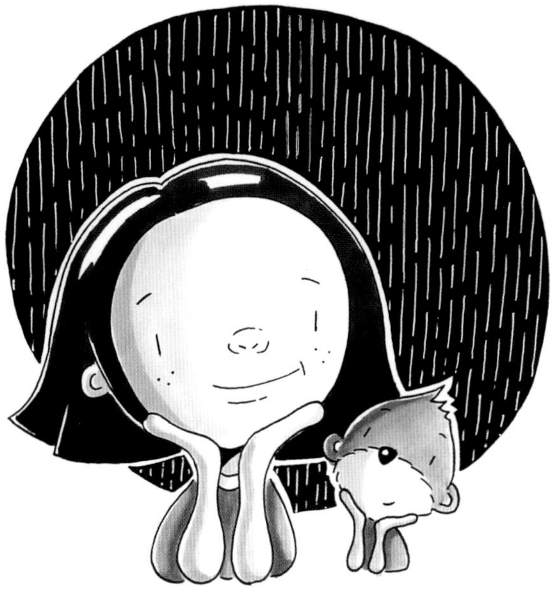

Mit dem Kreis wird die Zeichnung erst richtig vollständig.

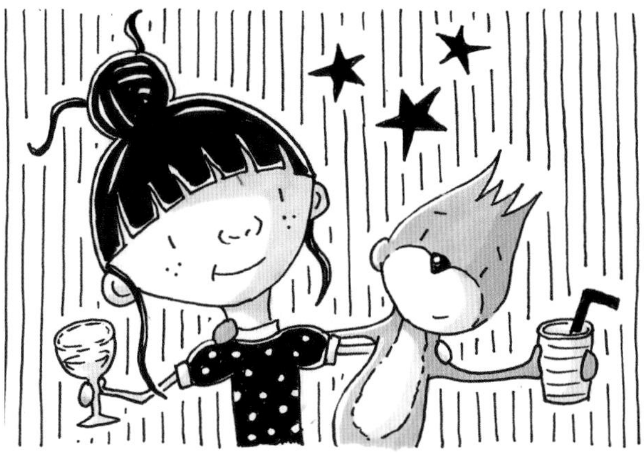

Prost! Wir haben etwas Neues gelernt!

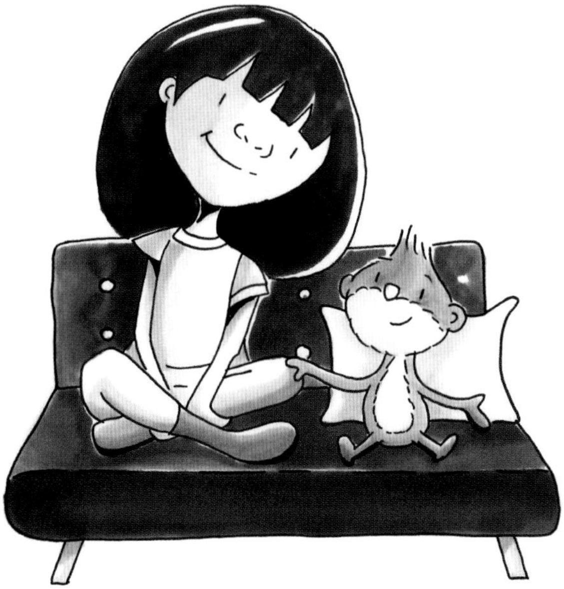

*Friends forever* auf dem Sofa.

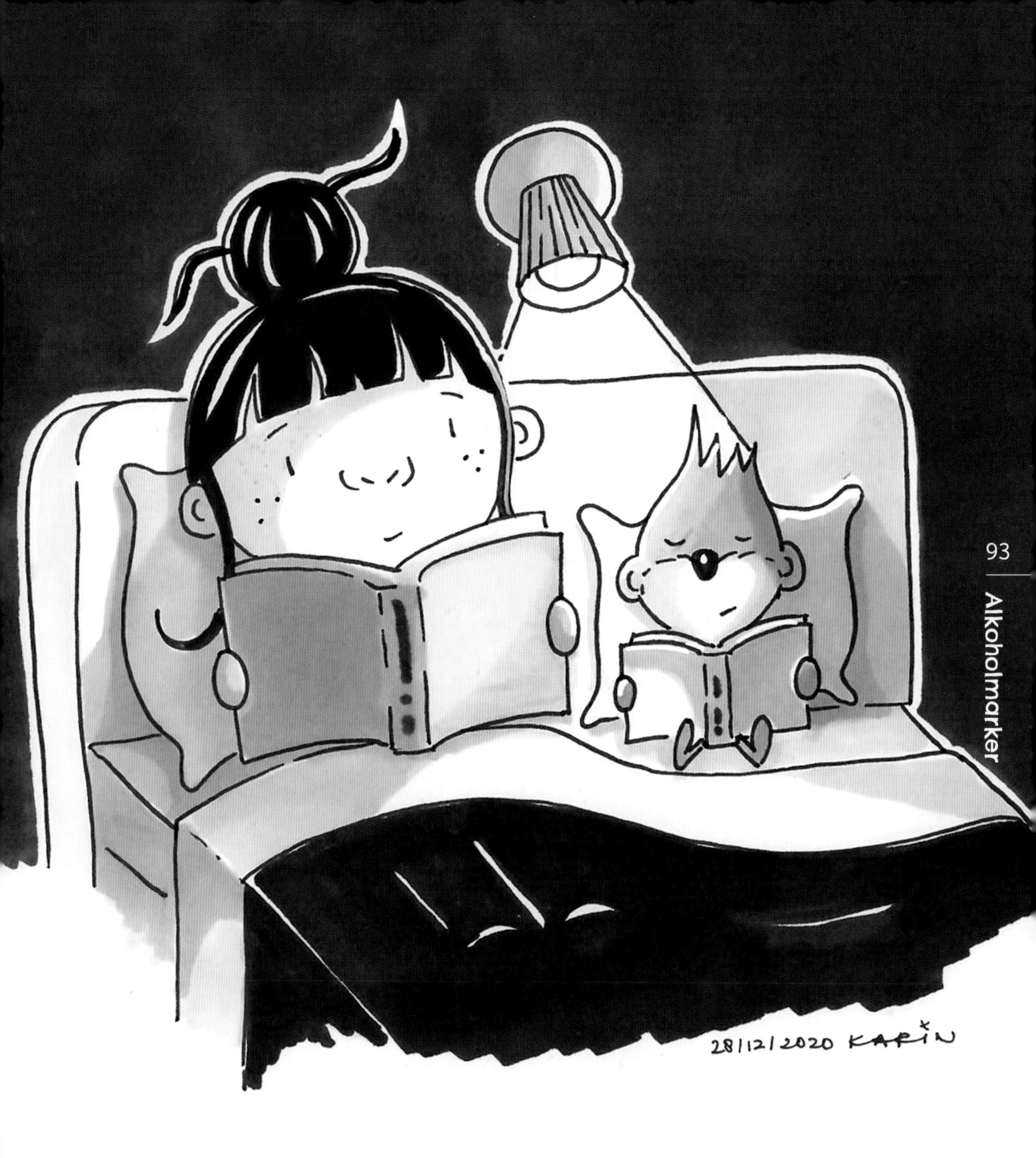
28/12/2020 KARİN

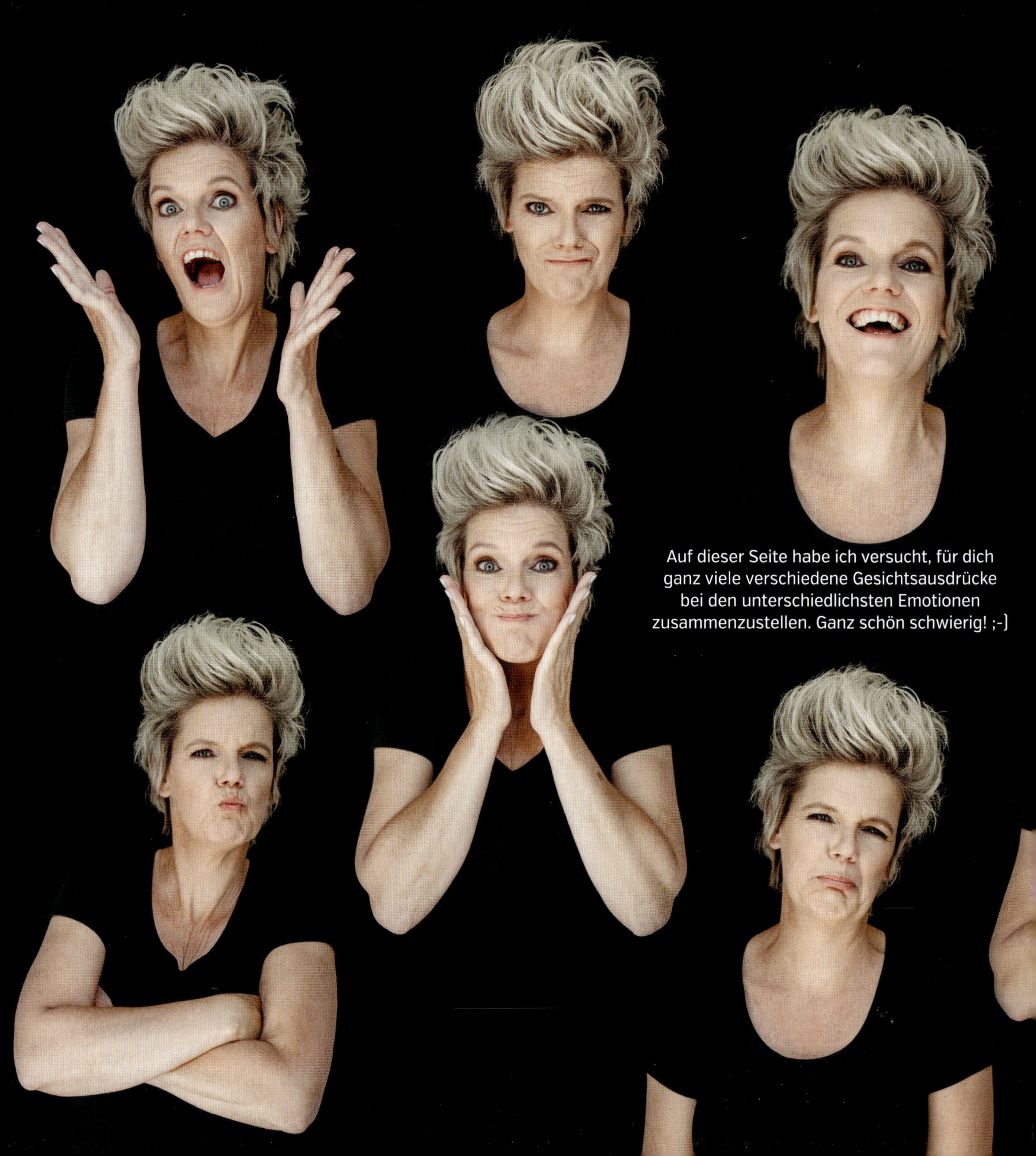

Auf dieser Seite habe ich versucht, für dich ganz viele verschiedene Gesichtsausdrücke bei den unterschiedlichsten Emotionen zusammenzustellen. Ganz schön schwierig! ;-)

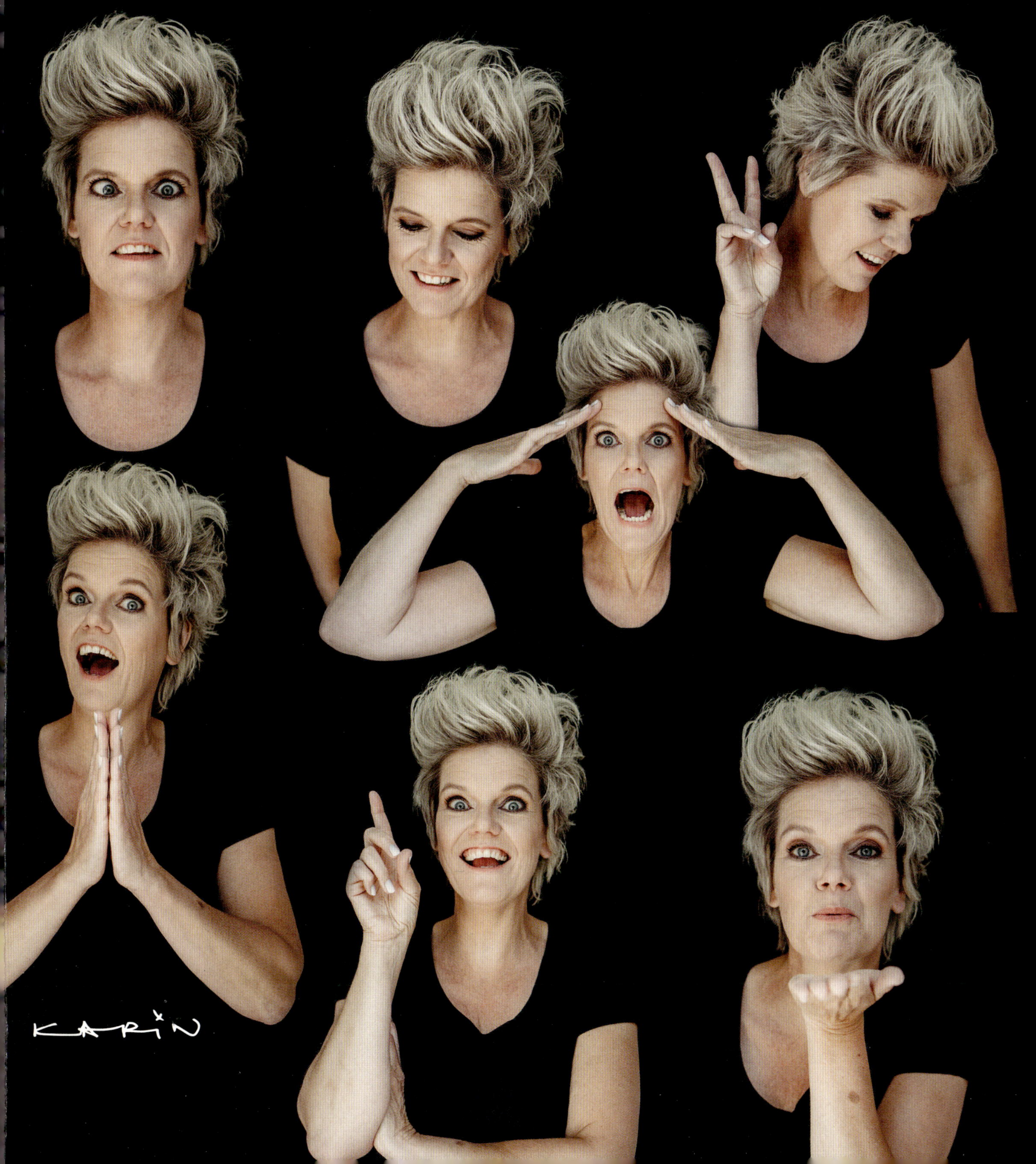
KARIN

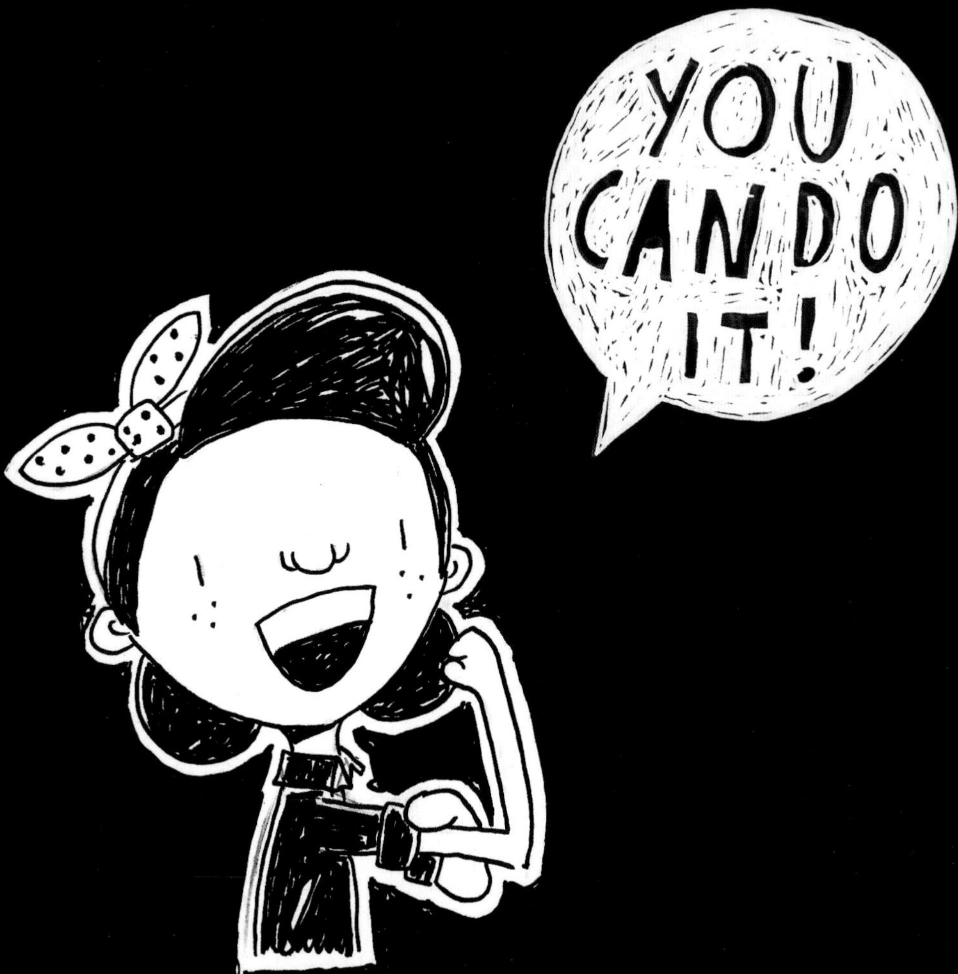
YOU CAN DO IT!